독서가 내게 말해준 것들

독서가 내게 말해준 것들

초 판 1쇄 2021년 06월 15일

지은이 안정빈
펴낸이 류종렬

펴낸곳 미다스북스
총괄실장 명상완
책임편집 이다경
책임진행 김가영, 신은서, 임종익

등록 2001년 3월 21일 제2001-000040호
주소 서울시 마포구 양화로 133 서교타워 711호
전화 02) 322-7802~3
팩스 02) 6007-1845
블로그 http://blog.naver.com/midasbooks
전자주소 midasbooks@hanmail.net
페이스북 https://www.facebook.com/midasbooks425

ISBN 978-89-6637-926-2 03190

값 15,000원

독서가 내게 말해준 것들

안정빈 지음

-

어두운 터널의 끝이 보이지 않을 때,

욕심과 집착을 내려놓기 힘들 때,

우울에 잠겨 지쳐갈 때,

책이 선물처럼 다가와 말을 걸었다!

미다스북스

프롤로그

독서는 인생의 위기 때마다 나타나는 둘도 없는 내 친구였다.

40대와 50대 초반에 나는 많은 것을 겪으며 살아왔다. 어쩌면 앞으로 살면서 겪어야 할 고비는 다 겪은 것 같다. 다행이지 싶다. 더 나이 들면서 힘들고 괴로운 일이 있다면 어떻게 견딜 것인가 말이다. 매도 먼저 맞는 게 낫다고 지나고 나니 속이 후련하다.

인생에 대한 회의와 삶에 대한 두려움의 연속이었다. 하루가 고통이었고 잠을 자면 그대로 눈을 뜨고 싶지 않았다. 살기 위해 살아냈다고 표현하는 게 맞다. 삶의 의미를 찾지 못했고 20대에도 겪지 않았던 가슴앓이와 천방지축 방황을 하며 살았다. 나는 아이들에게 물질적으로도 부족하지 않게 해주고 싶었고 누구보다 남부럽지 않게 잘 키우고 싶었다. 그러기 위해서는 내가 잘되어야 된다고 생각했다. 내가 가진 고통을 숨기고 모든 것을 다 해주고 싶었지만 내 몸 하나도 건사하기 힘든 나날을 보냈다. 엄마로서 부끄럽고 떳떳하지 못하고 제대로 돌보아주지 않았는데도 아이들은 예쁘고 씩씩하게 자랐다.

어느 날 살펴본 주머니는 점점 비어 있었고 내 모습은 초라하기 그지없었다.

초라한 내 모습이 들키기라도 할까 봐 나보다는 타인의 눈을 더 의식하고, 타인의 생각을 먼저 고려했으며, 다른 사람들에게 내 모습이 그대로 비춰질까 봐 더 숨기고 신경 쓰면서 전전긍긍하며 살아왔다. 문득 하늘을 보니 푸르디푸른데 내 마음만 회색빛이었다. 이대로는 안 되겠다 싶었다. 마음속의 짐을 하나둘씩 내려놓기 시작했다. 타인을 위한 삶이 아닌 내 삶을 살아야겠다고 마음먹었다.

아무것도 하지 않으면 아무것도 일어나지 않는다고 했다. 나에게 주어진 아픔과 후회를 보듬고 상처가 아물도록 그 어떤 노력도 안 했다면 나를 위한 성장은 없었을 것이다. 나도 모르게 조금씩 벌어지고 틈이 생겨버린 삶이었다. 내 안에서 일어난 모든 균열과 틈을 더 나이 들기 전에 메우지 않으면 안 되었다. 그렇지 않으면 내 인생은 그야말로 걷잡을 수 없는 나락으로 떨어지겠다고 생각했다. 하나씩 균형을 맞춰가기 시작했다. 하루아침에 서로 어긋난 것들이 메워질 리는 없었다. 힘든 고비를 대비해 삶의 무기를 하나씩 가지라고 했다. 다행히도 내게는 좋은 취미가 있었다. 나의 무기는 바로 독서였다.

자기계발을 위해 강의를 수없이 들었고 독서를 하기 시작했다. 독서를 하면서 마음을 다잡을 수 있었고, 나 자신을 더 소중하게 여기기 시작했다. 내 마음을 한 번 더 어루만져주고 보살펴주니 마음이 점점 편안해지는 것이 느껴졌다. 수많은 유혹과 인내를 견디며 독서에 몰두했고, 그렇게 나이 들도록 철이 없던 나 자신을 조금씩 어른으로 완성해갔다. 독서로 인해, 어른이었지만 더 큰 어른으로 성장해가는 경험을 하고 있다.

살면서 누구나 한 번쯤은 삶의 고통이 올 때가 있다. 고통까지는 아니더라도 삶이 힘들고 지칠 때가 있는 것이다. 이럴 때 좌절과 자기 비하를 하기보다는 조용히 독서를 해보기를 권한다. 자신감이 바닥으로 떨어져 길을 잃고 헤맬 때도 독서를 하길 권한다. 책 한 권이 인생에 무슨 도움이 되겠냐고 하겠지만 독서는 생각보다 나에게 많은 지혜와 용기 그리고 삶의 의미를 가져다주었다.

우선 나를 사랑하는 법부터 배웠다. 나를 사랑해야 남도 사랑할 줄 안다고 한다. 나 자신을 사랑하면서 자존감이 높아지고 인간관계가 회복되었다. 미움에서 용서함으로 바꿀 수 있었다. 무거운 마음의 짐을 내려놓을 수 있었고, 쌓여 있었던 불신의 감정들을 하나씩 비울 수 있었다.

지금까지 조금씩 꾸준히 독서를 하면서 삶의 고통과 시련을 견디어냈더니 50대 후반의 삶을 행복으로 마무리할 수 있을 것 같다. 곧 다가올 60도 두렵지 않다. 미래를 준비할 수 있는 기회를 열어주니 얼마나 감사한 일인지 모른다.

어렵다고만 하지 말고 눈앞에 다가온 디지털 세상도 궁금하면 들여다보자. 새로운 것이라면 대부분 호기심이 생기지 않나? 힘들고 어려울 것 같아도 일단 해보는 거다. 그러다 보면 하나둘 재미가 쌓이게 될 것이다. 그렇게 재미난 것들이 모여 인생도 재미있어질 것이다.

나는 오늘도 독서를 한다. 함께 독서를 하면서 60을 기쁘게 맞이해보자.

북러버 작가 안정빈

목차

2장 인생의 절벽에서 희망을 심어준 독서의 힘

3장 나는 책을 읽으면서 꿈을 가지게 되었다

4장 누구나 지속 가능한 독서 습관 만드는 법

5장 닥치는 대로 읽으면 거짓말처럼 삶이 바뀐다

1장

나의 취미는 독서다

1

나의 취미는 독서다

나는 50년이 넘도록 1년에 책을 단 세 권도 읽지 않았다. 하지만 책을 사러 가는 것은 무척 좋아했다. 그것도 잡지책을 보러 간 것이다. 서점에 들려 잡지책 한 권 사오는 날은 세상을 다 얻은 것 같은 기분이 들었기 때문이다. 잡지 한 권에는 연예 소식부터 시작해서 여행, 요리, 패션 모든 게 담겨 있었다. 잡지책 뒷쪽 내용으로 가면 책 소개도 나온다. 마음에 드는 제목을 적어두었다가 사오기도 했다.

그때는 무슨 책을 읽어야 될지 잘 몰랐기 때문에 주로 잡지책에서 소개하는 책 위주로 사왔었다. 서점에서 잡지책을 이리저리 살펴보고 앉아서 책을 조금 읽다 보면 사고 싶은 마음이 들기 마련이다. 잡지는 그렇게 유혹한다. 궁금증을 유발한다. 특히나 요리가 나오는 잡지책은 다 베껴 올 수도 없으니 사고 싶게 만든다. 잡지책도 뒤적이다 그냥 올 수도 있었지만 서점에 갔으니 책을 한 권쯤은 사와야 도리라는 생각에 사 온 것인지도 모른다.

가게에 가서 물건만 구경하고 나오면 안 된다는, 옛날 방식이지만 내 이익만 위하지 말라는 관념이 있었나 보다. 때로는 그냥 올 때도 있었지만 대부분은 그달의 요리가 실린 잡지책 위주로 사오곤 했다. 어쩌다가 베스트셀러 코너에서 책을 한 권을 골라 서점에서 읽기도 했다. 읽다가 만 책을 사 오기도 했지만 중요한 것은 집에 오면 두 번 다시 거들떠보지도, 더 이상 읽지도 않았다는 것이다. 잡지에서 소개한 책도 가끔 한 권씩 사 오지만 읽지는 않았다.

그렇게 읽다 만 책들과 제목에 꽂혀 사 온 책들만 책꽂이에 꽂혀 있곤 했다. 그런데도 책을 사고 서점에 가서 구경하는 것은 몇 년이 지나도록 계속되었다. 뜬금없는 얘기 같지만 5톤 이상 덩치 큰 덤프트럭이 도로에서 속력을 내기까지는 일반 승용차보다 시간이 조금 더디게 걸린다고 한다. 워밍업을 해줘야 하기 때문이다. 그러나 한번 속력을 내기 시작하면 멈추기가 쉽지 않다. 달리는 덤프트럭 앞에서 우물쭈물하고 있다가는 큰 사고가 나는 경우도 그 때문이라고 한다. 이렇게 덤프트럭이 속력을 내기 시작하고 달리는 것처럼 책 읽기도 마찬가지인 것 같다. 처음 속도 내기가 어렵지만 한번 읽기 시작하면 멈출 수가 없을 때가 있다. 그러나 서점이다 보니 어쩔 수 없이 읽던 책을 덮어야 하고, 그렇게 읽기를 그만둔 책들이 많아지기만 했다.

'뭐든지 읽어라 독서가 진리다.'

『독서만능』의 저자 가토 슈이치는 "한번 책을 잡으면 다 읽을 때까지 침식을 잊는다."라고 했다. 지금과 달리 서점에서 눈치 보지 않고 계속 읽었으면 끝까지 읽을 수 있었을까? 아마도 끝까지 읽지 않았을 것이다. 지금처럼 책 읽기를 좋아하지 않았으니까. 나는 지금도 책을 구경하고 사는 것을 좋아한다. 나의 취미는 독서가 아니고 대형서점 또는 중고서점에 가는 일이었다.

한번은 부산에 갔을 때 일이다. 부산 가볼 만한 곳을 검색했더니 강릉에 있는 테라로사가 부산에도 있었다. 테라로사 커피를 좋아하고 있었기 때문에 눈이 번쩍 뜨였다. 바로 그곳으로 달려갔다. 테라로사에 갔더니 예스24 중고서점이 같이 운영되고 있었다. 나는 가끔 중고서점에도 가보곤 했기 때문에 너무나 반가운 곳이었다. 중고서점에서도 역시나 요리책을 주로 구입했다. 백화점 안의 대형서점만 주로 이용하다가 천정에 닿도록 책이 가득 쌓여 있는 부산 예스24 중고서점을 보고 신세계를 본 것처럼 가슴이 뛰었다.

"이제 여기는 내가 접수한다!"라고 마음먹고 부산에 갈 때마다 나는 거의 하루 종일을 그곳에서 보낸다. 커피 한잔 마시고 책을 고르고 나면 반나절이 후딱 지나간다. '마음에 드는 책 한 권을 읽고 오자.' 하는 마음으로 방문을 하면 어디를 갈까 고민할 필요도 없고 그렇게 좋을 수가 없다. 여기저기 다니느라 시간 낭비도 안 할뿐더러 좋아하는 책을 한 보따리 사가지고 오면 마음까지 든든하다. 조금 아쉬운 건 오픈 시간이 조금 더 빨랐으면 하는 것이다. 오픈하기를 기다리는 동안 차 안에서 전자도서를 읽거나 음악을 듣거나 한다. 수첩에 적어놓은 도서 목록이 모두 있어주기를 바라면서 기다리는 즐거움도 있다.

'취미가 무엇인가요?' 옛날에 남자 친구, 여자 친구를 처음 만났을 때 의례적으로 물어보는 것이었다. 호구 조사와 같이 빠지지 않았던 질문이다. 취미는 독서, 특기는 영화 보기. 생활기록부에 의례적으로 쓰는 단어, 어떤 단체나 모임에서 자기소개서를 할 때에 당당하게 썼던 취미는 독서, 나의 취미는 독서입니다!

책을 읽는다는 것은 왠지 모를 마음의 여유를 가져다준다. 나는 독서를 처음에는 폼으로 했다. 책을 읽고 있는 나의 모습을 그려보면 좀 고상하기도 하고 뭔가 멋져 보이기도 했다. 거기에 커피 한잔을 곁들이고 조용히 앉아 책을 읽는 풍경은 누가 봐도 좋은 그림이 아닐 수 없다. 내가 아주 젊었을 때, 30대일 수도 있고 잘 기억은 나지 않는다. 프랑스 소설가 레몽 장의 『책 읽어주는 여자』라는 책을 구입한 적이 있다. 누렇게 변색이 된 채로 지금도 책꽂이에 꽂혀 있다. 나는 이 책을 왜 샀을까 하고 곰곰 생각해보았다. 있어야 할 목차도 없다. 하지만 깨알같이 써 내려간 책의 내용은 처음부터 흥미진진하다.

노스승이 들려준 모파상의 단편 「손」에 관한 내용을 읽어주는 대목이 나온다. 서스펜스가 넘치는 앞부분을 보면 밤에 읽어야 더 재미있을 것 같은 책이다. 이것만 보더라도 나는 제목만 보고 구입했을 가능성이 크다. 내용이 어떤 건지 제대로 파악하지도 않고, 나도 '책 읽어주는 여자'가 되어 볼까 하는 생각도 있었으리라. 지금부터 20여 년 전의 생각치고는 꽤나 고상한 생각을 했던 것임에 틀림없다. 그때 내가 책을 부지런히 읽고 '책 읽어주는 여자'가 됐다면 어땠을까. 지금처럼 디지털이 발달되지도 않았을 때의 생각이다. 『책 읽어주는 여자』에 나오는 주인공도 그 시대에 책을 읽어준다는 것은 시대에 맞지 않는 것이라고 했다. 목소리가 좋으니 책 읽어주는 일을 하면 어떻겠냐는 친구의 말에 신문광고를 내고 바로 실천에 옮겼을 뿐이다.

나의 취미는 독서가 아니었다. 독서를 하는 것이 아니라 책을 사서 모으는 것이었다. 한 권, 두 권 책꽂이에 책이 쌓여가는 것을 즐겼다. 책을 방구석에 쌓아 둘 지경에 이르러서야 월넛색의 목재로 짜여진 책꽂이 두 개를 주문했다. 책꽂이가 도착하고 책을 꽂으니 그동안 사서 모은 책과 내가 읽은 100여 권의 책은 반의 반의 반도 채워지지 않았다. 거의 대부분이 잡지책이었다. 그래도 뿌듯했다. 매일 책꽂이를 바라보며 흐뭇해하곤 했다. 부자가 된 기분이었다. 책 부자. 책 부자도 부자인 것이다. 그 책꽂이는 지금 한쪽밖에 가지고 있지 않다. 시골 방 한쪽 벽을 차지하고 있다. 그래서 온전히 내가 갖고 있다고 할 수 없다. 나의 꿈은 책을 마음 놓고 꽂아 놓는 나만의 서재를 갖는 것이다. 예전에 쌓여 있던 책보다 더 많은 책이 방 구석구석마다 쌓여 있다. 매일 그 책들을 바라보면서 조금만 기다리라고 말을 건다. 책이 대답을 한다. 사사로운 잡일에 신경 쓰지 말고 어서 읽기나 하시라고.

나는 책을 읽으면서 제일 먼저 이겨내야 할 것들이 있었다. 그것은 잠이다. 나는 잠순이였다. 지금은 잠이 많이 줄었지만 하루 12시간을 잠자며 보내던 시절이 있었다. 그만큼 게을렀다고 해야 하나. 잠을 이기는 게 내 바람이었다. 잠이 너무 많아 병원을 가볼까도 했었다. 검색을 해보니 잠이 많은 것도 병이었다. 사람에 따라 다르지만 하루 평균 잠자는 시간은 7~8시간이 정상적이라고 한다. 나는 밤에도 자고 낮에도 낮잠을 거의 밤잠처럼 자곤 했다. 이러니 병이 아닐까 의심해보지 않을 수 없었다. 잠을 무조건 많이 잔다고 좋은 건 아니라는 것을 뒤늦게 알았다. 내가 게을러서 그런가 하고 나를 자책할 때가 많았다. 잠자는 시간이 많아지니, 자연히 생체리듬도 흐트러지고, 호르몬 불균형으로 저림 현상까지 오곤 했다. 잠을 자도 자도 개운하지가 않았다.

잠으로 하루의 반을 보내고 나면 하루가 정말 빨리 지나가버린다. 내가 좋아하는 것이 무엇인지 무얼 해야 하는지 모르고 무계획으로 살았으니 더욱 그럴 수밖에 없었다. 『네가 헛되이 보낸 오늘은 어제 죽은 이가 그토록 그리던 내일이었다』라는 책 제목이 문득 생각난다. 시간의 소중함을 생각하고 가치 있게 살아가라는 의미 있는 말이다. 나의 유일한 취미가 독서, 지금 생각해도 웃음이 나고 독서라고 하기에도 민망한 잡지책 읽는 것이 취미였다니. 그렇게 서점에 들락날락한 것이 독서가 취미란에 빈칸 채우기가 아닌 진짜 독서를 하게 만들었는지도 모른다.

"읽지 않은 책을 읽은 척하다 보면 정말로 읽어볼 기회도 늘어난다."

– 가토 슈이치

맞는 말인 것 같다. 중고서점에서 모아놓은 책을 보기만 해도 뿌듯했고, 어느 날 폼으로 들고 다녔던 책들을 읽기 시작한 것이다. 삶이 힘들어 시작을 했든 슬퍼서 시작을 했든 내 취미가 실행이 된 것이다. 50년 동안 하지 않던 독서였지만 의외로 잘 읽혔다. 뭐든지 스스로 하고 싶을 때 해야 능률이 오르나 보다. 누가 옆에서 "책 읽어라. 독서 좀 하고 사람이 되어라."라고 했으면 나도 거부 반응을 먼저 일으켰을 것이다. 나의 취미가 독서였던 것이 얼마나 다행한 일인지 모른다.

2

왜 독서를 해야 할까?

왜 독서를 해야 할까?

지금까지 살면서 독서의 중요성을 절실하게 느낀 적은 그렇게 많지 않다. 항상 책을 읽어야 한다는 마음의 부담감은 가지고 살았던 것 같다. 아이들이 어렸을 때 책을 읽으라고 잔소리하면서도 나는 읽지 않았다. 아이들에게 항상 하는 말이 있었다. 공부를 전 과목 다 잘하지 못하더라도 반드시 해야 할 것은 독서와 영어 공부이고, 그리고 악기 최소 한 가지는 다룰 줄 알아야 한다고 강조했다. 그러나 아이들은 내 뜻에 잘 따라주지 않았다. 부모가 우선 모범이 되어야 하는데 그러지 못했으니 무엇을 바라겠는가. 작은 아이가 어렸을 때, 중학교 때였었나 보다. 한 달에 한 번 책 배달을 해주는 출판사에 등록을 해서 받아본 적이 있다. 책을 매달 받으면서 아이러니하게도 한 번도 읽지 않았다는 것이다. 언젠가 읽겠지 하면서 계속 받기만 했다.

선정된 책들은 정말 좋은 책들이었다. 내가 직접 서점에 가서 구매하려면 그렇게 골고루 책을 고르지도 못했을 것이다. 한 달, 두 달 받는 내내 배달된 책은 수가 늘어났지만 거짓말처럼 한 권도 읽지 않고 택배 상자만 뜯어서 겨우 책꽂이에 꽂아 두는 게 최선의 일이었다. 그렇게 아이도 나도 거들떠보지도 않았고 아들은 중학교를 졸업했다. 아들이 내가 모르게 읽었는지는 알 수가 없다. 나중에 고등학생이 되어 중학교 단계의 책을 다시 신청해서 받았지만 여전히 읽지 않았고 단계가 끝나 더 이상 책도 오지 않았다.

그때는 깨우치지 못했다. 독서를 왜 해야 하는지, 독서가 얼마큼 중요한지를 몰랐다. 그러면서도 나는 항상 배움에 목이 말라 있었다. 무언가 배우지 않으면 불안한 사람처럼 배우기를 좋아했다. 특히 강의 듣는 것을 무척 좋아했다. 유명인의 강의를 찾아 즐겨 들었다. 내가 강의를 듣기 시작한 것은 네트워크 마케팅 일을 할 때이다. 성공자의 강의를 수십 번씩 들었다. 성공하려면 성공자 마인드로 뇌세포가 바뀌어야 한다고 했다. 그 당시 성공이라는 단어는 나에게 엄청난 단어였다. 성공이라는 단어를 쓰는 것조차 '나에게 어울리는 걸까?'를 항상 생각했다. 성공이라

함은 특별한 사람만이 할 수 있는 것이라고 생각했기 때문이다.

네트워크 마케팅에서는 모두가 성공을 꿈꾼다. 눈앞에 성공이 바로 있는 것처럼 시스템 교육을 한다. 그중에 기억에 남는 것은 독서 모임이었다. 그때도 나는 책을 샀다. 독서 모임에 가서 같이 사업하는 사장님들의 발표를 보면 드는 생각이 '어떻게 모두 독서가들처럼 발표를 잘할 수 있을까?'였다. 나는 완전 초보에서도 왕초보였다. 일을 하면서도 나의 꿈은 원대하지 못하고 소소했다. 성공보다는 '한 달에 얼마를 벌어야지.' 하는 그 목표밖에 없었다. 성공은 그다음 일이었다. 그래서일까? 성공하지 못했다. 아니, 성공의 'ㅅ' 자에도 가지 못했다.

성공한 사람들은 모두 독서가였다는 것을 독서를 하면서 알게 되었다. 내가 아무리 성공자의 강의를 듣고 성공하려고 발버둥쳐도 안 됐던 것은 지식도 부족했지만 독서를 하지 않았기 때문이었다. 사업머리도 없었을 뿐더러 시스템에 안착하지 못했고 요령도 없었다. 심적으로 힘든 나날이었지만 한 가지 좋았던 것은 그때 했던 잠깐의 독서 모임이다. 책에 조금 더 관심을 가지게 되는 또 다른 계기가 되었다. 독서 모임의 책 선정은 어떻게 이루어지는 몰랐지만 제목도 어려운 것이 선정되었다. 그중에 기억에 남는 책은 『왓칭』이다. 독서 초보에게 『왓칭』이라니. 제목부터 심상치 않았다. 다 읽었을까. 아마 대충 훑어보았을 것이다. 그렇게 제목부터 어려운 책은 머리가 미리 아프다.

그런데도 『왓칭』에서 기억에 남는 문구가 있다.

"난 모든 걸 할 수는 없다. 하지만 할 수 있는 게 분명히 몇 가지는 있다. 할 수 없는 것 때문에 할 수 있는 것까지 포기하지는 않겠다."

–『왓칭』, 김상운, 정신세계사

나는 이 책에서 이 대목을 읽고 많은 생각을 했었다. '내가 지금 하고 있는 일이 나에게 맞는 것인가?' 하고. 나는 매번 나에게 맞지 않는 일을 해오고 있다고 생각했다. 그러니 될 일도 안 되었던 것인지도 모른다. 네트워크 마케팅은 더더욱 그렇다. 왜 그길로 들어갔는지 내가 생각해도 이유를 알 수가 없었다. 처음 시작한 계기는 단지 제품이 좋다는 이유였다. 나는 누구보다 귀가 얇다. 어느 날 컴퓨터를 하다가 인터넷 쇼핑몰 강의 모집을 보게 되었다. 그곳에서 블로그, 페이스북 등을 배웠다, 인터넷 쇼핑몰을 하기 위해 블로그 마케팅은 물론, G마켓, 옥션 같은 쇼핑몰을 알게 되었다. 쇼핑몰에 제품을 등록하려면 그 당시에는 교육을 받으러 옥션 교육장까지 갔어야 했다.

그곳에서 한 분을 만났다. 어떤 인연이었는지 잘 기억이 나질 않는다. 컴퓨터를 잘하는 분이었다. 나중에 안 사실이었지만 주민센터에서 강의를 하고 있었다. 사람이 나쁘지 않아 보였다. 내가 사람을 알면 얼마나 안다고 그렇게 단정지었던 것인지. 나는 사람을 잘 못 본다. 그리고 사람을 잘 믿는다. 단점 중에서 최악의 단점이다. 그만큼 인생을 살았으면 어느 정도는 알지 않느냐 하는데 나는 지금까지도 사람 볼 줄을 잘 모른다. 아니 잘 볼 줄 모르는 게 아니라 지금은 의심부터 하게 된다. 그렇게 연결이 되어 사업 아닌 사업을 하게 된 것이다.

세상은 변화하고 있다. 내가 느끼는 세상은 코로나 이전과 이후를 말하는 게 아니다. 물론 그 영향이 많이 크지만 이미 우리는 디지털 세상에 살고 있다. 스마트폰을 사용하고 은행에 가지 않고 홈뱅킹을 이용하면서도 디지털 세상을 모른다고 한다. 그런 것에 관심이 없다고 한다. 단지 팬데믹으로 세상이 조금 변했다고 느낄 뿐 일상으로 다시 돌아와 제 할 일을 한다. 그러니 실제로 피부로 느끼는 건 없는 것이다. 세상이 바뀌고 기술도 많이 바뀌었다. 팬데믹 이후에 사라진 직업도 많다고 한다. 하지만 여전히 잠깐 이러다 말겠지 하는 안이한 생각을 하며 살아가고 있다. '나는 별일 없을 거야. 나와는 상관없는 일이야.'라고 하면서 오늘도 열심히 하루를 살고 있다.

이제는 온라인을 배우지 않고서는 살아갈 수 없는 세상이 되었다. 따라가려고 발버둥치고 있지만 여전히 나는 1970년대 아날로그 시대에 계속 머물러 있는 것 같다. 어쩌면 머물고 싶은 마음이 더 간절한지도 모른다. 디지털 세상을 조금 안다고 그 안에서 허우적거리며 애쓰고 있는 내가 안타까울 때도 많다. 몰랐던 세상이 오히려 그립다. 디지털 세상과 더

불어 살면서 그것을 이해하고 적응해가기 위해 나에게 독서는 빼놓을 수 없는 필수 불가결이 되었다. 하루가 다르게 변화하는 세상의 정보를 알려주는 것은 바로 책인 것이다. 독서를 하면서 지금의 트렌드를 조금은 읽어나갈 수 있고 나의 미래에 대한 대처를 느리게나마 할 수가 있기 때문이다.

"지식의 넓이는 계속 공부하고 잊어버리는 사이에 두뇌 속에서 자연스럽게 키워진다."

– 히로나카 헤이스케(일본 수학자)

지금은 콘텐츠만 가지고 있다면 누구나 돈을 벌 수 있는 세상이라고 한다. 나만의 콘텐츠를 찾기 위해 나는 고군분투하고 있다. 잘하는 게 많은 사람들을 보면 부럽기까지 하다. 하지만 내가 볼 때 잘하는 게 많고 금방이라도 무언가 시작하면 잘될 것 같은 사람은 정작 디지털 세상에 관심 없는 듯 손사래를 치기만 한다. 최신 스마트폰을 쓰면서 예전 사용하던 것만 그대로 사용하는 그들 입장에서 보면, 자신들도 잘하는 게 없다고 할지도 모른다. 잘하는 것을 잘 이용하려면 누구보다도 더 디지털 세상을 알아가려고 노력해야 한다. 독서를 하면서 공부를 하고 아날로그와 디지털 세상을 함께 알아가야 한다. 아날로그와 디지털을 합해 '디지로그 시대'라고 한다.

나는 다른 사람들보다 많이 느리다. 원래도 느리고 이해력도 느린데, 나이가 들었으니 남들보다 두 배, 세 배 아니 열 배는 더 공부해야 된다. 지금 뒤처지면 앞으로 10년, 20년 남은 생애를 우리 엄마 세대에 했던 말들을 그대로 따라서 해야 된다. '골골이 30년'이라는 말이 바로 우리 엄마 세대의 말이다. 잦은 병치레를 하면서 그저 주어진 시간에 아무 대책 없이 세월을 보냈던 우리 엄마. 디지로그 세대에 살고 있는 나는 적어도 엄마와는 다르게 살아야 되지 않을까!

나를 이끌어줄 사람도 없었고 내가 가는 길을 알려주는 사람도 하나 없던 외로운 내 인생이다. 그것을 지금이라도 극복하기 위해서는 독서를 꾸준히 해야 한다. 책 속에 길이 있다고 믿는다. 나는 지금도 나의 멘토를 책 속에서 만난다. 언제나 따끔한 일침을 놓으면서 앞으로 어떻게 살아가야 하는지 방법을 제시해주는 것은 바로 독서를 하면서 만나는 멘토들이기 때문이다.

"책을 좋아하고 책을 읽기 시작했을 때 딱히 조언해주는 멘토가 없었다. 그것이 나를 강하게도 시간 낭비하게도 만들었다. '있어 보이기 위해서' 책을 읽는 것, 지적인 허영심을 마음껏 표현하는 것이 매우 좋다."

– 『닥치는 대로 끌리는 대로 오직 재미있게 이동진 독서법』, 이동진, 위즈덤하우스

디지털시대에 과거와 다르게 배우고 익혀야 할 전문적이고 복잡한 내용들이 훨씬 많아졌다. 이전에 몰랐던 것들이라고 한다면 새로운 것은 더 어렵다. 새로운 시대에 적응하기 위해서는 독서의 중요성을 빼놓을 수 없다. 독서는 나를 수만 년 전 과거의 세계로 안내하기도 하고, 먼 미래의 세계를 볼 수 있는 안목을 길러주며 인도하기도 한다. 독서를 통해 깊이 있는 삶을 간접적으로나마 체험할 수 있으니 독서를 왜 할까 굳이 질문할 것도, 의심할 것도 없이 하면 되는 것이다. 즐거움을 넘어 깨달음까지 얻는다면 이보다 더 좋은 공부가 있을까?

3

독서를 하면서 깨달은 것들

사람들과 대화를 하면서 나 이외에 다른 사람들은 '참 많은 것을 알고 있구나.' 하고 느낄 때가 많다. 뉴스면 뉴스, 경제면 경제, 상식이면 상식, 도대체 저런 건 어디에서 알 수 있는 건지 궁금할 정도로 아는 게 많았다. 그렇다고 남들처럼 드라마를 열심히 봐서 드라마 얘기라도 어울려 할 수 있는 사람도 아니었다. 한마디로 재미가 없어도 너무 없는 사람이다. 내가 유머러스하지 못하니 유머를 잘하는 사람을 좋아한다. 그리고 부럽다. 말 한마디에 까르르 웃을 수 있는 유머러스한 사람, 그런 친구를 보면 그렇게 부러울 수가 없다. 듣고 보면 별 이야기도 아닌데 웃음을 자아내게 하는 사람이 있다. 나도 그런 사람이 되고 싶다. 그렇다고 시도

때도 없이 농담을 하는 것과는 다르다.

한때『좋은 생각』이라는 책을 자주 사서 보았다. 지하철을 타기 위해 지나가다가 가판대에서 2,000원인가 주면 바로 구매해서 읽을 수 있는 책이었다. 가볍지만 내용도 알차게 담겨 있었다. 평범한 사람들뿐만 아니라 다양한 분야의 전문가들이 겪은 에피소드나 경험, 아픔, 고민 등을 일기처럼 쉽게 읽을 수 있고 감수성이 높은 글들이 많았다. 따뜻하고 교훈적인 이야기도 담겨 있었지만, 책 밑 부분에 알아두면 유용한 상식이 소개되기도 해서 더 좋아했다. 당시에는 인터넷 검색이라는 게 없었기 때문에 몇 안 되는 상식 부분을 보기 위해 책을 샀을 정도였다. 잊어버릴까 봐 그날 외운 것은 온 종일 입에서 되뇌면서 다니기도 했다.

처음 만난 사람에게 알려주려고 했지만 정작 필요한 곳에서는 생각이 안 나고 잊어버리곤 했다. 지금 생각하면 웃음이 나는 일이지만 나는 그 상식을 외우려고 무던히도 애를 썼다. 외우지 말고 이해를 해야 한다고 하는데 이해도 안 되고 외워지지도 않았다.

나는 내가 머리가 나쁘다는 것을 안다. 공부머리는 없다는 것을 진작 깨우쳤다. 혈액형으로 보는 성격을 보면 '예술적인 감각이 뛰어나다'는 나는 전형적인 B형이다. 그래서인가 내가 잘하는 것은 공부가 아니고 그림 그리기, 만들기 등 예능 부분이었는지도 모른다. 타고난 저마다의 소질을 개발해야 하는데 우리는 그렇게 못 했다고 동생들과 만날 때마다 얘기한다. 타고난 소질을 개발하는 것은 부모가 그 역할을 뒷받침해주어야 하는 부분도 있지만 결국에는 본인의 노력이 있어야 완성이 되는 것이다. 내가 잘하는 것은 공부가 아니고, 즉 강의 듣기나 독서가 아니고 그림 그리고 옷 만들고 요리하고 이런 것들이 내가 잘하는 것이 아닐까 한다.

그럼에도 내가 잘하는 것은 모두 접어두고 공부머리가 지지리도 없는데도 나는 독서를 하고 디지털 세상을 알려고 하루 종일 노트북 앞에 앉아 있다. 왜일까. 만약에 내가 좋아하는 것을 나 혼자만 알고 소소하게 가족만 알고 있다면 어떻게 될까? 나쁘다는 것은 아니다. 어차피 취미생활로 할 거라면 널리 알릴 이유도 없다. 내가 온 종일 노트북과 씨름하면서 배우려고 하는 것은 좋아하는 것을 하더라도 SNS를 모르고서는 여전히 세상과는 담을 쌓은 채 혼자 고립될 수밖에 없다는 것을 책을 읽으면서 깨달았기 때문이다.

그런데 책을 읽으면 왜 금세 내용을 잊어버리는지 모르겠다. 나는 열심히 밤을 새워가며 읽었는데 기억에 남는 것이 없다. 공부머리가 없기 때문일까? 아닌 게 아니라 그렇게 생각도 했었다. 공부머리가 없기 때문에 나는 읽고 또 읽고 또 읽어야 된다고 생각했다. 나름대로 메모도 하고 밑줄도 그어가며 읽었다. 초반에는 밑줄 긋는 것이 왠지 책에 낙서를 하는 것 같아 감히 건들지 못했었다. 독서가들을 보면 책이 아니라 책 노트가 된 것처럼, 빼곡히 무언가를 쓰고 형광펜으로 그어놓는 분들도 있었다. 뭐라고 그렇게 쓸 게 많을까 참 부럽기도 하고 신기하기도 했다. 아무튼 그렇게 100권, 200권, 300권 가까이 읽어나갔다. 독서노트도 만들며 열심히 기록을 했다. 나중에 읽어보니 내가 언제 이런 생각을 썼는지 그 책에 이런 내용이 있었나 싶을 정도로 완전히 생경하기까지 한 것도 있었다.

"아무것도 모르는 것이 수치가 아니라 아무것도 배우려 하지 않는 것이 수치다."

– 소크라테스

밤낮없이 책을 읽으면서 아는 게 뭐냐고 물을 때는 얼굴이 빨개지기까지 했다. 사람들은 책을 조금 읽으면 금세 어떻게 변한다고 생각하는 것 같다. 책 한 권이 인생을 바꿔준다는 말은 맞지만 닫혀 있던 사고가 하루아침에 변하지는 않는다. 나는 변해야겠다고 마음먹고 책을 읽은 적은 없다. 독서를 해야 한다고 생각했고 읽는 게 재미있었기 때문에 읽었을 뿐이다. 한 권 한 권 읽다 보니 점점 의식이 조금씩 바뀌는 것 같았고 생각의 폭이 넓어지고 나 자신이 변해간다는 것을 느꼈을 뿐이다. 독서를 하면서 깨달은 것들이 있다면 지식을 쌓는 것도 중요하지만 내가 가지고 있는 의식을 바꾸는 게 더 중요하다는 것이다.

사람은 지나온 과거를 포함해서 자신이 겪은 그 모든 것을 기억할 수는 없다. 나이가 들면 기억력이 떨어지기도 하지만 젊었을 때와는 달라지는 것뿐이라고 한다. 나이가 들면 큰 것만 보고 멀리만 보고 살라고 한다. 잘 안 보이는 것이나 필요 없는 작은 소리는 듣지 말고 필요한 큰 소리만 들으라고 귀가 잘 안 들리는 것이라는 말이 있지 않은가. 옳은 말이다. 모든 것을 다 기억할 필요도 없다. 책을 많이 읽다 보면 어느 순간 중요한 내용들이 하나둘씩 기억에 남아 쌓여가고 의식도 확장되어가는 것을 느낄 때가 있다.

독서를 한다고 해도 그 내용이 모두 기억이 나지 않지만 내 내면에 무언가 가득 쌓여가는 느낌은 확실히 드는 것 같다. 누군가에게 설명해주거나 글로 표현은 잘 안 되지만 말이다. 나도 읽었을 때처럼 생생하고 벅찬 감동을 간직하고 모두 다 기억하고 싶지만, 아니 다 기억에 있을 것만 같지만 거짓말처럼 기억에 없다.

"아마추어 피아니스트와 프로 피아니스트의 차이-아마추어들은 어릴 때 일주일에 3시간 이상 연습하지 않았고, 그 결과 스무 살이 되면 모두 2,000시간 정도 연습한 것으로 나타났다. 반면 프로는 스무 살이 될 때까지 매년 연습시간을 꾸준히 늘려 바이올리니스트와 마찬가지로 결국 1만 시간에 도달했다."

—『아웃라이어』, 말콤 글래드웰, 김영사

'1만 시간 투자하기'가 한때 유행했다. 하루에 3시간, 주 20시간씩 10년이다. 그렇게 1만 시간을 투자하면 한 분야에서 성공할 수 있다고 했다. 어떻게? 그리고 언제 1만 시간을 투자한단 말인가! 너무나 멀게만 생각되고 순전히 남의 일처럼만 느껴졌다. 지금은 1,000시간을 우선 투자하라고 한다. 1만 시간이 되기 위해 노력하는 하루 3시간을 1년만 투자해 보라는 것이다. 30분도 시간이 없는데 3시간이 있을 리 없다. 그러면 30분은 투자하고 있는가. 그렇다. 30분을 투자하면 3시간도 투자할 수 있다고 생각했다. 30분, 1시간씩 늘려나갔더니 하루 3시간도 시간을 낼 수 있었다.

임계점이라는 말이 있다. 물이 끓는 온도가 100도인데 99도까지는 물의 성질이 변하지 않는다. 마지막 1도가 채워져야 물이 끓고 성질도 변한다고 한다. 비로소 임계점에 도달하는 것이다. 처음 독서를 할 때 어떻게 읽어야 하는지 작가님께 여쭈어본 적이 있다. 바로 그 임계점을 말씀해 주셨다. 솔직히 그때는 임계점이 정확하게 무슨 뜻인지 몰랐다. 단지 물이 끓을 때까지의 시간이 걸리는 것처럼 독서도 그렇게 시간이 걸리나 보다 했다. 임계점이 될 때까지 읽으면 되는 것이었다. 100권을 읽어도 넘치지 않으면 200권을 읽고 200권에서 300권. 그리고 1,000권, 2,000권을 읽는 것이다. 그러다 보면 어느 순간 임계점에 다다르고 물이 넘치는 것처럼 내 의식도 넘쳐흐를 때가 있으리라 생각하면서 독서를 했다. 나는 아직 임계점에 도달하려면 멀었다.

독서를 하면 뭐가 좋은지, 왜 하냐고 묻는다. 나 역시 이유도 모른 채 독서를 할 때는 고민이 될 때가 있다. 언제까지 그리고 얼마나 독서를 해야 내가 가지고 있는 의식이 바뀌는 것일까 하고. 하지만 임계점을 넘는 한계를 나는 즐긴다. 한계를 굳이 정해놓을 필요도 없다. 아직 독서 초보인 나는 지독한 반복과 일단은 양으로 승부를 거는 수밖에 없다고 생각한다. 더더구나 나는 공부머리가 없지 않은가. 한 번도 무언가 끈기 있게 해본 적이 없는 나는 독서만큼은 끈기를 가지고 해나가고 있다. 독서를 하면서 깨달은 것은 내가 변했다는 것이다.

얼음이 녹으면 뭐가 되는지 물었더니 대부분 물이 된다고 하는데 한 학생이 "봄이 온다."라고 답했다고 한다. 생각의 전환이 이렇게 고급지고 멋진 말을 하게 만든다. 그 학생이 독서광이었는지는 모르지만 남들이 생각해내지 못한 사고로 말을 하게 한 것이다. 독서는 누구보다 한 걸음 앞서가게 만든다. 나의 사고가 변화되기까지 오랜 시간이 걸렸지만 독서는 마음 깊숙한 곳에서부터 나오는 무언가 미묘함이 있다. 무엇보다 나의 부정적인 사고가 긍정적인 사고로 바뀌어가는 과정을 독서가 만들어준 것이다. 임계점을 넘지 못하면 물이 기체가 되지 못하고 그대로 물로 남게 된다. 독서를 해야겠다고 마음먹은 만큼 임계점을 넘어 나의 인생을 좌우할 결정적인 그 순간을 넘어볼 것이다.

4

인생의 최저점에서 만난 선물 같은 독서

결혼을 하고 아이를 낳고 누구 못지않게 평범한 생활을 했다. 내 푸르른 20대에 세상 물정 모르고 하고 싶은 것을 하고 돈 걱정 없이 사는 듯했다. 남들보다 일찍 집을 먼저 장만했고 호화스럽지는 않았지만 지극히 평범하게 나름 잘 살았다고 본다. 그게 행복인 줄 몰랐고 다른 사람들도 다 그렇게 사는 줄 알았다. 우물 안 개구리처럼 살아왔고 아는 만큼 작은 테두리만 보면서 살아온 것이다. 내가 아파보지 않으면 남의 아픔은 말할 수가 없다. 같은 아픔도 있을 수 없다. 어느 날 찾아온 경제적인 어려움은 나의 장기 하나하나 속으로 들어와 점점 곪아가게 만들었다.

밖에서는 그런대로 잘사는 척, 행복한 척 아무렇지 않은 척하며 그렇게 나는 몇 년을 나를 속이고 이웃을 속이고 가족을 속이며 살아왔다. 나를 위한 삶이 아닌 남을 위한 삶, 남에게 잘 보이기 위한 삶을 살아왔다. 살아왔다는 게 맞는 표현이다. 그런 생활에서 벗어나지 못하고 병폐된 생활에 이끌려 하루하루를 살아온 것이다. 다시 회복할 줄 알았다. 힘을 합치면 금방 일어설 거라 믿었다. 경제적으로 어려워지고 혼자 힘들어할 때 나는 같이 벌어야 된다고 생각했다. 지금도 그런 생각을 하는데 그때는 지금의 나이보다 훨씬 젊지 않은가. 무엇을 하면 어떤가. 내 삶이 지금 당장 어려운데 누구 눈치를 본단 말인가.

나는 일을 찾기 시작했다. 내가 할 수 있는 일이 무엇인가 하고 정보지를 열심히 찾아보았다. 마침 리서치 모집이라는 게 있었다. 지금은 리서치라는 걸 못 해서 안달이고 그만큼 페이도 많지 않지만 그때는 생소하기도 하고 우리 동네에 없었다. 지방까지 내려가서 받아와야 했다. 리서치란 설문조사를 말한다. 일도 그렇게 어렵지 않을 것 같았다. 설문지 한 부당 7,000~8,000원이었다. 지금의 시급으로 계산하면 그런 알짜배기 일은 없다. 괜찮다고 생각했다. 하지만 반대가 너무 심해 나는 그 일을 한 달도 채 못 해보고 그만두었다. 원망을 많이 했지만 지금 생각하면 내가 그 일을 끝까지 밀고 나가지 못한 건 나의 의지박약이라고 생각한다.

'자존심'이란 건 무엇인가. 돈이 없어 내 아이들에게 해주고 싶은 것을 못 해주고, 모여서 맛있는 외식 한 번 못 하고, 가고 싶은 곳을 못 가고,

내 형제 모임에 참석하지 못하는 것. 내 주머니가 비어 있는 그 자체가 자존심이 상하는 게 아닐까. 내 주머니는 빈 주머니인데 밖에서는 아무렇지 않은 듯 지내는 게 더 자존심 상하는 일 아닐까. 나는 너무 속이 상했다. 남자들의 알량한 자존심 때문에 아무것도 할 수 없다는 게 나를 더 힘들게 했다. 이렇게 사는 것은 옳은 답이 아니라고 생각했다. 나는 무엇이든 해야 했다. 내 생각이 잘못됐는지 모르지만 나는 돈을 벌어야겠다는 그 생각밖에 없었다. 경제적으로 힘들어지면서 행복은 나를 오래 머물게 해주지 않았다. 내가 하고 싶은 것을 하고, 다니고 싶은 곳을 다니고, 먹고 싶은 것을 마음껏 먹고 그런 작은 행복이 나에게서 점점 사라졌다.

친구에게서 시집을 하나 건네받았다. 처음으로 책이라는 것을 선물로 받은 것이다. 얇고 길쭉한 시집 하나가 나의 마음을 흔들어놓았다. 펑펑 울었다.

류시화 시인의 『외눈박이 물고기의 사랑』이다.

소금별

소금별에 사는 사람들은
눈물을 흘릴 수 없지

눈물을 흘리면 소금별이 녹기 때문

소금별 사람들은

눈물을 감추려고 자꾸만

눈을 깜박이지

소금별이 더 많이 반짝이는 건

그 때문이지

나는 더 이상 눈물을 흘릴 수가 없었다. 수많은 내리막길을 내려오면서도 달려갈 수밖에 없었다. 나야말로 소금별 사람 중 한 사람의 삶처럼 살고 있었다. 눈물이 나려 해도 참아야 하고 세상과의 벽에 이리 부딪히고 저리 부딪히면서 소금별이 녹지 않도록 안간힘을 쓰면서 살아가야 했다. 눈물 한 방울에 녹아버린 소금별을 유지하기 위해 발버둥치면서 외롭게 삶을 영위해나갈 수밖에 없었다. 세상에 가장 불쌍한 사람이 누굴까. 나는 대화가 단절된 사람이라고 본다. 세상과 단절되고 이웃과 단절되고 같이 사는 사람과 단절되는 것. 흔히 얘기하는 말로 대화가 안 통한다고 해야 할까. 아무 대화 없이 숨 막히게 사는 생활만큼, 사람을 힘들게 하는 게 또 있을까 싶다.

나는 말을 조리 있게 잘 못한다. 툭툭 내뱉는 내 말 한마디가 상대방에게 상처가 된다는 것도 몰랐다. 어쩌면 서로가 상처만 주면서 그게 잘못인지 모르고 습관대로 살아왔는지 모른다. 나는 그렇게 살아왔다. 상처

주고 상처받으면서 대화 없이 숨 막히는 생활을 아무렇지 않게 내색하지 않고 잘도 살아왔다. 대화는 곧 경청이다. 그냥 들어주기만 해도 좋은 것이다. 내가 하는 말에 고개 끄덕여주고 작은 소리로 호응해주는 것. 그 작은 행동이 힘이 될 텐데 그걸 못 하고 살아가고 있었다.

얼마 전 블로그에 경청에 대해 아주 짧은 글을 쓴 적이 있다. 나이가 드니 남의 말은 들으려 하지 않고 자꾸 내 말만 하게 된다. 내 생각에 머물러 남을 돌아볼 겨를이 없는 것이다. 참으로 이기적이다. 내가 얘기할 때는 상대방이 고분고분 들어주길 바라면서 상대방의 얘기는 끝까지 들어볼 생각을 안 한다. 나이 들어가면서 자존감이 높아지는 게 아니라 자존심만 높아져 남을 말을 잘 안 들으려고 한다.

참는 게 미덕이 아니다. 아프면 제때에 병원에 가서 치료를 받을 필요가 있다. 알면서도 병원에 가는 것을 죽기보다 싫어하는 것처럼 숨기면서 살아간다. 곪아터질 때까지 알아차리지 못하고 결국은 짓물러 터져도 아닌 척 외면하면서 살아간다. 어려울 때일수록 힘을 합치고 대화를 하면서 힘든 삶을 헤쳐가는 게 가족이 아닐까. 아들이 아주 어렸을 적 언젠가 제일 소중한 게 뭐냐고 물었을 때 '가족'이라고 했다. 울컥해서 말을 못 이었다. 못난 부모 때문에 얼마나 외롭고 힘들었으면 가족이라는 말을 썼을까. 나는 가족이라는 말을 쓸 자격이 없다. 아이들이 내 손이 필요할 때 그렇게 해주지 못했고 가정의 소중함을 잘 간직하지 못했다.

"삶이란 우리의 인생 앞에 어떤 일이 생기느냐에 따라 결정되는 것이 아니라 우리가 어떤 태도를 취하느냐에 따라 결정되는 것이다."

– 존 호머 밀스

누군가가 행복하냐고 물어온다면 딱히 할 말이 없다. 분명 20대보다 더 많은 것을 가졌을 50대가 되었는데 물질적으로든 경제적이든 그때나 지금이나 별반 다를 게 없는 것 같다. 보란 듯이 잘살아본 적도 없고, 인생을 하직할 만큼 나락으로 빠진 적도 없다. 각자의 위치에서 열심히 살고 있는 예쁘게 성장한 아들과 딸도 있고, 내가 하는 일에 딱히 뭐라 하는 사람도 없고 가끔 여행도 가고 한다. 하지만 나는 50대가 되면서 삶의 많은 것이 변했다. 나를 힘들게 하는 사람을 조금씩 이해하게 되고 나와 다르다는 것을 인정하게 되었다.

내가 살아온 길을 돌이켜보면 지금까지 잘 살아낸 것만 해도 참 대견하다. 몇 번의 죽음을 생각했던 나는 인생의 롤러코스터를 줄곧 타고 있었다고 해야 될까. 숙제를 하듯 인생 곡선을 그리며 살아온 과거의 나보다는 분명 더 자유롭게 살고 있고, 지금은 내가 바라는 미래의 나를 알아가는 게 더 중요하다고 생각하며 그 시작점에 있다고 본다. 나라고 왜 힘들고 아프고 괴로운 추억만 있을까. 즐거운 날들과 기쁘고 행복한 나날도 분명 있었으리라. 겉으로 보기에 지극히 평범했던 생활도 내 안을 들여다보면 그야말로 변화무쌍한 인생 그래프가 나오기 때문에 인생의 최저점을 이야기 안 할 수가 없다.

내가 겪어온 인생의 최저점에서 나는 꿈 하나를 그리며 살아왔다. 단 하나의 목표를 세우고 나만의 강점을 찾기 위해 무던히도 애를 썼다. 과거에 했던 부끄러운 실수와 잘못들을 반복하지 않으려고 하루하루 작은 다짐을 하며 살아왔다. 오랜 시간이 걸렸지만 그렇게 나를 다지며 살아올 수 있었던 것은 독서를 했기 때문이다. 내가 올바른 길과 원하는 길로 가기 위해 길을 잃지 않고 지금까지 견디며 살아온 것은 그 무엇보다 귀중한 선물! 바로 독서가 내 옆에 왔기 때문이다. 인생의 최저점인 벼랑 끝에서 '독서'를 발견한 것이다.

그동안 나는 어떤 생각과 어떤 행동을 하며 살았는지 알게 되었고, 내가 겪었던 실망감과 좌절감을 이기고 최저점이 아닌 최고점을 향해 달려가야겠다고 마음먹었다. 독서는 실패한 인생인 것 같은 나를 그대로 두지 않았다. 앞이 보이지 않는 모호한 세상을 구체적이고 명확하게 그리며 가는 표지판을 만들어야 한다고 잔소리 아닌, 피가 되고 살이 되는 진짜 잔소리를 해주었다. 과거가 아닌 나에게 주어진 현재 이 순간을 잘 살아내도록 지금까지 응원해주고 있다.

5

사람 때문에 힘들어할 때 시작한 독서

여행을 떠났다. 문득 혼자 여행을 가야겠다고 마음먹었고 밤 11시경에 제주도 가는 비행기와 숙소, 그리고 렌터카를 모두 일사천리로 예약했다. 실은 렌터카를 예약할 때는 조금 망설이기도 했다. 비행기도 아니고 렌터카를 예약할 때에서야 비로소 내가 큰일을 저지르고 있다는 것을 알았다. 지금 생각하면 그게 무슨 큰일이었나 싶지만 비행기와 숙소를 예약하고 나니 왠지 떨리고 정말 혼자 갈 수 있을지, 그냥 취소를 할지 고민을 했다. 고민도 잠시뿐이었다. 아니다. 그냥 가자! 태어나서 50대에 처음으로 혼자 여행을 떠난 것이다.

처음에는 일본에 갈까 생각했었다. 일본에 가자니 더 용기가 나지 않았다. 나에게 제주도는 최선이었다. 아침 일찍 떠나는 비행기표는 그렇게 비싸지도 않았다. 그리고 나는 제주도에 일자리를 구하고 있었다. 그래서 비행기도 왕복을 예약하지 않았다. 기왕이면 일을 하면서 지내보자고 생각했다. 아무도 모르는 곳에 가서 일을 하다 보면 모든 게 정상으로 돌아올 것 같았다.

제주도에서 나이 많은 내가 일할 수 있는 곳은 감귤 농장밖에 없었다. 감귤 농장이면 어떤가! 남들은 일부러 감귤 농장 체험도 간다는데. 일단 떠나보자! 어디에서 그런 용기가 났는지 모르지만 혼자 있고 싶었고 집을 떠나야겠다는 생각밖에 없었다. 가족이 있다 해도 모두 제 할 일 하느라 바쁘고 소용없었다. 오롯이 나 혼자였다. 힘든 것을 누구에게 보여주고 싶지도 않았지만 딱히 털어놓고 얘기할 사람도 없었다. 인생을 그만큼 잘못 살아온 걸까. 나는 화가 나거나 속상한 일이 있으면 말을 잘 안 한다. 말하고 싶은 생각이 안 든다. 그냥 혼자 있고 싶다. 성격이 안 좋은 걸 알지만 잘 안 고쳐진다. 지금은 그때그때 풀고자 노력을 하고 있지만 잠시 잠깐은 말을 하고 싶지 않은 것은 아직 고쳐지지 않았다.

"그 어느 누구에게도 과거가 현재를 가두는 감옥이어서는 안 된다. 과거를 바꿀 수는 없으므로, 우리는 어떻게 해서든 과거의 아픈 기억을 해소할 길을 찾아보아야 한다. 용서는 과거를 받아들이면서도 미래를 향해 움직일 수 있도록, 감옥문의 열쇠를 우리 손에 쥐어준다. 용서하고 나면 두려워할 일이 없어진다."

–『용서』, 프레드 러스킨, 알에이치코리아

나는 용서라는 단어를 몰랐다. 무엇을 용서해야 하고 무엇을 용서받아야 되는지도 몰랐다. 나에게 사람은 그냥 힘듦이었다. 나이가 들면서 마음이 더 넓어지고 포용력이 좋아지는 게 아니라 안으로 삭이면서 나 자신마저 힘들게 하고 있었다.

사람이 싫은 이유가 있을까? 사람이 싫은 이유는 그 내면으로 깊숙이 들어가보면 어쩌면 나에게 문제가 있다는 것을 알 수 있다. 엄마를 닮기 싫어하면서도 어쩔 수 없이 닮아가는 모습처럼, 항상 부정적이고 궁상맞고 배려할 줄 모르는 모습의 나를 본 것은 아닐까. 다 싫어도 사람이 싫으면 그 관계는 끝이라고 본다는데, 어떻게 개선을 해보려고 해도 사람 싫은 건 어쩔 수 없다. '나 자신을 사랑해야만 진정으로 타인을 사랑할 수 있다'는 말에 동의할 수가 없었다.

그저 내가 아닌 남으로만 이해했기 때문이다. 남을 이해하기보다는 내 마음만 우선이었다. 내 마음을 살펴보려고 하지 않았고 내 마음 안에 들어온 상대방의 마음을 살피려고 애써보지 않았다. 내 경우는 그랬다. 그냥 사람이 싫었다. 나의 못난 부분들과 나의 찌그러진 삶에서 시작된 부정적인 단어들을 습관처럼 내뱉고 있는 모습들을 보면서 저 모습이 내 모습이 아닐까 하는 생각마저 들게 했다. 그래서 더 싫었다. 사람 때문에 너무 힘든데 그냥 앉아 있다가는 내가 병이 나서 죽을 것만 같았다.

제주도에 혼자 갈 수 있게 용기를 주었던 책이 있었다. 도서관에서 빌려온 책이었다. 오래되서 조금은 낡은 느낌의 책이었다. 『내 나이가 어때서』, 65세 안나 할머니의 23일간 국토 종단 이야기였다. 예전 같으면 관심이 없었을 책이었다. 한창 독서를 하고 있을 때여서 추천도서로 기억한다. 해남 땅끝 마을에서 통일전망대까지 걸어서 국토 종단을 한 것이다. 1km만 걷는다 해도 어떻게 걸어가냐고 하면서 차를 타고 가야지 한다. 운전을 해보면 알겠지만 차를 타고 가도 힘들었을 800km이다. 젊은 사람들도 해내기 힘든 국토 종단을 걸어서 여자 혼자, 그것도 나이가 65세인 안나 할머니는 이루어낸 것이었다. 결국 나이는 그야말로 숫자에 불과한 것이었다. 걸으면서 인생을 다시 돌아보고 미래를 설계했다고 하니 불끈 의지가 달아올랐다. 나는 걷고 싶다는 생각보다 어디론가 떠나고 싶다는 생각을 먼저 했다. 떠나서 걷기도 하고 생각을 정리하고 싶었다. 어쩌면 생각보다 사람을 먼저 정리하고 싶었는지 모른다.

"나를 얽매이게 하는 게 없고 거칠게 없는 나이, 어딜 가서 혼자 머물러도 좋은 나이, 아무 옷이나 편하게 걸쳐도 좋은 나이, 아무도 경계하지 않는 나이. 그래서 더 없이 편한 나이. 내 나이가 나를 얼마나 자유롭고 행복하게 하는지."

-『내 나이가 어때서』, 황안나, 샨티

나 혼자 일본 여행을 가려고 했었다. 여행사에서 소개하는 밤 도깨비 여행을 무척이나 하고 싶었다. 밤 도깨비 여행 광고를 볼 때마다 가고 싶은 마음이 굴뚝같았지만 결국은 용기를 내지 못했었다. 밤이 좋은 이유는 내가 야행성이라서 얼마든지 할 수 있을 것 같았기 때문이다. 잠이야 다녀온 후에 자도 충분하지 않던가. 그렇게 생각만 하고 있던 나 홀로 일본 여행은 아직 이루지 못하고 있다. 그런데 혼자 국토 종단이라니! 안나 작가님은 평소에도 산행을 즐겼다고 한다. 하루 세 시간씩의 운동으로 다져진 기본 체력을 갖추고 있었기에 가능하지 않았을까? 나의 게으름을 또 한 번 반성하는 계기가 되었고, 나는 그때부터 10분 요가를 실천하고 있다. 매일 하지 못할 때도 있지만, 가능하면 일어나자마자 운동부터 하려고 마음먹고 있다.

내 주변을 보면 항상 핑계를 대는 사람이 있다. 시간적 여유가 없다. 남편 허락을 받아야 된다. 아이들을 두고 혼자 어떻게 가느냐 등의 핑계를 대는 사람이 적지 않다. 나이가 몇인데 아직도 남편 허락을 받아야 되느냐고 핀잔을 주기도 한다. 내가 봤을 때 떠나지 못하고 하지 못하는 이유는 단 하나인 것 같다. 내 마음이 허락하지 않는 것이다. 내가 용기를 내지 못할 뿐이다. 내가 며칠 없다고 아이들과 남편은 굶어 죽지 않는다. 더 잘 먹고 잘 지낸다. 오히려 매일 잔소리하는 엄마가 없는 것을 더 좋아할지도 모른다.

책과 노트북과 주민등록증만 챙겼다. 마음 가득은 여권을 챙기고 싶었지만 그러지 못했다. 책 몇 권과 노트북을 보물처럼 안고 제주에 갔다. 나의 친구가 되어줄 소중한 보물이 맞다. 나의 보물 1호는 노트북이다. 15년 전쯤인가. 노트북을 갖고 싶어서 버킷리스트 첫 번째 소원으로 쓴 적이 있다. 그때는 너무 간절했기에 150만 원이라는 금액을 무이자 할부로 구입을 했다. 혹자는 이렇게 말할 수도 있다. 간절하다고 할부로 구입하면 그게 무슨 버킷리스트냐고 할 수도 있겠지만, 그만큼 절실하게 갖고 싶었다는 뜻이다. 내 능력 안에서 할 수 있으면 된다고 나는 믿었다. 수많은 할부구매 중에 제일 잘한 일이라고 생각한다. 그렇게 든든할 수가 없었다. 물론 그때 산 노트북은 아니지만 어디를 가나 지금도 노트북을 제일 먼저 챙긴다. 책과 노트북만 있으면 하루 종일 심심하지가 않다. 책 몇 권은 나의 친구이고 노트북은 나의 반려라 할 수 있을 만큼 소중하다.

그렇게 혼자 여행을 떠났다. 아무도 반겨주는 이 없는 제주도였지만 나에게는 책이 있었다. 책만 읽고 오자는 마음도 없지 않았다. 제주도에 혼자 가게 된 것은 오히려 나에게 독서를 독려해주는 계기가 되기도 했다. 사람이 싫은데 누구와 같이 여행을 떠나고, 같이 차를 마시고 한다는 것은 상상이 안 되는 텐션이라고 생각했다. 제주에 도착해서 렌터카를 몰고 바닷가 근처 카페에 갔다. 마음을 안정시키고 커피를 주문하고 집에서 읽다 만 책을 펼쳤다. 두근거리는 마음이 진정되지 않아 글도 눈에 들어오지 않았다. 굳이 제주도가 아니더라도 어딜 가나 처음 간 곳은 낯설고 주변을 둘러보게 되지만, 비행기를 타고 바다를 건너온 제주도라는 이름에 더 감동이 되었다.

내가 드디어 제주도에 왔구나. 잘했어. 오길 백 번 잘했다. 별거 아니잖아. 혼자 쓰담쓰담 하면서 긴장을 풀어놓았다. 제주도의 땅을 밟는 순간 마음이 그렇게 편할 수가 없었고 한편 가슴은 두근두근 거렸다. 마음만 먹으면 이렇게 떠나올 수 있는 것을 왜 그렇게 용기내지 못했을까 싶었다. 잠시 주변을 둘러본 후 천천히 커피 한 모금을 마시고 책에 집중해 보았다. 책이 쉽사리 눈에 들어오지 않았지만 이유를 알 수 없는 불안과 사람에 대한 미움도 사라지고 오히려 평온해졌다. 사라졌다는 것보다는 내 안에 들어온 그 모든 것을 잠시 멀리 두었는지 모른다. 집을 떠나와 커피를 마시고 책을 들었다는 이유 하나로 마음 한구석이 치유가 되는 기분이었다. 제주도에 3박을 하면서도 1일 1독을 했다. 사람 때문에 힘들어 떠난 제주 여행에서 그렇게 독서는 나에게 한 걸음 더 다가와서 친구가 되어주고 힘이 되어주었다.

6

내 인생을 바꿔준 한 권의 책

"우리나라 사람들은 연평균 330잔의 커피, 120병의 맥주, 90병의 소주를 마신단다. 매일 3시간 이상을 스마트폰 사용에, 역시 3시간 이상을 TV 시청에 소비한다. 그런데 책은? 1년에 단 한 권도 읽지 않는 사람들이 수두룩하다. 당신은 이런 나라에 미래가 있다고 생각하는가?"

–『생각하는 인문학』, 이지성, 차이

나는 망치로 머리를 한 대 얻어맞은 기분이었다. 어떻게 내가 이렇게 어려운 인문학이라는 책을 건드리게 되었는지 모른다. 책을 펼치면서 들어가는 초반부터 훅 치고 들어오는 글에 나는 온통 정신이 혼미해지고 말았다. 책이 2015년에 출간되었으니 커피도, 맥주도, 소주도, 스마트폰 사용시간도 더 많이 늘었으리라. "TV는 하루 2~3시간 보면서 인문고전 같은 독서를 하는 시간은 단 몇 시간도 할애하지 않는다."라는 글에서 바로 내 얘기를 하는 것 같아 괜히 얼굴이 붉어지면서 읽었던 기억이 난다. 나는 아직도 인문학에 대해서 잘 모른다. 지금까지 읽었던 책들은 자기계발서, 성공, 부에 관한 것, 마케팅 등에 대한 책들을 아주 조금 읽었을 뿐이다. 이제 조금씩 눈을 뜨고 읽어나가고 있다.

세상에 나온 수많은 책들 가운데 새 발의 피만큼도 읽지 못했다. 어느 날 e-북에서 만난 『생각하는 인문학』이라는 책은 나를 독서를 하라고 마구마구 부추겼다. 그리고 도서관에 갔다. 도서관에서 독서 모임을 알게 되고 본격적으로 독서를 하게 되었다. 처음 독서 모임에 나갔을 때는 책을 어떻게 읽어야 될지도 몰랐고, 책을 읽고 발표를 하는 시간이 오면 땀이 나고 가슴이 두근두근하기도 했다. 나는 지금도 독서 리뷰를 쓰라고 하면 땀이 난다. 그래도 일주일에 한 번, 그 시간이 너무나도 기다려지곤 했다. 그 당시에 나는 하루에 세 권을 읽어내려갈 정도로 책에 빠져 있었다. 시간이 어떻게 흐르는지도 모르고 밤을 새워가며 독서를 했다. 그렇게 독서는 나에게 친구처럼, 연인처럼 다가왔다.

또 하나의 인생을 바꿔준 책은 바로 린다 번의 『더 시크릿』이다. 돈을 많이 벌고 싶었기에 이 책은 나에게 "간절히 바라면 이루어진다!"라는 가장 큰 메시지를 던져주었고, 잘되는 이미지를 형상화하려고 부단히 노력하게 만들어준 책이다. 끌어당김의 법칙에 대해 알게 되었고 끌어당김의 법칙은 나에게 또 한 번 충격을 주었다. '내가 하는 말은 곧 나를 만든다!'는 말이 있다. 알게 모르게 내뱉는 무수한 말들이 오늘날 나를 만든 것이다. 끌어당김의 법칙은 이렇게 무서운 것이었다. 『더 시크릿』 책을 읽고 가장 좋은 점은 항상 부정적이었던 말버릇이 많이 변하고 되도록 긍정적인 말을 하려고 노력한다는 것이다.

한 번씩 눈을 감고 상상력을 동원해 내가 원하는 것을 형상화시켜 성공한 적도 있어서 더욱 놀랍다. 우연의 일치라고 할 수 있지만 주차장을 예를 들어 실제로 해보았는데 성공했다. 집 주차장이 항상 꽉 차 있어서 출발하기 전부터 '내 자리는 항상 비어 있다. 내 자리는 여기야!'라고 비어 있는 주차공간을 상상하며 운전을 하고 가면 정말 비어 있는 적이 있었고, 한 바퀴 돌고 오면 바로 비어 있는 경우도 있어서 신기한 경험을 하기도 했다. 나는 비행기를 타거나 자동차를 타고 멀리 여행을 갈 때도 출발하기 전에 미리 상상을 한다. 재미있게 놀다가 무사히 집에 잘 도착하는 장면까지 그려가면서 미소 띤 얼굴로 마무리한다. 지금도 조금 불안하거나 걱정이 될 때는 처음에는 약간 부정이 몰려오다가도 이내 긍정적인 모습으로 마무리하는 습관을 들이고 있다.

부정적인 마음을 가지고 있다는 것은, 근심이 이미 내 마음 어느 한곳에 잔뜩 자리 잡고 있다는 것과 같아서 불안을 떨쳐버리기 쉽지 않다는 것을 의미한다. 하지만 긍정적인 마음으로 자꾸 대하다 보면 원했던 일들이 더 잘되는 것 같았다. 아직까지 돈을 버는 것과 사람과의 관계에 대해 끌어당김의 법칙을 강력하게 활용하지 못해 안타깝긴 하지만, 불안한 마음을 떨쳐버리는 데에는 최고인 것 같다. 항상 모든 일을 시작할 때에는 긍정적인 마인드를 가지고 '잘 안 되면 어쩌지?'라는 생각은 아예 하지 않으려고 노력하고 있다.

나는 TV를 잘 안 본다. 드라마를 잘 안 보기 때문에 지금도 그렇고 아이들이 어렸을 때도 엄마들과의 대화에 끼어들 수가 없었다. '그런 게 있구나!' 하고 그냥 듣기만 하고 고개를 끄덕일 뿐 당시는 궁금했지만 더 이상 궁금하지도 않았고 집에 오면 끝이었다. 한국 드라마보다는 일본 드라마를 즐겨보았다. 가끔 1년에 한 번 정도는 재미있다고 하는 드라마를 누군가를 통해서 알게 되면 한꺼번에 몰아서 본다. 그럴 때는 꼬박 밤을 새기도 한다. '미쳤어!'라는 단어를 연발하면서도 끝까지 본다. 도저히 끊으려야 끊을 수 없는 마약 같은 드라마 이어보기인 것 같다.

요즈음 유일하게 즐겨보는 TV가 있다면 〈이지성TV〉와 〈김미경TV〉이다. 〈이지성TV〉를 통해서 역사에 대한 관심이 생겼고, 왜곡된 역사도 있다는 것을 알게 되었다. 정치에도 문외한이었던 내가 정치에 관심을 가지게 되었고, 올바른 투자 자세도 배우게 되었다. 〈김미경TV〉는 주부들의 의식을 깨워주고 자고 일어나면 달라지는 디지털 세상에서 공부로 꿈을 이루게 해주고 있고, 나이 들어도 할 수 있다는 용기를 주는 곳이다. 의식 성장을 위해 즐겨보는 또 하나의 TV가 있다. 바로 〈김도사TV〉이다. 〈김도사TV〉는 동생들에게 들어서 익히 알고 있었다. 처음에는 종교적인 뉘앙스가 강한 것 같아서 바로 외면했었다.

그러다 평소에 뵙고 싶었던 작가님을 만나고 한번 들어보라는 말씀에 다시 보기 시작했다. 어느 정도 독서를 했으니 "한번 시청해서 들어보라. 그곳에서 배우고 돈도 많이 버는 분도 있다더라."라는 말이 귀에 쏙 들어왔다. 도대체 어떤 분이기에 작가님이 '김도사'라는 분을 말씀하시나 하고 검색을 했더니 '책 쓰기 코칭'을 하고 계셨고 '책 쓰기 시스템 특허 출원'까지 받으신 대단한 분이었다. '이게 뭐지?' 하고 호기심이 많은 나는 카페에 들어가보았다. 많은 작가들이 책을 쓰고 성공을 했고, 내가 아는 잘나가는 몇몇 유튜버들도 있었다. 출간한 책이 그렇게 많은 줄 몰랐다. 무려 250권이 넘었다. 어린이 도서도 있었고 학교 교과서에도 실릴 정도였다. 우리나라에 이런 분이 계셨다니 믿을 수가 없었다. 나는 일단 『150억 부자의 부의 추월차선』, 『우주의 법칙』 두 권의 책을 구매했다. 그리고 두근거리는 마음으로 '1일 책 쓰기 특강'을 들어보기로 했다.

그때까지만 해도 그 특강이 내 인생에 터닝 포인트를 주는 계기가 될 줄은 상상도 못 했다. 단 한 번의 결정으로 나는 김도사님(김태광 코치)의 책 쓰기 과정을 듣고 책을 쓰게 되었다. 내가 책을 쓰다니! 기적 같은 일이라고 생각한다. 힘들어 주저앉을 때마다 격려와 용기를 불어넣어준 코치님의 힘이 아니었으면 언감생심 꿈도 못 꿀 일이었다. 너무 감사하다. 1일 특강을 듣고 망설이던 나에게 "성공해서 책을 쓰는 것이 아니라 책을 써야 성공한다!"라고 해준 말은 아직도 가슴을 두근거리게 만든다.

나는 롤모델이 없었다. 책을 읽고 글을 쓰면서 롤모델이 생겼다. 바로 한국석세스라이프스쿨 인생라떼 권 대표(권마담)님이다. 얼마 전에 '부러우면 지는 거'라면서 부부가 책 데이트 하는 사진을 올렸다. 바로 내가 그리던 모습이었다. 책에서 그렇게 찾던 멘토와 롤모델을 동시에 모시게 된 것이다. 이보다 더 기쁘고 영광스런 일은 없다고 본다. 그러고 보니 제대로 된 TV를 시청한 결과 인생이 생각도 못하게 변하고 있다.

그렇게 나는 인생 책이라고 할 수 있는 『생각하는 인문학』을 계기로 그때부터 미친 듯이 읽기 시작했다. 1년 동안 나는 거의 독서의 세계에 빠져 있었다고 해도 과언이 아니다. 세상에 읽어야 할 책은 수없이 많고, 세상에 공부 말고 배워야 할 게 얼마나 많은지, 그동안 독서를 등한시하고 게으르게 살아온 삶이 한없이 부끄럽고 부끄러웠다. 진작 독서를 자기소개서 취미란에 쓰는 형식적 취미가 아닌 진짜 취미로 만들었으면 얼마나 좋았을까! 후회를 하지만 지금이라도 취미가 아닌 찐 독서를 할 수 있게 된 것을 감사하게 생각한다. 사람은 항상 후회를 한다. 후회에서 끝나면 아무것도 이루어지지 않는다. 왜 후회하게 되었는지 돌아보고 개선해나가는 게 중요하다. 깨달음이란 죽음에 이르러서야 알게 된다는 말도 있듯이 그 깨달음이라는 것을 알기까지 얼마나 오랜 시간이 걸렸는지 모른다.

한 권의 책을 읽었다고 인생을 바꿀 수는 없다. 바뀌었다면 그 한 권의 책을 계기로 무언가 행동을 했을 것이고 독서 또한 계속 이어나갔을 것이다. 독서를 계속했기에 글을 쓰게 되었고 부정적 마인드에서 긍정적인 마인드로 조금씩 바뀌고 있다. 더불어 세상을 바라보는 눈도 키울 수 있었던 것이다. 나는 항상 세상 밖으로 나가고자 열망을 했었다. 우물 안 개구리처럼 살지 않았다고 얘기하지만, 좁은 시각으로 보는 세상과 넓은 사고를 가지고 보는 세상은 하늘과 땅처럼 차이가 난다. 아무리 내가 속해 있는 테두리 안에서 뛰어봤자 우물 안밖에 안 되는 곳이었다.

독서를 하고 난 다음에 세상을 바라보는 눈은 많이 달라졌다. 지금도 달라지고 있다. 세상에 운명을 바꾸게 되는 계기는 많고 많다. 사람을 잘 만나도 그렇고 한 편의 드라마를 보거나 한 편의 영화를 보거나, 또는 다

큐멘터리 등등 내가 어디에 관점을 두고 얼마만큼 받아들이느냐에 따라 달라질 수 있다고 생각한다. 만약 그때 독서를 하지 않았다면 지금의 나는 없었을지 모른다. 마음 한구석으로나마 독서를 해야겠다는 끈을 놓지 않고 있었기에 지금까지 독서를 할 수 있었고 꿈을 향해 나갈 수 있었다.

7

내 나이 50 넘어서 시작한 독서

"나는 다음에 커서 뭘 하고 싶은지 모르겠어!"

"다음에 커서라고요? 엄마를 실망시키고 싶지는 않지만, 정신 차리세요. 엄마는 다 컸어요! 아니, 다 큰 정도가 아니라 푹 익었다고요."

"그렇지 않아! 너는 내가 끝났다고 생각할지 모르지만 나는 아직 끝나지 않았어! 나는 아직 성숙하는 중이고, 지금 내 인생의 다음 장을 쓰고 있어. 내가 어떻게 될지 두고 보라고!"

–『삶은 항상 새로운 꿈을 꾸게 한다』, 마리아 슈라이버, 라이프맵

책의 앞부분에 나오는 이야기이다. 사춘기 소녀처럼 고민에 빠져들기

시작했다는 이 말에 참 많이 공감을 했고, 순간 딸에게 외치는 그 소리에 가슴 한구석이 시원하게 뚫리는 느낌을 받기도 했다. 나이가 들어도 인생을 위한 꿈을 꾸고, 꿈을 이루기 위해 살아가다 보면 어느 순간 하나의 꿈은 이루게 된다. 그 하나의 꿈을 이루고 나면, 꿈은 또 하나의 꿈을 만들기도 한다. 우리는 매일 하루를 새롭게 시작해보지만 어쩌면 나 역시 하루하루 어떤 사람이기보다 어떻게 살아야 하는지가 우선이었기 때문에 꿈을 꿀 생각을 안 했는지 모른다.

나이 들어감에 따라 더 의미 있고 즐거운 삶을 사는 것은 전적으로 내가 책임져야 할 부분이다. 나의 능력을 넘어서 꾸준히 매진할 수 있는 일을 찾는 것만으로도 나는 인생을 더 보람 있게 살 수 있다고 생각한다. 어떻게 살아야 되는 것도 중요하지만 어떤 사람으로 살아가야 되는지 지금 또 한 번 고민을 해본다. 나이 들어 손에 잡히지 않는 미래를 그리다 보면 상상만으로 그려지지 않는 미래를 잡으려다 더 기운이 빠질 때가 있다. 무엇을 잘하는지 알 수 없었다. 특별하게 잘하는 것도 아니고 좋아하는 것도 아니고, 명확하지가 않았다. 왜 그럴까. 지금까지 무얼 하며 살았던 것일까. 이리 휩쓸리고 저리 휩쓸리고 한없이 나약해질 대로 나약해진 50대였다.

'나는 어떤 삶을 살았을까?' 하고 돌아보면 별로 기억에 남는 즐거운 일이 없는 것 같다. 즐거움을 즐거움으로 받아들이지 않았는지 모르지만,

꿈도 없었고 희망도 없었고 하루하루를 사는 대로 살아온 것이다. 아니 꿈은 있었다. 내 꿈은 언제나 한 가지였다. 퀼트 카페를 하는 것이었다. 퀼트 카페를 하면서 딸이 커서 대학을 나오고 취업이 되지 않아도 엄마가 하는 일을 도와주며 걱정 없이 살게 해주는 게 꿈이었다. 그 소박한 꿈은 나에게는 소박하지 않았던 모양이다. 퀼트 카페를 하는 꿈을 이루기 전에, 딸은 결혼을 해서 좋은 남편을 만나 내 도움 없이도 잘살고 있다.

나는 '엄마, 아버지처럼 살자.'가 꿈이었다. 롤모델이라고 할 수 없지만 엄마, 아버지처럼 소소하게 여행 다니고 큰 다툼 없이 살자는 게 소박한 꿈이기도 했다. 그렇지만 엄마처럼 '돈 없이 궁색하게는 살지 말자.'였다. 내 꿈은 잘사는 것이고, 나이 들어 아이들에게 손 내밀지 말자는 꿈이 있었다. 이건 꿈이 아니라 누구나 바라는 희망사항이라고 할지 모른다. 내가 꿈이 있어 그 꿈을 향해 제대로 달려왔다면 지금까지 탄탄대로를 달리고 있을까?

인생은 내 맘대로 되지 않을 때가 많다. 주식이 오르고 내리고 하는 것처럼 인생도 그렇게 오르막길과 내리막길을 수없이 반복하면서 달려가고 있는 것이다. 나는 그동안 누구 못지않게 나를 위해서 살았다고 자부했다. 하지만 돌아보니 정말 나를 위해 살아온 것은 무엇인가 반문하게 된다. 끈기도 없었지만 항상 돈에 목말라 있었고, 배움에 목말라 있었고, 다 하지 못한 열정에 목말라 있었다.

우리의 인생은 정해져 있지 않다. 내가 만들면 내 인생이라는 말도 있지 않은가. 나이가 많다고, 주변 환경이 걸림돌이 된다고 꿈을 꾸지 않고 꿈을 포기하면서 살 수는 없다. 아직 나의 미래는 오지 않았다. 더 많이 준비할 뿐이다. 유엔의 노인 규정을 보면 내 나이는 아직 노인에 들어가지도 않았고 청년이라고 한다. 꿈이 없다면 오늘부터라도 새로운 꿈을 꾸어야 한다. 나이와 상관없이 우리는 꿈꿀 이유가 있다. 삶은 항상 새로운 꿈을 꾸는 사람에게 활짝 열려 있을 테니까!

"우리가 자긍심을 느끼고 행복해질 수 있는 유일한 길은 자신의 목소리를 찾고, 자신의 길을 찾고, 자신의 마음을 따라가고, 어느 누구의 흉내를 내는 대신 자신의 삶을 사는 것입니다."

– 마리아 슈라이버

내 나이가 어느새 50을 훌쩍 넘어 60을 바라보고 있다. "축!", 경축할 60이 다가오고 있는 것이다. 언제부터 독서에 부쩍 관심이 있었나 생각해보니 그때가 바로 50이 넘어서였다. 그것도 50대 초반이 끝나고 중반으로 들어설 무렵이었다. 나는 젊었을 때는 책을 잘 읽지 않았다. 오히려 나이 들면서 책을 가까이하게 되었다. 독서가 중요하다는 것은 예전부터 알고 있었지만 지금처럼 독서가 일상이 되도록 읽은 적은 없다.

책이 옆에 있었다면 잡지책이 주를 이루었고 띄엄띄엄 독서를 하고 있었다. 어느 날 가입해 있던 도서관에서 전자도서관을 운영하고 있었다.

어찌나 반가운지 당장 링크를 타고 들어가 다운로드받고, 스마트폰에 앱도 설치했다. 지금처럼 전자도서가 유행하지 않을 때였다. 한동안 전자도서와 도서관을 오가며 물 만난 고기처럼 열심히 대출해서 읽었다. 나는 지금도 외출을 하거나 책을 들고 나가지 않았을 때에는 전자도서를 많이 이용한다. 전자도서는 무겁게 들고 다니지 않아도 된다는 큰 장점이 있고, 화면이 작고 어떤 책은 손으로 펼치면서 봐야 된다는 단점도 있지만 정말 유용한 어플이라고 생각한다. 오디오북도 있지만 집중이 잘 되지 않아 아주 가끔 이용해보긴 해도 나는 아직도 종이로 된 책을 좋아한다. 종이의 질감을 느껴보면서 귀도 접고 밑줄도 그을 수 있는 종이책을 선호한다.

50이 넘어 시작한 독서는 만만하지 않았다. 처음부터 책이 눈에 쏙쏙 들어온 것은 아니다. 집중해서 읽지 못했다. 그 동안 습관화되지 않았던 몸은, 책상 앞에 한두 시간씩 앉아 있는 것도 힘들어 비비 꼬이기 일쑤였고, 앞부분을 읽다가 다시 앞으로 가는 행동을 몇 번이나 반복해야 했다. 그만큼 나는 오랫동안 독서라는 것을 즐겨한 적이 없고 나와 친해질 계기를 만들어놓지 못했던 것이다. 게다가 싫증을 잘 느끼는 탓에 한 권을 끝까지 읽지 못하고 덮어버리는 일의 연속이었다. 그러다가 전자도서관을 알게 된 것이다.

도서관에서 빌리면 반납 일자에 다 못 읽고 그냥 반납하는 일이 허다

했다. 읽지도 못하면서 부지런히도 빌려오기는 했다. 반납하러 가는 것도 어떤 날은 귀찮을 때가 있었는데 전자도서는 바로 휴대폰에서 반납하기 때문에 우선 부담이 없었다. 전자도서관에서 빌린다고 해서 다 읽은 것은 아니다. 아무데서나 읽을 수 있다는 장점도 있고 도서관에 가야 한다는 부담이 없었기 때문에 오히려 앞부분을 읽다가 조금만 재미없으면 교체하는 일이 잦았다. 책을 빌려올 때는 제목이 끌리는 대로, 닥치는 대로 빌려와 읽었다. 읽다가 졸립고 재미가 없으면 다시 반납을 하고 다시 빌리기를 반복했다.

좋은 책도, 일단 내 마음이 열려 있지 않으면 재미없는 책이 되고 마는 것 같았다. 그렇게 책을 빌려 읽다 보니 어떤 책을 읽어야 되는지, 내가 싫어하는 부류가 무엇인지, 조금은 선명해지는 것을 느끼게 되었다. 아직도 좋은 책을 선별하는 것은 어렵다. 내가 좋아하는 작가님의 추천도서 또는 독서 모임에서 추천하는 도서 위주로 하고 있다. 서점에 가면 수많은 작가들이 쓴, 내용도 다양한 읽을 책이 넘쳐날 정도로 많이 있다. 저렇게 많은 책들이 기다리고 있는데 아무도 몰라라 해주는 것 같아 안타깝고 빨리 읽어야지 하는 마음에 조급할 때도 있다. '언제부터 독서를 했다고 진열된 책을 다 걱정하고 있네.' 하면서 혼자 속으로 웃을 때도 있지만 기분은 흡족하다. 그렇게 전자도서를 다운받고 더 열심히 독서를 할 수 있었다.

50이 넘어 시작한 독서는 나에게 많은 변화를 안겨주었다. 독서를 했다고 갑자기 부자가 되거나 갑자기 고정 관념이 바뀌거나 나의 사고가 변하는 일은 일어나지 않는다. 마음이 단단해지고 생각의 폭이 조금은 넓어졌다고 할까. 50 넘어 60을 바라보는 나는 아직도 속이 좁은 행동을 많이 한다. 그만큼 인격 형성이 덜 됐는지도 모른다. 젊었을 때까지도 제대로 갖추어져 있지 않았고, 내가 어떤 사람인지 잘 모르고 살았는데 50 넘어 책 몇 권 읽었다고 변하지 않았던 나의 모든 삶이 한순간에 변할 리 없다. 아주 조금씩, 느리지만 아주 조금씩 나를 다지고 변화해가고 있는 것만도 다행이라 생각한다.

나이 듦을 잘 받아들이고 남에게 피해가지 않는 행동을 하려고 노력하는 것이다. 가까이 있는 사람들에게 너그럽게 대하지 못하고 아직도 상처를 주면서 살고 있다는 것이 문제이긴 하지만 독서를 하고 좀 더 수양을 쌓으면서 변해가리라 믿는다. 지금까지 아무런 변화 없이 살아온 내 삶이 꿈꾸던 삶과 일치하지 않더라도, 50 넘어 시작한 독서지만 더 나은 인생을 향한 '터닝 포인트'가 될 수 있다면, 얼마든지 나에게 맞는 새로운 꿈을 꿀 수 있다고 생각한다. 아직 내 인생은 끝나지 않았기 때문이다.

2장

인생의 절벽에서 희망을 심어준 독서의 힘

1

어두운 터널에서 나를 꺼내준 독서

교통사고가 났다. 핸들에 고개를 숙이고 한참 동안이나 그 상태로 있었다. 나는 내가 죽었다고 생각했다. 그런데 신기하게도 내가 살아 있는 것이었다. 고개를 드는 순간 가장 먼저 든 생각은 '내가 왜 살아 있지?'였다. 직접 운전하며 타고 가던 차가 폐차가 될 정도로 사고가 났는데도 나는 살아 있었다. 백 번이고 하느님께 감사하다고 절을 해도 모자랄 판에 '왜 살았지?'라는 말이라니! 그랬다. 나는 내가 살아 있다는 것이 이상했다. 살 사람은 어떻게 해도 산다더니 죽고 싶다는 생각을 했었지만 살고 싶다는 생각을 절실히 해보지 않았기 때문에 살아 있다는 그 자체가 이상했다.

사람이 죽고 싶다는 말을 할 때는 다 이유가 있다. 죽음을 다르게 해석하면 내가 안고 있는 고통과 시련을 그만 내려놓고 싶다는 의미일 수도 있다. 죽고 싶다는 사람치고 정말 죽고 싶은 사람은 아마 없을 것이다. 죽음 앞에서 어쩌면 살고 싶은 마음이 더 간절한지도 모른다. 그런데 나는 정말 죽고 싶었다. 아니, 어쩌면 나는 누구보다 더 살고 싶은 마음이 간절하고 간절했는지 모른다. 하지만 어떻게 해도 내 인생이 잘 안 된다는 것을 알았을 때, 혼자 감당하기 버거운 삶의 무게를 견디지 못해 다 내려놓고 싶었을 것이다.

누구 하나 도와주는 이 없이 무거운 짐을 혼자 안고 가는 게 너무 버거웠던 것이다. 하루하루 사는 게 힘들어 다 내려놓고 이참에 그냥 쉬고 싶은 생각밖에 없었는지 모른다. 그 순간은 울고 싶어도 눈물도 나오지 않았다. 나는 그날을 생생하게 기억한다. 나는 음주운전을 한 것이다. 내 정신은 이미 멀쩡하게 깨어 있다고 생각했다. 보험회사에서 쌍방이 잘 해결하라고 했지만 상대방도 음주 상태라 주위에서 하는 말들을 먼저 주워듣느라 대처가 늦었다. 사람들이 몰려들어 결국은 파출소까지 가게 되었다. 될 대로 되라는 생각이었다. 음주운전이란 그런 것이다. 오기가 있는 대로 생기는 것이리라.

부끄럽지만 이제야 나는 고백한다. 나는 술을 즐겼다. 잠이 안 오면 술을 마시고 잤고, 외로우면 술을 마셨고, 힘들어도 슬퍼도 술을 마셨다.

이기지도 못하는 술로 인해 실수도 많이 했다. 멀리 찾아간 친구에게 민폐까지 끼친 일도 있었고, 그로 인해 속상해하는 친구에게서 잔소리 아닌 잔소리도 들었었다. 꼭 술이 답이었을까 물어보지만 젊었을 때 일이었고, 한 번도 어떻게 살아야겠다는 계획도 없었고, 목표도 없었고, 아무 생각이 없었으니 사는 것도 그랬으리라. 나는 측정을 위해 파출소에 갈 때도 혼자였고 나왔을 때도 혼자였다.

나에게는 친구도 없었고 가족도 없었다. 내 생활을 내가 자초한 일이었기 때문에 누구를 원망할 그런 처지도 못 되었다. 경제적으로 힘든 삶은 나를 더욱 어둠 속으로 밀어 넣고 사람과의 관계는 더욱 멀어지게 만들었다. 사고가 났을 때 나는 죽어야 했다. 나에게 삶이란 고통이었다. 누구에게도 말할 수 없는 고통을 안고 살아가고 있었다. 옆에서 보면 나는 너무 자유롭고 하고 싶은 걸 다하고 사는 사람처럼 보였지만 그러기 위해 내가 노력한 나머지 일들은 사람들은 모른다. 사람들은 모두 보고 싶은 것만 본다.

나도 내 안의 내면을 들여다볼 여유가 없는데 상대방은 오죽하랴. 다른 사람의 마음이나 내면까지 들여다볼 여유가 없는 것이다. '확증 편향'이라는 심리학 용어가 있다. 자신의 주장이나 견해와 일치하는 정보는 별 의심 없이 쉽게 받아들이지만, 자신의 주장과 반대되는 정보는 무시하거나 자신의 틀에 맞는 의견에 타당하게 왜곡해버리는 현상을 말한다.

사람들은 본인이 믿는 대로 보고, 보는 대로 믿는 것이다.

나는 항상 표정이 어두웠고 우울했다. 애써 밝은 표정을 지어보지만 내 안에서 찌그러진 삶의 표정은 아무리 숨기려 해도 고스란히 나타나는가 보다. 나는 원래 무뚝뚝하고 뚱한 표정을 하고 있다는 소리를 들었다. 내 인상 자체가 그런가 보다 했는데 나는 몰랐다. 다른 사람이 말해주기 전까지 내가 그렇게 어두운 표정의 사람이라는 것을. 나름대로 밖에서는 밝은 표정을 하고 있다고 생각했기 때문에 처음 그 얘기를 들었을 때 고개를 들 수가 없었다. 내 표정 어디가 잘못된 것일까 하고 처음에는 이상하게 생각했지만 어쩌다 만날 때마다 그런 소리를 듣게 되니 창피하고 어디론가 숨어버리고 싶을 정도였다.

정말 힘들었을 때 듣게 된 그 얘기에 내 삶을 고스란히 들킨 것 같아 도망치고 싶었다. 거울을 한참 동안 들여다보았다. 잔뜩 찡그린 마녀 하나가 어두운 그림자를 드리우고 들어 있는 것 같았다. 정말 우울해 보였고 슬퍼 보였다. 어떻게 해야 밝은 표정을 할 수 있을까 하고 거울을 보면서 연습을 하고 심호흡도 몇 번이나 크게 하고 나갔지만 어쩌다 만나는 사람은 표정이 뭔가 어두워 보인다고 직접적으로는 얘기는 안 했지만 간접적으로 돌아서 들려왔다. 내면에 있는 어두운 그림자가 밖으로도 표출된다는 것에 놀라지 않을 수 없었다. 하지만 하루아침에 내가 밝은 사람으로 변할 수는 없었다.

40대 이후에 얼굴 표정은 자신 스스로 책임져야 한다고 했다. 나는 40대를 정말 우울하고 힘들게 보냈다. 세상 고민 다 짊어진 사람처럼 살았다. 사실이 그랬다. 생활 자체가 힘든 것보다 가족과의 관계가 더 힘들었다. 무얼 해도 편하지가 않았고 경제적으로도 힘든데 사람과의 관계에 온 신경을 쓰고 나면 마침내 에너지는 고갈되고 나 자신에게 남아 있는 여유는 하나도 없었다. 빈털터리가 된 기분이었다.

내 안에 모든 것들은 무너져 내리는데 다른 사람들에게 나의 사는 모습을 들키지 않으려고 안간힘을 쓰며 살아온 것이 지금 생각하면 참 어리석은 일이었다. 어디론가 숨어버리고 싶었고, 도망치고 싶었고, 죽지 못해 사는 사람마냥 돈을 벌기 위해 고군분투하지 않으면 안 되었다. 그러니 당연히 내 얼굴이 편안해 보일 리가 없었다. 그때 지어진 습관으로 지금도 조금만 신경을 쓰면 얼굴 표정이 굳어진다. 그만큼 마음의 여유가 없어서인가 보다. 그분은 나의 내면을 보았을까. 삶이 힘들다는 것을 알았을까. 뭔가 안 좋아 보인다는 별거 아닌 말 한마디가 나를 너무 슬프게 했다.

나는 너무 우울하게 살아서 그게 우울한 삶인 줄도 모르고 살아왔던 것 같다. 내 안에 나를 가두고 아무도 들어오지 못하게 꽁꽁 둘러 싸맨 채 그렇게 살았다. 나에게 찾아온 시련 때문에 우울증과 외로움으로 나 자신을 놓아버리고 나답지 않은 행동을 하며 살아왔다. 혼자 이겨내야 된다고 생각했고 모든 것을 혼자 해결해야 된다고 생각했다. "스무 살의 얼굴은 자연이 만들어주고 서른 살의 얼굴은 삶이 만들어준다. 하지만 쉰 살의 얼굴은 자기 자신이 만드는 것이다."라는 글이 있다. 코코 샤넬이 한 말이다. 나도 누구 못지않게 아름답게 나이 들어가고 싶고, 내 얼굴에 책임을 질 수 있을 정도로 자신 있게 살고 싶었다.

죽음을 생각했을 때 항상 떠올랐던 시가 있다.

삶이 그대를 속일지라도
슬퍼하거나 노여워하지 마라.
슬픈 날을 참고 견디면
기쁜 날이 오고야 말리니
… (생략)

– 「삶이 그대를 속일지라도」, 푸시킨

인생은 한 번뿐이다. 그런 인생을 막 대하며 아무런 희망 없이 살았던 지난날이 부끄럽고 후회된다. 나는 누구인가 많은 생각을 하게 되었다. 나를 찾고 싶었다. 나는 왜 우울하고 힘들고 행복하지 않을까.

지치고 기나긴 어두운 터널에서 어떻게 하면 벗어날 수 있을까. 나는 왜 사는가. 나는 왜 지금 하고 싶지 않는 일, 나에게 맞지 않는 일을 하고 있는가. 삶이란 도대체 나에게 무엇인가. 그리스 신화에 나오는 이야기인 제우스를 속인 죄로 영원한 형벌을 받아 무거운 바위를 산 정상으로 밀어 올리는 시시포스가 떠올랐다. 시시포스처럼 밀어올려도 아래로 구르는 바위를 힘겹게 매일매일 올려야 하는 형상이 그려졌다. 계속해서 반복되는 고난의 형벌을 받은 것처럼 느껴졌다.

인생을 살면서 작고 큰 사건을 참 많이도 겪었다. 그동안 깨달음을 얻기도 하고 반성도 하고 후회도 했다. 나는 사람들이 보는 내 이미지와 다르게 많은 일을 겪고 살았다. 그러면서 알게 되었다. 나 자신을 찾는 길은 독서를 하는 것이라고. 행복을 찾는 길도 부자가 되는 길을 알려주는 것도 독서에 있었다. 40대에 나는 그저 살아내기만 했다. 자기계발이라는 것을 해야 한다는 것도 40대 후반에서야 알았다. 네트워크 마케팅 사업을 하면서였다. 독서를 하면서 권리소득이라는 것도 알게 되었고 어떻게 하면 권리소득으로 돈을 벌까 궁리를 했지만 당시에 삶은 더 힘들기만 했다.

독서를 하고 나의 사고가 변화하고 스스로에게 긍정의 질문도 하게 되었다. 독서를 통해서 어떻게 살아야 된다는 답을 얻게 되고, 어제보다 나은 삶을 살기 위해 노력하고 있다. 내가 독서를 하고 변했다는 것은 누가 알려주는 게 아니다. 내 자신이 먼저 알게 된다. 수년간 내 안에 깊숙이 들어 있던 터널을 빠져나와 슬픔과 힘듦을 이겨낸 것만으로도 감사하게 생각한다. 젊었을 때까지 완성되지 않았던 인성이 이제야 조금씩 여물어가고 있다고 해야 할까. 나에게 독서는 그런 존재다. 나는 독서를 통해 어둡고 긴 터널이 아닌 좀 더 행복한 삶의 길로 들어서고 있는 것이다. 어두운 터널에서 나를 꺼내준 독서와 함께 밝은 세상으로 가고 있는 것이다.

2

조금씩 비워가는 법을 알려준 독서

나는 결혼을 하고 나서 일본어를 배웠다. 젊었을 때부터 〈논노〉(NonNo)라는 잡지책을 봐왔었고 결혼 후 아이 옷을 만들면서 알게 된 일본 잡지는 늘 내 가까이 있었다. 명동 중앙우체국 뒤로 가면 외국 잡지 파는 곳이 있었다. 나는 그곳에 가는 것을 좋아했다. 일본어 잡지를 구경하기 위해서였다. 일본어는 몰랐지만 일본 요리를 NHK 요리 프로그램을 보면서 따라 했었고, 일본책을 보면서 아이 옷을 만들어주었다. 오빠가 고등학교 때인가 제2외국어로 일본어를 공부했을 때였다고 생각된다. 우연히 발견한 일본어 초급 책을 가져와 나도 배워보겠다고 히라가나를 혼자 따라 쓰면서 공부한 적이 있다.

독학으로 했기 때문에 쉽지가 않았고 앞부분만 되풀이되면서 더 이상 진도가 나가지 않았다. 여하튼 그 덕인지 일본어는 낯설지가 않았다. 『일본어 초급』은 결혼할 때까지 가지고 다녔던 기억이 난다. 그러고 보니 종로에 일본어 학원 초급반을 잠시 다닌 적도 있다. 왜 그만두었는지는 기억이 안 난다. 마음 한편으로는 언젠가는 꼭 배워야지 하는 마음을 갖고 있었던 것 같다. 마음만 있었고 끈기가 없었는지 그리고 일본어는 잊어버렸다.

다시 일본어를 시작하게 된 것은 지방으로 이사를 가서였다. 무료했었고 그때나 지금이나 무엇을 배워야 한다는 생각은 늘 하고 지내온 것 같다. 어느 날 지역 신문을 보고 '일본어 초급반'을 모집한다는 광고를 보게 되었다. 전화 통화를 했는데 집에서 하는 일본어 홈스쿨이었다. 그렇게 일본어는 시작되었고 나중에는 서울에서 수업을 하셨는데 나는 2년 동안 결석 한 번 하지 않고 기차를 타고 다니는 열성을 보일 정도로 나름 열심히 공부를 했다. 2년 졸업 후 우리는 각자 주제에 맞게 논문을 쓰기도 했다. 지금 생각하면 도저히 불가능한 일이었지만 선생님의 지도하에 모두 한 편씩 소책자를 만들어 내보일 수 있었다.

일본어를 공부하면서 선생님과 언니들과 일본 여행도 가고, 15박 16일이라는 일본 연수도 다녀오는 큰 경험을 했다. 일본뿐만 아니라 미국, 하와이 등 10년 계획에 맞춰 연수를 다녀오기도 했고, 대학생들만 한다는

MT도 매년 다녀왔다. 5년 후 MT는 일본, 10년 후에는 미국에서 한다는 선생님의 발표와 계획대로 정말 일본어를 시작하고 5년 후 일본으로 MT를 갔고 10년 후에는 미국으로 MT를 갔다. 두 사람씩 짝을 지어 디렉터가 되어 프로그램을 진행하기도 했다. 주부가 되어 일본어를 배우면서 MT에 해외연수라니! 일반 여행조차 엄두도 못 냈을 일본 여행을 25년 전에 1년에 한두 번은 다녀올 수가 있었다. 모든 것은 추진력과 리더십이 강한 선생님이 계셨기에 가능한 일이었다.

일본어를 하면서 인생을 어떻게 살아야 되는지에 대해 알아가면서 세상에 눈을 뜨기 시작했다. 우물 안 개구리로 살아왔던 나는 세상 밖을 보게 되었고, 일본이라는 세상에 눈을 뜨기 시작했다. 그런 선생님께 항상 감사한 마음을 갖고 있다. 성인이 되어 인생 멘토가 되어준 분이기도 하다. 일본어는 나에게 꿈을 가지게 했고 목표와 계획이라는 것을 알게 해 주었다. 하지만 어느 날 힘들어지면서 내 꿈은 점점 작아져 꿈이 있었나 싶을 정도로 내 기억에서 사라지고, 그다음부터는 아무 계획 없는 삶을 살아가고 있었다. 하고 싶은 것을 접어야 했고, 삶의 터전으로 나가지 않으면 안 되었다.

경제적으로 힘들어지면 제일 먼저 일어나는 게 부부싸움이다. 나는 돈을 벌려고 했고 그런 나를 못마땅해하면서 서로 대립되고 점점 힘들어지는 관계가 되었다. 직업에는 귀천이 없다고 했다. 내가 생각할 때는 귀천이 있는 것 같다. 사람들이 내가 한 일을 보고 이렇다 저렇다 하는 것을 보면 분명 귀천이 있다고 생각한다. 언젠가 치맥을 하려고 통닭집에 간 적이 있었다. 아가씨는 아닌 것 같고 젊은 여자분이 서빙을 하고 있었다. 치킨집 사장님과 친분이 있어서 누구냐고 물었더니 아르바이트를 구했다고 했다. 예전에 내 생각이 났다.

경제적으로 어려워지면서 처음에 무슨 일을 해야 될지 고민이 많았다. 집에서 워낙 반대가 심했기 때문에 일을 할 수가 없었다. 그때 아는 언니가 내 얘기를 듣고 호프집을 오픈하는데 사람 구할 때까지 도와달라고 했다. 나는 망설이고 말고 할 이유가 없었다. 그때도 대형마트 카운터나 볼 정도로 나이가 많다고 생각할 만큼 밖에서 주부가 취업을 할 곳이 없을 때였다. 서서 일한다는 것 외에 어려운 일도 아니었다. 비록 얼마 되지는 않았지만 돈을 벌 수 있다는 것에 나는 감사할 따름이었다. 그런데 그 일을 한 것이 나에게 그렇게 치명적이고 나를 다른 사람들의 입에 오르내리게 하는 일이 되리라고는 생각을 못 했다. 나는 부끄럽게 생각하지 않았는데 사람들이 나를 부끄러운 일을 한 사람으로 취급할 뿐이었다.

'상호성의 법칙'이라는 것이 있다. 상대방에게 무엇인가를 받으면 나도 그 보답으로 무엇인가를 준다는 뜻이 담겨 있다. 꼭 상대방에게 무언가를 받으면 '나도 꼭 보답을 해야지.'라는 생각보다 내가 그만큼 은혜를 입었거나 존경하는 사람이고 좋아하는 사람이면, 최소한 그 은혜는 잊지 말자는 뜻으로 나는 해석했다. 굳이 상호성의 법칙을 내세워 따지지는 않았지만 그런 분이 있었다. 내가 하는 행동이 어쩌면 그분의 발끝에도 미치지 못하는 노력이었을지 모르지만 내가 가진 수준에서 작은 선물이라도 하면서 그 마음을 잊지 않으려고 노력하면서 살았다고 자부한다. 생일이나 어떤 행사가 다가오면 솔직히 때로는 부담이 되는 날도 없지 않아 있다. 이번만 모른 척하고 넘어갈까 하다가 뒤늦게라도 하고 나면 오히려 내가 더 뿌듯하고 하길 잘했다고 스스로 칭찬을 해주기도 했다.

나는 사람과의 관계와 신뢰를 중요하게 생각한다. 특히 내가 멘토로 삼을 정도의 사람이라면 더더욱 그렇다. "좋은 사람을 만나려면 좋은 사람이 되라."라는 말이 있듯이 나는 좋은 사람을 만났기에 좋은 사람이 되려고 했다. 좋은 멘토를 만났다고 생각했기에 좋은 멘티가 되려고 노력했다. 나는 드러내놓고 하는 것을 잘 못하지만 최소한의 예의를 갖추려고 노력했다.

멘토와 멘티란 무엇인가?

"그리스 신화에서 유래한 말로 조력자의 역할을 하는 사람을 멘토(mentor)라고 하며 조력을 받는 사람을 멘티(mentee)라고 한다."

사전적 의미를 봐도 멘토란 현명하고 신뢰할 수 있는 상담 상대, 지도자, 스승, 선생의 의미이다. 인생을 살아가면서 멘토가 생겼다는 것은 축복받을 일이다. 그 사람을 보면서 그가 걸어온 길을 따라가고자 노력하고 선한 영향력을 키워 나도 누군가에게 나눠주는 사람이 되어야겠다는 희망을 안고 살아간다는 것은 삶의 무기가 되고 너무나 큰 힘이 되는 것이다. 나에게 그분은 신뢰할 수 있는 스승이자 지도자였다. 언젠가부터 그 신뢰가 조용히 깨지는 소리가 났다. 모른 척하고 지냈다. 사람은 누구나 양면성을 지니고 있기 때문에 이해하려고 했다.

나는 말이 많은 사람을 그다지 좋아하지 않는다. 어느 순간부터 깨달은 것은 그동안 내 앞에 일어난 어처구니없는 일의 실마리를 보면 항상 말이 많은 곳에서부터 비롯되었다는 것이다. 내 마음에 깊은 상처와 아픔을 남겨 준 친구도 말하기를 좋아했고 말을 잘했다. 나를 배신하고 삶에 무게를 한층 더해준 그 언니도 말을 잘하고 친화력이 있는 사람이었다. 존경이라는 게 무엇일까, 인간관계란 무엇인가, 인격이란 무엇일까 등등 여러 가지를 고민하게 만들어준 분도 말 잘하는 사람이었다. 살다 보면 남의 말을 안 하고 살 수는 없다. 하지만 말 한마디로 사람을 살릴 수도 있고 죽일 수도 있다. 말에는 특히 가치가 있다. 말에 그 사람의 그릇이 보인다. 말 한마디가 용기를 주고 힘이 나게도 해주지만, 말 한마디가 칼보다 날카로워 깊은 상처를 남기기도 한다.

그런 '말'을 나는 조리 있게 잘 못한다. 영화를 보거나 드라마를 봐도 설명을 잘 못한다. 말 잘하는 사람을 그래서 더욱 부러워한다. 아이러니하게도 그 '말' 잘하는 사람들로부터 나는 매번 상처받고 깨지고 다치고 했다. 말 잘하고 말 많은 사람이 나에게는 누구보다 적이었다. 그리고 다시 되돌릴 수 없는 적이 되게끔 만들었다. 적은 항상 가까이 있었다는 것이 소설에서만 나오는 것이 아니었다. 허무했다. 그동안 함께했던 시간들이 주마등처럼 지나가면서 슬프게 했다. 나라는 존재가 그 정도밖에 안 되는 사람이었다는 것이 슬펐다. 원망은 하지 않았지만 하루하루가 힘들었다. 슬픈 마음을 아무에게도 말 못 하고 혼자 달래려고 무척이나 애썼다. 누가 보고 있는 것도 아니었음에도 내 마음을 들키지 않으려고 많이 노력했다.

독서를 하면서 나를 비워가는 연습을 수없이 했다. 그리고 결론을 내렸다. 세상에 좋은 사람은 많다. 나에게 상처 주고 돌아서서 비난하는 사람들을 굳이 만날 필요가 있을까. 나를 속이면서 아닌 척 괜찮은 척 웃음을 지으면서 만날 이유가 없었다. 지나고 보니 그동안 친구라고 했던 사람들도 말로만 친구였고, 어쩔 수 없이 묶여진 형식적인 친구밖에 되지 않았다. 가진 게 많지 않고 누군가에게 비교 대상이 되고 싶지 않아 선뜻 다가갈 수 없었지만, 마음만은 항상 친해지고 싶은 친구들이라 생각했었다.

돌이켜보면 나도 내 마음을 주지 않았으니 당연한 일이었다. 세상 이치는 그런 것이다. 나와 상관없는 일에는 관여하고 싶지 않은 것이다. 이쯤에서 모두 내려놓기로 했다. 인간관계에서 힘들어진 짐을 말끔하게 비우기로 했다. 존경이라는 단어를 쓸 수 있을 만큼의 선에서 내려놓기로 했다. 비우고 났더니 이상하리 만큼 편해졌다. 그동안 나 자신을 너무 속이고 살아온 것이다. 무거운 짐을 벗어내기 위해 독서를 하면서 사람을 미워함에서 비움으로 바꿀 수 있었고 나 자신을 위로해주고 다독일 수 있었다. 독서는 오랜 시간 쌓여 있던 묵은 체증을 속 시원히 내려가게 만들어주었다.

3

우울증의 늪에 빠졌을 때 책이 있었다

내가 우울증에 빠지리라고는 상상도 못 했다. 우울증은 나처럼 내성적인 사람보다 활발한 사람이 오히려 더 잘 걸린다고 알고 있었다. 경제적으로 어려워지면서 무기력해지고 나는 아무것도 할 수가 없었다. 내가 할 수 있는 거라고는 아무것도 없었다. 누워 있거나 멍하니 있거나. 생각나는 대로 자거나 먹곤 했고, 어떤 때는 먹는 것도 입에 들어오지 않았다. 할 수 있는 것은 무기력하게 누워 있다가 자고, 울다가 잠이 드는 일뿐이었다. 무엇보다 나를 우울증에서 벗어날 수 없게 만들었던 것은 친구에게서 배신당하고 나는 더욱 혼자라고 여기는 생각이었다. 아무도 믿을 수가 없었다. 나의 모든 것을 속속들이 알고 내가 무슨 생각을 하는

지, 내가 무엇을 하는지 미주알고주알 다 알려준 친구가 나를 배신했다고 생각하니 너무도 어처구니가 없었고 그런 현실 앞에서 나는 아무 말도 못 하고 주저앉고 말았다.

내가 무엇을 잘못한 건지 도무지 알 수가 없었다. 내 마음을 다 보여주고 내 속을 다 보여주고 내가 살아가는 이야기, 내가 겪는 어려움, 싫어하는 게 무엇인지, 지금 누굴 만나고 어디를 갔는지 거의 모든 것을 속속들이 알고 있는 친구가 내 얘기를 아무렇지 않게 다른 친구들에게 하고 있었다니 믿을 수가 없었다. 무엇보다 나를 힘들게 했던 것은 다른 친구들이 나와 연락을 안 하고 있어도 계속 나에 대해서, 나의 정보를 알고 있었다는 것이다. 나와 나누었던 대화 내용을 다른 친구들에게 말하고 있었던 것을 나는 까맣게 모르고 있었다. 알 리가 없었고 상상도 못 할 일이었다.

나는 남의 말을 하는 것을 제일 싫어한다. 조카가 나에게 말하지 말라고 했던 것은 딸에게조차도 말하지 않았다. 딸은 어떻게 본인에게도 말을 안 해주냐고 하는데, 내가 입이 무거운 게 아니라 그건 약속인 것이다. 내가 딸에게 말을 했다면 그것은 비밀이 될 수 없다. 딸을 못 믿는 것보다 이미 내 입 밖으로 나온 말은 비밀이 될 수 없다고 생각한 것이다. 우리가 흔히 알고 있듯이 "너에게만 말하는 건데."로 시작한 순간부터 비믿은 깨진 것이다. 그런데 왜 몰랐을까. 그렇게 이론적으로 잘 알고 있으면서 왜 몰랐을까. 너무 고지식했고 어리석었던 내 잘못일까. 너무 믿었던 내 잘못인 것일까. 친구였다. 속마음 털어놓고 서로 위로해주고 함께 웃을 수 있는 친구였다. 믿고 말고 할 게 없었고 생각이 거기까지 가지도 않았다.

믿는다는 것은 무엇인가. 사람이 사람을 믿는다는 것은 그만큼 격의 없이 지낸다는 것이 아닐까. 친구와 나는 어렸을 때부터 속마음까지 터놓을 정도로 격의 없이 지내왔다고 생각했다. 믿음이 무너졌다. 사람을 믿을 수 없었다. 무엇보다도 더 믿을 수 없었던 것은 한두 달 전부터 내 얘기를 한 게 아니었다. 몇 년 전부터인지 언제부터인지도 알 수가 없었다. 이해가 안 갔다. 왜 그랬을까. 친구는 무슨 마음을 가지고 그런 행동을 했을까. 질투와 시기였을까. 세상에는 좋은 사람보다 나쁜 사람이 더 많다더니 드라마에도 나오는 것처럼 나의 적은 항상 가까이 있었다.

•

인간관계에서 나와 대화할 수 있는 사람은 친구만 있는 게 아니었는데 그렇게 생각한 내가 어리석었던 것이다. 친구뿐만 아니라 나는 인간관계라고 생각할 만한 사람도 그리 많지 않았던 것이다. 마음이 아팠다. 죽을 것만 같았다. 짧은 카톡이 왔지만 대화에도 엉뚱한 말만 하는 그녀에게 "지금까지 그렇게 행동을 하게 한 내게 잘못이 있다."라고 카톡을 보내고는 인연을 끊었다. 친구들과의 카톡에서도 나왔다. 아무렇지 않게 대화하는 내용들을 볼 수가 없었다. 위선적이고 가증스럽고 그동안 해왔던 행동들을 다시금 하나씩 떠올려보니 내가 얼마나 한심했는지 알 수가 있었다.

'내 얼굴에 침 뱉기'라는 속담이 생각나 허탈하게 웃었다. 친해도 너무 친하게 지내온 게 잘못이었다. 오랜 세월 내 얼굴에 침 뱉기 행동을 나만 모르게 계속하고 있었던 것이다. 친구의 남편도 편하게 생각했고, 친구가 우리 아이들을 생각하는 만큼은 못 해도 친구의 아이들도 좋아하고 서로에게 용기 주며 지내왔었는데, 모든 행동이 나로부터 비롯되었다고 결론 내리고 나니 한순간에 그동안 함께해온 정과 희로애락 모든 추억이 무너지는 경험을 했다. 한동안 나는 아무것도 할 수가 없었다. 끈을 놓기로 했다. 내가 잡고 있던 수십 년 우정의 끈을 과감히 놓아버리고 다시는 뒤돌아보지 않기로 했다. 잡고 있던 끈을 놓고 나니 이상하게 처음부터 그랬던 것처럼 미련이 없었다. 힘들었지만 놓을 수 있었던 나 자신에게 감사했다. 친구는 더 이상 내 친구가 아니었다.

어렸을 때부터 함께해온 죽마고우였다. 엄마가 돌아가셨을 때도 나는 그렇게 마음이 아프지 않았고 죽을 만큼 힘들지도 않았다. 가슴이 아리고, 시리고, 먹먹하고, 멍하고 무슨 표현을 갖다대도 할 수 있는 표현이 없었다. 가족도 모두 필요 없었고 혼자 있고 싶다는 생각밖에 없었다. 그렇다고 모든 인연을 끊고 나 혼자 살아갈 용기도 없었다. 그 친구가 나에게 전부는 아니었다고 해도 내가 믿고 얘기를 할 수 있는 친구는 그 친구뿐이었다, 그때는 그랬다. '초록은 동색'이라고 같은 처지, 같은 여건에서 친구든 누구든 얘기가 더 잘 통하는 법이다.

사람은 이기적이다. 내가 어렵고 힘든 얘기를 했을 때 "너는 왜 그러니? 네가 그러니까 그런 얘기가 나오는 거야." 하고 오히려 질책을 하면 몇 번은 그 친구와 대화를 하겠지만, 다시는 그 친구에게 내 얘기를 할 수가 없다. 안 하게 된다. 그리고 내 얘기를 잘 받아주고 잘 들어주는 그런 친구와 어울리게 된다.

나는 한동안 우울증에서 벗어나지 못했다. 그게 우울증이라는 것도 알지 못했다. 그냥 가만히 있어도 눈물이 나고 가슴이 아파 어떻게 해야 될지 몰랐다. 누구를 만나도 생각은 다른 곳을 향하고 있었고 무엇을 하든 신이 나는 일이 없었다. 하늘은 푸르고 넓은데 나는 몇 날 며칠을 방 안에서 우울하게 보내고 있었다. 밤에는 잠을 도통 잘 수가 없었다. 너무 괴로웠다. 문득 신경정신과를 가야겠다는 생각이 들었다. 신경정신과에 간다고 하면 정신이 이상해져서 가는 줄 알고 있었는데 한 친구가 신경과에서 다이어트 약을 받아왔다는 말을 듣고 의아해한 적이 있다.

며칠을 망설였다. 내가 정말 정신이 이상한 거면 어쩌지 하는 두려움도 있었다. 검색을 하니 여러 군데가 나오는데 어디를 가야 될지 몰랐다. 기왕이면 오래된 곳이 낫겠다 싶어 용기 내어 찾아간 신경정신과는 정말 건물도 오래되었고 딱 봐도 오래된 병원 같았다. 올라가는 엘리베이터부터 약간 움츠러들게 했다. 나는 엘리베이터를 타지 않고 계단으로 올라갔다. 계단은 더 낡아 보였다. 계단을 오르는데 컴컴한 동굴 속으로 걸어 들어가는 느낌이었다. 처음에는 여의사가 접수를 받았다. 간호사인 줄 알았다. 환자는 나뿐이었다. 진료실로 안내되는 동안 쳐다보는 시선이 무척 기분 나빴다. 나를 이상한 여자로 보는 것 같았다.

'내가 잘못 찾아온 걸까?' 하고 병원을 둘러보았다. 진료실로 들어가니 남자 의사가 기다리고 있었다. 잠을 잘 못 자고 가슴이 답답하다고 했다. 의사는 나에게 무슨 질문을 했는지 기억이 나질 않는다. 내가 하고 싶은 말만 하고 온 것 같다. 그리고 별 말 없었고 약을 받아왔다. 도대체 뭐하는 곳인가, 병원을 잘못 찾아온 걸까 하는 의심마저 들었지만 다른 곳으로 가고 싶은 마음도, 그럴 기력도 남아 있지 않았었다.

나는 상담을 받고 싶었다. 아니 누군가에게 내 얘기를 하고 싶었던 것이다. 내 상태를 알리고 나를 도와달라고 하고 싶었는지 모른다. 왜 잠을 못 이루는 고통에서 벗어나지 못하고 있는지, 내 마음이 왜 이러는지 알고 싶었고 이게 병이 아니라는 진단을 받고 싶었다. 그런데 접수를 받았던 여자는 간호사가 아니고 부부 의사였는데 둘 다 나에게는 필요 없는 의사였던 것이다. 의사가 환자를 살피는 게 아니라 눈치를 보고 있다니! 속으로 욕이 다 나왔다. '무슨 저 따위가 의사란 말인가? 그렇게 할 거면 나도 의사하겠다! 내가 다 얘기하고 내가 판단하고 내가 결론짓고, 단지 그놈의 약 하나 받으러 내가 여기까지 온 줄 아냐고!' 참으로 어이가 없었다. 기운은 더 깊게 수렁으로 빠지는 듯했다. 지금 생각해도 분위기가 참으로 이상한 개인 병원이었다.

병원을 나와 걸었다. 어디로 해서 어디로 가야 하는지 모르지만 앞만 보고 인도를 따라 걸었다. 조금 걷다 보니 헌책방이 나왔다. 이런 곳에 헌책방이 다 있다니 주위를 살펴보니 학교 근처였다. 기운은 없었지만 그냥 갈까 하다가 좁은 문을 열고 들어가보았다. 빼곡히 쌓여 있는 책들이 보였고 헌책방의 퀴퀴함이 느껴졌다. 금방이라도 어디선가 쥐라도 한 마리 재빠르게 튀어나올 것만 같았다. 나는 기운도 없었기에 개의치 않고 천천히 둘러보았다. 한참 동안 시선을 집중하고 보니 눈에 익은 책이 한두 권 정도 보이기 시작했다.

먼저 내가 즐겨보던 요리 잡지책 〈쿠켄〉이 보였다. 꺼내서 뒤적여보았다. 여전히 당장이라도 만들고 싶게끔 하는 요리들이 소개되고 있었다. 그럴 기분이 아니었기 때문에 다시 집어넣었다. 그리고 발견한 책은 모두 죽음에 관한 책이었다. 『숨결이 바람 될 때』, 『죽음의 수용소에서』, 『이반 일리치의 죽음』 등.

잠시 후 나는 수술실에서 나와, 7년 넘게 일하며 쌓인 물건들을 챙기기 시작했다. 집에 들어가지 못하는 날 갈아입으려고 놔둔 옷 몇 벌, 칫

솔, 비누, 휴대전화 충전기, 과자, 내 두개골을 본뜬 견본, 신경외과학 도서…. 다시 생각해보니까 책은 남겨두는 게 좋을 것 같았다. 여기에 두는 게 아무래도 더 쓸모가 있을 것 같았다. 그날 밤 빅토리아에게 전화를 걸어 월요일에 못 나간다고 어쩌면 다시는 복귀하지 못할지도 모른다고, 그러니 수술 일정을 잡지 말아달라고 부탁했다. 그러자 빅토리아가 말했다.

"이런 날이 올까 봐 계속 걱정하고 있었어. 네가 어떻게 지금까지 버텼는지 모르겠어."

–『숨결이 바람 될 때』, 폴 칼라니티, 흐름출판

나는 이 글을 읽으면서 죽음 앞에서조차 이런 말 한마디를 들려줄 친구가 없다는 생각에 하염없이 눈물이 흘렀다.

4

내가 내 마음 같지 않을 때 필요한 독서

손재주가 많은 부모님의 다재다능한 소질을 물려받아서인지 우리 형제들은 만들고 꾸미고 창의적인 남다른 기술을 하나씩 가지고 있었다. 그게 내가 가진 장점 중에 큰 장점인 줄도 모르고 어른이 되었고 나이를 먹었다. 호기심이 많은 것까지 타고나 나이가 들었음에도 불구하고 하고 싶은 것, 배우고 싶은 게 참 많다. 배우고 싶은 것도 많았고 하고 싶은 것도 많아 꿈은 많았지만 재능보다 여건이 충분히 따라주지 않아 충분히 내가 가진 소질을 발휘하지 못해 안타까울 뿐이었다.

나는 유행에 남들보다 한발 앞서고 세상에 나온 흐름보다 뭐든지 빨랐다. 비즈라는 공예가 나오기 전에 나와 내 동생들은 먼저 비즈를 알아서 만들었고, 찢어진 청바지가 유행하기 전에 나는 찢어진 청바지를 만들어 딸에게 입혀주었다. 그게 대유행이 될 줄은 꿈에도 몰랐다. 예전에 양을 많게 해서 아이들에게 먹인다고 찜닭을 해준 것이 나중에 보니 유행이 되고 상업화가 되어 체인점까지 등장해 팔리고 있었다는 얘기를 들었는데, 누가 먼저 시작하느냐 보다 누가 먼저 개발해서 세상에 빛을 발하게 했는가가 중요하다. 그것을 인지하고 발 빠르게 행동으로 움직인 사람들이 성공하는 것이다. 가지고 있는 고정 관념을 깨고 바라보는 시선이 남달라 미리 예견하고 알고 있었음에도 불구하고 세상 밖으로 내보이지 못했었고, 내가 가진 능력 밖의 일이었다고 생각하니 더욱 안타까웠다.

처음 일본에 갔을 때 우동을 맛보게 되었다. '이거 한국에 가져가서 장사하면 잘되겠다.' 했는데 몇 년 지나지 않아 부산에 장우동이라는 게 등장했다. 또 일본에 갔을 때 지금의 '다이소'처럼 '백엔숍'이 있었다. 나는 '대박이다! 한국에서 하면 정말 잘되겠다!' 했는데 얼마 지나지 않아 '천냥하우스'가 생기고 다이소가 생겼다. 가는 곳마다 화장실에 비데가 설치되어 있어 '우리 집에도 비데를 설치하면 너무 좋겠다.' 했는데 한참 후에 비데가 등장하기 시작했다. 그리고 나는 일본에서 알게 된 빈티지 숍을 열었다.

당시에는 인터넷 검색이 잘 안 될 때라서 물건 구하기가 쉽지 않았다.

일본어 선생님께 소개를 받았지만 내가 생각한 물건은 전혀 아니었고 돈에 맞춰 물건을 하다 보니 나와 맞지 않는 옷들로 채우게 되어 나는 더욱 스트레스를 받았다. 처음 하는 '장사'라는 게 너무 재미가 없었다. 내가 좋아하는 것을 했기 때문에 많은 기대를 하고 시작한 것은 아니었다. 안 팔리면 내가 입을 옷이라도 맘껏 입어보자는 생각도 없지 않았지만 장사라는 것은 그런 게 아니었다.

아무리 내가 취미로 했다 해도 매출이 오르지 않으면 스트레스를 받기 마련인 것이다. 제대로 된 물건을 받고 싶어서 안양, 청주, 광주, 성남 등 여러 곳을 알아보러 다녔다. 그러다가 내가 원하는 스타일의 물건을 받아볼 수 있는 분을 겨우 알게 되었다. 지금 생각해도 나에게 그분은 은인이나 다름없었다. 내 사정을 알고 내 가게에 딱 맞는 제품을 보내주셨다. 그리고 잘하는 분의 가게를 오픈해주면서 직접 가서 보고 따라 하게 했다. 나는 그분 소개로 안내받은 아가씨를 따라 같이 동대문에 가서 물건을 해오고 거의 비슷하게 디스플레이를 해놓았다. 비록 내가 하고 있는 가게는 그곳의 가게와 인테리어는 달랐지만 잘될 것 같았다. 그분은 인테리어도 따라서 해보길 권했지만 그럴 만한 여유가 없어서 그동안 가지고 있던 물건을 모두 빼내고 내 손으로 직접 인테리어를 했다.

그러나 보석을 손에 쥐어주어도 돌멩이로 보는 안목을 가진 사람들에게는 하등의 소용이 없는 것처럼 모든 것이 무용지물이었다. 동네와 안 맞아도 너무 안 맞았다. 내가 따라 한 그 가게도 번화한 곳이 아닌 시장 근처 골목에 위치해 있는 곳이었다. 도대체 뭐가 잘못된 것일까. 나는 우울해졌다. 이유를 알 수가 없었고 나를 도와준 그분도 말을 못 했다. 그 가게는 그날 똑같이 해온 옷은 다 나가고 없다는 것이다. 내 가게에는 그대로 걸려 있었는데 말이다. 나는 다시 이전처럼 나와 맞지 않는, 동네 수준에 맞는 제품으로 막 디스플레이를 할 수밖에 없었다. 그러니 장사하는 재미가 있을 리 없었다. 어쩌다 친구가 와서 물건을 하나 사면 덤으로 주는 게 더 많았다. 그러면서 왜 미안해해야 했는지 지금 생각하면 바보도 그런 바보가 없다. 약지 못했고 장사할 마인드가 전혀 되어 있지 않았던 것이다.

물끄러미 앉아 쌓여 있는 옷들을 보면 전부 갖다 버리고 싶은 마음뿐이었다. 다시 내가 하고 싶은 대로 하고 싶었다. 금전적으로 여유가 없는 상태로 시작했고 번듯한 상가를 얻어서 나갈 형편이 못 되었기 때문에 이러지도 저러지도 못하고 있을 뿐이었다. 가게가 안 되고 손님이 없으면 나는 차를 몰고 밖으로 나갔다. 스트레스를 받고 구질구질하게 인상 쓰면서 하루 종일 앉아 있는 것보다 백 번 나았다. 나중에 조카가 와서 보더니 "여기는 늦어도 한 걸음 반이 늦어요."라고 말했다. 한숨이 절로 나왔다. 한 걸음 반이 아니라 두 걸음, 아니 세 걸음은 늦는 곳인 것 같았다. 아닌 게 아니라 내가 가게를 접고 난 몇 년 후, 서울에서 시작한 빈티지 숍은 내가 사는 지방에까지 내려와 거짓말처럼 여기저기 생겨나기 시작했다. 어느 동네는 골목 전체가 빈티지 숍으로 형성되기도 했다.

아는 분의 친구 부인이 서울에서 가게를 오픈했다. 남편이 일본에 있어서 자주 일본을 다녀오곤 했는데, 일본에서 유행하는 것을 한국에 가져와서 하면 잘될 것 같아 시작을 한 것이다. 그런데 얼마 가지 않아 문을 닫았다고 했다. 그때까지만 해도 이해를 하지 못했다. 돈이 많아서 서울 한복판에서 가게를 오픈했다는 것만 부러워했었는데 그게 아니었다. 일본과 서울의 유행은 달랐던 것이다. 그 부인도 일본 유행만 너무 믿었던 것이다. 잘된다는 것만 보고 트렌드를 읽을 줄 몰랐던 것이다. 나도 마찬가지였다. 앞에서 말한 것처럼 일본에서 보고 잘될 것 같았던 것들이 몇 년 후에 대유행했던 것을 미리 감지를 했어야 했다. 마케팅 능력이 없었고 그걸 보는 안목이 없었던 것이다. 안타깝게도 나 혼자 유행에 민감했고 유행의 최첨단을 미리 걸었던 것이다.

나는 대부분의 사람들이 하는 것과 똑같이 하는 것을 별로 좋아하지 않았다. 유행과 상관없이 옷을 입고 조금은 독특했기 때문에 빈티지 가게를 했던 것이다. 그런데 그게 유행이 되었다. 지금도 빈티지 가게를 관심 있게 보고 있다. 지금 하면 잘할 것 같지만 어디까지나 마음뿐이다. 많은 빈티지 가게가 생겼지만 내가 하고자 하는 형태의 가게는 별로 없는 것 같았다. 조금만 머리를 쓰면 얼마든지 잘 꾸며놓고 할 수 있는데 지나가다 보는 숍들은 정말 내 마음에 안 든다. 그래도 '나보다는 장사를 잘하고 있겠지?' 하면서 쓴웃음을 지어본다.

"패닉에 빠지다. 패닉 상태이다."라는 것은 예상치 못한 일에 빠져 난감하거나 두려운 상황에 처해 있을 때 흔히 하는 말이다. 살면서 누구나 한 번씩 어려운 난관에 부딪힐 때가 있다. 나는 이 패닉 상황에 빠지기를 수없이 반복한 것 같다. 헤어나오려고 안간힘을 써보았지만 내 앞에 있는 현실을 바라보기에도 여유가 없었다. 주변에 도와줄 사람 하나 없었고, 당장 내일의 생활비를 걱정하기 바빴다. 나는 정말 잘하고 싶었다. 잘할 수 있을 거라 믿었고 내가 좋아하는 것이기 때문에 어느 정도 자신도 있었다. 경험 없이 무턱대고 시작한 가게는 내 마음대로 되지 않았다.

가게를 하다 보면 어느 정도 물건을 바꿔주면서 분위기도 새롭게 변화시켜야 사람들은 좋아한다. 그러나 장사는 안 되고 예비로 사용할 수 있는 비용이 없었기 때문에 지속적으로 변화를 주는 것이 쉽지 않았다. 사람은 절박할수록 멀리 볼 생각을 못 한다. 코앞의 문제만 들여다볼 수밖에 없는 상황이 되고 마는 것이다. 돈에 맞춰서 가게도 옮겨야 했고 물건도 그에 맞춰 소소하게 할 수 밖에 없었다. 재미가 없었기에 열심히 해보고 싶은 생각은 사라지고 의욕도 자꾸만 줄어들었다. 점점 더 깊은 패닉에 빠지고 말았고, 가지고 있던 물건 값도 제대로 못 받고 결국은 헐값에 가게를 넘겨야 했다.

가게를 넘기기 전에 나는 주식을 잠깐 알게 되었다. 아는 분이 내가 딱해 보였는지 적은 금액을 투자해서 몇십만 원을 벌게 해주었다. 어떻게 해서 그렇게 되었는지 궁금했지만 더 이상 연결되지 않았고 나는 궁금증을 더해갔다. 엉겁결에 일어난 일이지만 나는 신기했다. 오른다는 정보를 어떻게 알 수 있었을까? 주식을 전혀 몰랐기에 어떻게 하면 나도 돈을 벌 수 있을까 고민하기 시작했다. 매일 주식 차트를 열어놓고 눈길을 뗄 수가 없었다. 단타를 해서 '하루에 얼마라도 벌어야지.' 하는 그 마음으로 했기 때문에 머리가 너무 아팠고 하루 종일 노트북만 째려보고 있었기 때문에 제정신이 아닌 듯했다. 이건 사람이 할 일이 못 된다고 생각했다. 도저히 안 되겠다 싶어서 주식 강의를 찾아서 듣기 시작했다. 그중 나이가 좀 있는 분의 강의를 듣게 되었다. 처음으로 돈을 내고 강의장까지 찾아가서 주식 강의를 듣게 된 것이다.

그분은 주식에 대해 강의를 해주는 것보다 마인드에 대한 강의를 해주었다. 처음에는 이해가 안 갔지만 내가 매일 아침 9시에 장이 열리면서부터 장이 끝날 3시까지 꼼짝 않고 컴퓨터에 매달려 있던 한 달이나 되는 나날을 생각하니 맞는 말인 것 같았다. 마인드 컨트롤하는 것이 더 중요한 일이었다. 가게도 내 마음대로 되지 않고 주식도 내 마음대로 되지 않았지만 주식에 관한 책보다는 로버트 기요사키의 『부자 아빠 가난한 아빠』, 박경철의 『시골의사의 부자경제학』, 『청소년을 위한 워런 버핏』 등 부에 관한 책을 읽어보기 시작했다. 주식을 하려면 최소한의 돈은 가지고 시작해야 여유가 있다고도 생각했다. 당장 가게 물건도 못 하는 주제에 주식에 빠져 있을 수 없었다. 책을 읽으면서 마음의 부를 먼저 쌓으라고 했다. 그 말이 머리에 들어오지 않았지만 오히려 잘됐다는 생각을 했다. 만약에 내가 돈이 있어서 바로 주식 투자에 열정적으로 관심을 보였더라면 그 돈은 이미 내 돈이 될 수가 없었을 것이다. 나는 한동안 차트 공부를 하고 했지만 주식으로 돈을 벌기에는 어렵다는 것을 깨우치고 피 같은 내 돈을 잃을까 두려웠기 때문에 오래 하지 않았다.

"책과 신문 속에 부(富)가 있다."

– 워런 버핏

5

과거가 아닌 미래를 위해 독서한다

사막에 사는 모래쥐 이야기가 있다. 사하라 사막에 사는 잿빛 모래쥐는 건기가 올 때쯤이면 풀뿌리를 모아 저장하기 시작한다. 궁핍할 때를 대비하여 이른 아침부터 늦은 저녁까지 온 사막을 죄다 헤집고 다니며 열심히 풀뿌리를 모은다. 그런데 건기를 날 수 있을 만큼 충분히 풀뿌리를 저장한 뒤에도 모래쥐들은 여전히 끊임없이 풀뿌리를 찾아다닌다. 그렇지 않으면 불안감에 떨며 날카로운 소리로 울어댄다. 모래쥐 한 마리가 건기를 나기 위해 필요한 풀뿌리는 2kg 정도이지만 실제로 모아들이는 양은 10kg이 넘는다. 그중 대부분은 썩어버리는데도 모래쥐들은 여전히 풀뿌리를 필요 이상으로 모아들인다.

과거에 나는 모래쥐였다. 다가오지도 않는 걱정을 하고, 일어나지도 않은 일에 매달려 모래쥐처럼 불안감을 떨쳐버리지 못하고 하루하루 풀뿌리를 찾아 헤매고 다녔다. 무엇보다 미래가 암울했고 불안했다. 애들에게 빚만 남겨줄까 두려웠고 하루에도 열두 번씩 변하는 나 자신도 언제 어떻게 될지 몰라 어디를 가더라도 물건 정리를 항상 해놓고 다닐 정도였다. 막연하고 불안한 미래를 위해 무엇을 준비해야 하는지 몰랐다.

내가 원하는 삶이란 어떤 모습인지, 행복하고 안정적인 모습은 어떤 모습인지 도무지 머릿속에 그려지지 않았다. 막연하게나마 미래의 내 모습을 그려보기 시작했다. 뿌연 안개에 빛이 보이지 않았다. 목적 없이 둥둥 떠다니는 배에 불과했다. 최소한의 구명보트 하나 없이 암초에 부딪혀 가라앉기 일보 직전인 상태로 살아가고 있었다. 내려놓을 줄도 몰랐고 비워 놓을 줄도 몰랐다. 하루라도 풀뿌리를 모으지 않으면 큰일이 날 것 같았다.

『게으른 백만장자』에 보면 "보통 사람들은 돈이 생기는 대로 쓸 궁리를 하지만, 게으른 백만장자는 기회가 있을 때마다 부채 대신 자산을 늘린다."고 했다. 그렇다. 쓰기 바빴고 저축할 여유가 없었다. 벌기도 바쁜데 어떻게 저축을 한단 말인가. 그달의 나갈 돈을 제하고 나면 쓸 돈도 빠듯하다. 아니 모자란다. 저축부터 하고 쓰라는 말을 너무나 잘 알면서도 실천하기 어려웠다. 마음가짐이 문제였겠지만 돈에 얽매여 꿈과 미래를 들여다보지 않았던 것이다. 이상하게 없는 사람은 내 의지와 상관없이 달마다 쓸 일이 왜 더 생기는지 모르겠다. 하루 벌어서 하루를 살았고 미래는 꿈도 못 꾸었다. 백만장자는커녕 십만장자만 되어도 좋겠다고 비웃었다. 과거의 나는 막 살았고 생각 없이 살았다.

프랑스 소설가 폴 부르제의 "생각대로 살지 않으면 결국에는 사는 대로 생각하게 된다."라는 말이 있다. 나는 이 말을 듣고 정신이 번쩍 들면서 참으로 끔찍하면서 무서운 말이라고 생각했다. '생각대로 살지 않으면 사는 대로 생각하게 된다고?' 의미를 꼭꼭 되짚어보았다. '그래 맞아, 아무 생각 없이 살았으니 아무렇게 살아온 거야. 내가 되고 싶고 하고 싶은 건 많았지만 생각만 했을 뿐이야. 삶이 힘들고 어렵다고만 하고 더 나은 미래를 생각하지 않았고, 꿈이 있었지만 꿈꾸지 않았던 거야. 내가 원하는 삶을 생각대로 살지 않았고 행동하지 않았던 거야.' 나는 이 말이 내 현실에 딱 맞는 말인 것 같아 너무 가슴에 와닿았고, 몇 날 며칠을 가슴속에 담고 다니면서 되뇌었다.

생각 없이 산다는 것은 무슨 말일까. 아무 계획 없이 사는 것과 같은 말이다. 하루가 모여 일주일이 되고, 일주일이 모여 한 달이 된다고 했다. 계획은 고사하고 일주일 아니 당장 하루의 계획도 없었으니 무슨 말을 하겠는가. 제주도 여행을 간다 해도 몇 시에 출발하는 비행기와 렌터카,

숙소를 예약하고 돌아오는 항공편까지 예약을 하지 않는가. 무엇을 먹고 어디를 가고, 간단하게나마 계획표를 그려보기도 한다. 그런데 나의 인생이 달린 문제인데 아무 계획 없이 살고 있다니. 얼마나 위험한 인생인가 말이다. 계획이 없었기에 공항에 가서 시간에 맞는 아무 비행기나 타고 가는 격이나 같았다. 빈자리가 없으면 제주도 여행은 물 건너가고 터덜터덜 집으로 돌아오는 어이없는 형국이 되고 마는 것이다.

한 번 사는 세상인데 정신 차리고 최소한 오늘 하루를 어떻게 보낼 것인가 계획을 세워보기로 했다. '생각을 하자. 내가 살고 싶은 모습을 한번 그려보자. 생각대로 한번 살아보는 거야. 제대로 좀 살아보자.' 꿈은 거창했고 마음은 굴뚝같았지만 몸이 안 따라준다고 투덜거렸다. 작심삼일이 따로 있을까. 아무 생각 없이 살던 편한 생활에 익숙해 생각하는 것은 머리가 아팠다. 한동안은 그 생각에 빠져 있었지만 행동하지 않았고, 그 어떤 실천과 노력도 하지 않았다.

가끔 나를 죄어오는 그 말에 스스로 놀라기는 했지만 '뭐 달라질 게 있겠어.' 하는 마음으로 하루를 덧없이 보내곤 했다. 우리가 살고 있는 삶을 들여다보면 세상은 참 빠르게 흘러간다. 작고 큰 자극을 받으며 변화무쌍함에 물들어가고 그 변화에 둘러싸여 뒤를 돌아볼 겨를도 없다. 잠시라도 생각하고 사고하는 시간은 엄두도 못 낸다. 마치 잿빛 모래쥐처럼 걱정과 불안을 안은 채 아무렇지도 않은 듯 그저 흘러가는 대로 살아가고 있는 것이다. 나는 그랬다. 사는 대로 살아온 것이다.

마사 스튜어트의 절친한 친구인 오프라 윈프리는 자신의 쇼에 출연한 마사와의 인터뷰에서 그녀의 살림 솜씨를 극찬하며 이렇게 말했다. "정말 놀라워요. 전 당신의 성공이 쿠키를 굽는 것에서 비롯되었다고 생각하는데 어떻게 생각하시나요?" 그러자 마사는 특유의 자신감 있는 어조로 이렇게 대답했다. "저도 그렇게 생각합니다. 전 쿠키 굽는 일을 빅토리아 여왕이 대영제국을 건설한 것과 같은 가치가 있다고 생각해요. 요컨대 자기 일에 임하는 진지한 자세에서는 어떤 차이도 없다는 것이죠." 당신을 여왕처럼 생각하십시오. 여왕은 실패를 두려워하지 않습니다. 실패는 위대함으로 향하는 또 다른 징검다리일 뿐입니다. 그리고 당신이 가진 것에 감사하십시오. 그러면 더 많이 갖게 될 것입니다. 만약 당신이 갖고 있지 않은 것에 집중한다면 당신은 절대 충분히 갖지 못할 것입니다. 열정을 발견하는 길은 끊임없는 도전뿐입니다. 당신의 흥미를 끄는 다양한 일과 직업을 시도해보면 정말 가슴 뛰는 일을 발견하는 데 도움이 될 것입니다.

–『생각대로 살지 않으면 사는 대로 생각하게 된다』, 은지성, 황소북스

조그만 가게 하나 운영도 제대로 못 하고 실패랄 것도 없는 실패를 거듭하면서 나는 돈벌이를 하려고 자꾸 다른 곳으로 눈을 돌리려 했다. 내

가 가진 장점은 하나도 없다고 생각했고 잘하는 것도 하나도 없다고 생각했다. 마사 스튜어트처럼 쿠키도 잘 굽고 빵도 잘 만들었지만 그건 내가 가진 장점이라고는 한 번도 생각해본 적이 없다. 장점과 단점을 써보라고 하면 수많은 단점밖에 생각이 안 난다. 사람에게는 누구나 결점이 아무리 많이 있어도 나만의 달란트는 하나씩 가지고 있다고 한다. 내가 가진 장점을 장점으로 생각하지 않고 누구나 할 수 있는 일이지, 나만 할 수 있는 일은 아니라고 생각했다.

나 자신을 사랑하자. 말만 하고 나 자신을 귀히 여겨보지 않았다. 다른 사람이 가지지 못하고 다른 사람과 똑같지 않은 내가 가진 장점을 살릴 줄 몰랐던 것이다. 다른 사람들과 비교하며 이 정도로 잘한다고 할 수 없다고 했다. 나도 잘한다고, 이 정도면 어디에 내놓아도 자신 있다고 말할 용기가 없었다. 완벽주의자도 아니면서 완벽주의자처럼 행동하며 살았다. 분명 나만이 할 수 있고 나만이 갈 수 있는 길이 있다고 끝없이 반문하면서 내가 지닌 상황만 보려고 했다. 나는 이제 뒤로 물러서지 않을 것이다. 잘하는 것을 잘한다고 자랑할 것이고 말을 할 것이다. 나를 끊임없이 칭찬해줄 것이다. 내가 가진 장점을 최대한 활용하고 그 길로 갈 것이다. 어쩌면 지금 시작이 어렵고 힘든 일인지도 모른다. 팀 페리스의 『지금 하지 않으면 언제 하겠는가』 제목처럼 미래의 나 자신을 생각하는 마음으로 상처 입고 팍팍하게만 살아왔던 내 인생에 용기를 줄 것이다.

그렇지만 결과를 미리 예측하지는 않는다. 내가 꿈꾸고 계획하는 일들이 100% 이루어지지 않더라도 지금부터 노력하고 에너지를 쏟으면 결과에 대해서 내 노력은 배신하지 않을 거라 믿기 때문이다. 과거를 통해 나는 나의 미래를 알게 되었다. 과거와 다른 미래의 내 모습을 그려보면서 헛된 과거는 버리고 현재를 바로 고쳐 세우면서 올바르고 보람된 삶을 살아가려 한다. 나는 힘든 삶을 살면서 정신적으로 육체적으로 많은 대가를 치렀다고 생각한다.

더 나은 미래를 위해 더 이상 쓸데없는 곳에 에너지 낭비는 하지 않으려고 노력하고 있다. 사는 대로 사는 것이 아니라 내가 정해놓은 생각대로 살 것이다. 나를 돌아보고 내가 살고 있는 주변을 돌아보고, 그것들이 내가 만든 결과물이라고 생각하면 바꿔야 한다고 생각했다. 과거를 돌아보면 한없이 부끄럽고 후회되는 일밖에 없고, 앞으로 얼마를 더 살지 모르지만 후회는 분명 또 있으리라. 하지만 내 삶을 돌아봤을 때 부끄러운 일은 더 이상 없을 것이다.

나는 미래를 위해 독서를 하고 있기 때문이다. 독서는 나의 과거를 돌아보게 만들었고 되풀이되지 않는 삶을 살도록 손을 잡아주었다. 채찍질해주었고 나를 일으켜 세워주었다. 하루하루 힘들어하고 고통스러워 견딜 수 없을 정도로 나약해져 있을 때 독서는 나의 안식처가 되고 나의 친구가 되어주었다. 독서는 나의 미래다.

"당신이 이루거나 이루지 못하는 것들 모두는 당신이 품는 그 생각들의 직접적인 결과물이다. 오늘 당신은 당신의 생각들이 데려다 준 그곳에 있고, 내일 당신은 당신의 생각들이 데려다 줄 그곳에 있을 것이다."

– 제임스 앨런

6

나를 지키는 힘은 독서 습관이다

"우리는 너무 바쁘게들 삽니다.

그렇게 사는 게 성공적인 삶이라고 생각합니다. 착각입니다.

바쁠수록 마음은 공허해집니다.

'인간은 어쩔 수 없이 외로운 존재'임을 깨닫는 방법밖에 없습니다.

외로움은 그저 견디는 겁니다. 외로워야 성찰이 가능합니다.

고독에 익숙해져야 타인과의 진정한 상호작용이 가능합니다.

외로움에 익숙해야 외롭지 않게 되는 겁니다. 외로움의 역설입니다.

일본에서 지낸 4년 동안 참 많이 외로웠습니다.

그러나 내 인생에서 가장 생산적인 시간이었습니다.

이토록 재미있게 공부한 적이 없습니다.

모두 외로움을 담보로 얻어낸 성과물입니다."

-『가끔은 격하게 외로워야 한다』, 김정운, 21세기북스

작가의 말처럼 시골에서 지낸 시간들이 나에게는 외로웠지만 가장 생산적인 시간이었다고 말할 수 있다. "이토록 재미있게 공부한 적이 없습니다. 모두 외로움을 담보로 얻어낸 성과물입니다." 이 한마디가 나를 울렸다. 외로움을 담보로 독서를 했다. 재미있었다. 독서를 한다는 것이 그렇게 재미있을 줄은 누가 알았겠는가. 도망치고 싶은 순간이 많았던 지난날보다 인생에 대해 더 깊이 생각해보는 시간이었다. 먹고산다는 것은 무엇일까를 매일 생각했다.

힘들다는 것은 모든 것에 자유롭지 못하다는 것이다. 어느 날 찾아온 경제적인 나락으로 내가 처해 있던 환경을 그저 원망하기만 했었다. 금전적 도움은 고사하고 어떻게 사냐는 말 한마디 다정하게 건네며 걱정해 주는 부모님도 없었고, 진심으로 안부를 물어보는 친구도 없었다. 나에 대해 내보이지 않았으니 알 수도 없었을 것이고 얼어붙은 마음이었으니 진심으로 다가왔다 해도 받아들여지지 않았을 것이다. 모두 떠났고 보냈다. 줄곧 중산층으로 살아가는 줄 알았던 나는 누구에게도 내보일 수 없는 가짜 중산층이었고, 가짜 인생이었다. 무엇을 해도 떳떳하지 않았고 밖으로 안으로 그 어떤 모임에도 참석하고 싶지 않았다. 자신감은 땅으

로 늪으로 꺼지기만 했다. 더 이상 그렇게 살고 싶지 않았다.

"미래를 바꾸려면 현재를 바꿔야 한다."라는 말이 있다. 내가 처해 있는 생활을 바꾸지 않으면 내 인생은 언제까지고 그대로인 것이다. "어제의 삶을 살면서 다른 미래를 기대하는 것은 정신병자 초기 증세다." 아인슈타인의 명언 중 유명한 명언이다. 흙수저 중에서도 흙수저인 나로서는 더 이상 변화될 일이 없었다. 변화해야 했다. 변화를 꿈꾸고 나를 다독이느라 시작한 독서였지만 제대로 독서 습관이 받아들여지지 않았다. 나는 아침형 인간이 아니었기 때문에 아침 일찍 일어나는 게 무엇보다 힘들었다. 하지만 걱정이 많고 근심이 많아지니 저절로 잠을 오래 잘 수가 없는 아침형으로 바뀌는 현상도 일어나더라.

여행을 가려고 새벽 일찍 잠을 설쳐가면서 눈을 비벼가며 일어나는 것은 가능하고, 나의 미래를 위해 일어나는 것은 왜 안 되는지 참 의문이었다. 다녀온 후에 내일부터는 반드시 새벽에 일어나야지 결심을 해보지만, 여행의 피로로 며칠 동안 헤어나지 못하고 그대로 새벽은 매번 잠에게 고스란히 바치고 말았다. 아침시간이 그렇게 귀한 줄 몰랐다. 시골에 내려와서 나는 저절로 아침형으로 바뀌었다. 환경이 사람을 만든다고 그 환경에 적응하기 마련인가 보다. 아침에 일찍 일어나서 한두 시간 독서를 하기 시작했다. 그동안 정체되어 있던 삶을 변화하기 위해 그 아침 시간은 나를 위한 시간이라 여기고 독서에 몰두했다. 확실히 집중이 잘 되는 것 같았다. 그래서 모두 새벽 기상을 얘기하고 아침형 인간을 얘기하는 것 같다. 과거에 여러 사람이 나를 괴롭히고 힘들게 만든 것은 나를 성장시키기 위한 시험이었다고, 지금 와서 생각하니 웃음이 났다. 나도 사는 내내 시험에 든 것이었다.

나는 아침마다 소원을 쓰며 하루를 시작했고 독서를 했다. 그 어떤 것도 21일을 꾸준히 하면 습관이 된다고 했다. '깊은 산속 옹달샘'에서 하는 '10분 운동' 프로그램과 함께 21일을 독서 습관 들이기에 열중했다. 운동은 미션을 제출해야 하기 때문에 일부러 등록을 하고 시작해보았다. 10분이라고 하지만 굳어 있는 몸은 그 10분도 땀을 나게 했다. 다행히 독서는 습관을 들이지 않아도 운동과 병행하여 할 수 있었다. 절실함이 있었고 돌파구가 따로 없었기 때문에 독서만 한 게 없었다.

취미생활도 꾸준히 해보고 자기계발을 위해 운동 프로그램 강의며 독서 모임이며 새로운 사람들을 만나고 꾸준히 노력하고 있었지만 여전히 미래에 대한 그림은 구체적으로 그려지지 않았다. 습관이 되어 있지 않은 몸과 마음이 하루아침에 변할 리는 없었다. 독학이 그래서 힘든 거다. 독한 마음을 먹고 이겨내는 사람들만이 할 수 있는 것이 독학이라고 생각한다. 의지도 약한 나는 항상 무엇인가 독학으로 이겨내려 했다. 어리석은 생각이었다. 강의료 몇 푼 아끼려고 혼자 해보았지만 시간만 낭비하고 이루어지는 것은 별로 없었다. 남들 눈에는 매일 무언가 열심히 하는 것 같았지만 결과적으로는 소득이 별로 없었다는 뜻이다.

시립도서관에서 하는 독서 모임에 나가보았다. 내가 생각했던 독서 모임이 아니었다. 목요일마다 매주 다른 강사님이 오셔서 한 주는 한문, 한주는 문화에 대한 강의, 이런 식이었다. 강의가 나쁜 것이 아니라 내가 목적했던 것과 달라 시간이 아까웠다. 온라인으로 강의료를 내고 작은 모임부터 참가해보았다. 오픈채팅방을 이용하니 차려입고 나가야 하는 부담감도 없었고 신선하고 좋았다. 독서 모임에 참가하게 되면 참으로 다양한 사람들을 보게 된다. 나처럼 게으르게 사는 사람은 한 명도 없는 것 같았다. 모두 너무 열심히 살면서 변화하려고 애쓰고 실제 변해가는 사람들도 만난다. 나만 의지력이 없는 것 같았다.

스스로 변화하겠다는 의지가 불타오르지만 이내 사라지는 현상은 무엇인가? 자신감을 가지고 끝까지 밀고 나가는 원동력이 없었기 때문이다. 마음속에 할 수 있다는 자신감을 가지고 나를 변화시키려는 습관을 들이기 위해 부단히 애를 써야 한다. 독서도 마찬가지인 것 같다. 독서건 운동이건 하다 보면 멘탈이 강하지 않아 자주 늪으로 빠지기도 한다. 한꺼번에 하겠다고 욕심내지 않고 조금씩 습관을 들이는 게 중요하다. 나는 그렇게 조금씩 나를 지키기 위해 연습하고 연습했다. 운동도, 독서도 슬럼프 올 때가 있으니까 100%라고 말할 수는 없지만 그동안 노력한 결과 지금은 어느 정도 습관이 되었다고 본다.

혈액형이 B형인 사람들은 예술성을 띠고 있지만 다혈질이 많다고 한다. 모든 사람이 그렇지는 않겠지만 나 역시 B형이라 그런지 다혈질을 다분히 나타내고 있을 때가 많다. 독서를 한다고 나름 마인드 컨트롤을 해보지만 여전히 녹록지 않은 현실에서는 그 순간 화가 치밀어 오르는 것을 참지 못할 때가 있다. 건강을 위해서도 화를 다스리고, 마음을 다스리는 책을 읽고 더 많이 내려놓는 연습을 해야겠다. 아직 부족한 점이 많은 걸 인정한다. 아주 단순하지만 지켜내기 힘든 부분을 이겨내는 것도 자신만의 철학을 갖는 것이라고 생각하고 독서를 하면서 하나하나 적용해가고 있다. 눈에 띄게 이루어놓은 것이 없으니 결론적으로 좋다고 할 수 없지만, 지금부터 이루어가는 과정을 중요시하고 전진하다 보면 결론도 좋아진다고 믿고 있다. 아무도 미리 가볼 수 없는 인생의 흐름을 종이 위에 기록하는 것처럼, 그렇게 나를 기록하면서 성장해가고 있다. 성장에서 중요하게 생각해야 될 부분은 바로 지금이고 오늘이다. 지금을 기억하고 잘 살아내기 위해 인생이란 종이 위에 기록하고 그림을 그리고 있는 것이다. 행복하고 좋은 일만 그리고 기록하면 좋겠지만, 날씨도 흐린 날도 있고 맑은 날도 있듯이 조금은 자연스럽게 받아들일 줄 아는 여유가 생기는 것 같다. 독서가 습관이 되고 독서로 나를 지켜왔기 때문에 이런 말도 할 수 있는 것이다.

지금까지 살아온 길을 되돌아보면 참으로 대견하다. 나를 지키는 힘이 부족해서 도망치기에 급급했던 순간들이 많았다. 누군가에게 의지하지 않으려고 애를 쓰다 보니 스스로 더 힘든 삶을 살아야 했다. 그렇게 버티며 살아온 내 인생이기에 한 번 더 생각하게 되고 더 성숙하게 마지막 50대를 즐길 수 있으리라. 불안과 기대를 동시에 안고 있는 미래는 누구에게나 낯선 단어이다. 불안하다는 것은 이미 불안이라는 것이 마음속에 들어와 있기 때문에 불안이 더해지는 것이다.

미래가 불안하면 불안하다고 생각할수록 희망을 전해주는 단 한마디에도 혹하고 빠질 수 있고, 또한 그렇게 유혹하는 강의며 단체는 수없이 많이 다가오고 눈에 띄었다. 미래가 불안했기에 무언가라도 붙들고 싶었고 의지하고 싶었지만, 최선의 선택으로 독서를 하기로 마음먹었다. 이상한 사이비 종교 단체에 빠지지 않고 독서에 빠졌으니 참으로 다행한 일이다. 얼마를 더 살지 알 수 없지만 앞으로 다가올 미래는 더 이상 두렵지 않다. 남들보다 한발 앞선 길을 가고 있으며 불안한 미래가 아닌 지금보다 나은 미래를 설계하면서 가고 있기 때문이다. 최선을 다하며 작은 것에 감사하며 살아갈 것이다.

7

매일을 버티게 하는 독서

어느 날 휴일에 아버지를 뵈러 시골에 다녀오면서 천연염색 과정을 한다는 플랜카드가 휘날리고 있는 것을 우연히 보게 되었다. 모집 과정이 궁금했지만 차를 타고 지나가면서 봤기 때문에 확실하지가 않았다. 그날은 단지 '이곳에 사는 사람들은 좋겠다, 나도 배우고 싶다.'라는 막연한 생각을 하고 시골집으로 들어갔다. 다음 날 마트에 갈 일이 있어서 다시 그곳을 지나게 되었는데 차를 길옆에 세우고 자세히 들여다보았다. 자연염색 과정이 분명했다. 한 바퀴 돌면서 차를 세우고 다시 한참을 들여다보았다. '중장년 재취업 프로그램 자연염색 인력 양성 및 창업 과정' 내가 바로 중장년에 해당되는 나이였다. 중장년이라는 나이가 그렇게 반가울 수가 있다니! 전화번호를 바로 입력했다.

나는 그때 바느질을 배우고 있었을 때였다. 옛날에 퀼트를 배웠지만 나이가 들어 너무 복잡한 건 하고 싶지 않았고 새로운 기법을 알고 싶었다. 어디에서 봤는지 기억이 나질 않았지만 파우치 하나를 보고 그 바느질 기법을 배우고 싶었는데 도무지 가르치는 곳을 찾지 못하고 있었다. "구하라. 그러면 열릴 것이다."라고 했던가! 정말 내가 찾던 그 바느질을 알게 되었던 것이다. 이번에는 기필코 끝까지 하리라 마음먹고 새로운 바느질을 배웠다. 새로운 바느질이라고 해야 퀼트를 했었기에 더 간단하고 쉬웠다. 나중에 강의도 하고 숍도 오픈할 생각으로 배우기 시작했다. 넌지시 선생님께 내가 가게를 열면 어떠냐는 질문에 같은 곳에서 같은 방법으로는 안 된다고 했다. 나도 같은 동네에서 하고 싶은 마음도 없었지만, 선생님도 그대로 하는 것을 원하지 않았기 때문에 자연염색이라는 문구가 내 눈에 띈 것은 행운 중에 행운이었다.

예전부터 자연염색이 궁금했고 조금은 생각하고 있었기에 더욱 관심이 갔다. 집으로 돌아와 다음 날 바로 전화를 해보았다. 그곳 주민들만 해당되는지 알고 싶었다. 주소는 상관없고 그곳에 살고 있으면 된다고 했다. 가슴이 마구 뛰었다. 자연염색 과정은 나를 위해 있는 강의라고 생각했다. 딸이 결혼하고 남아 있는 내 인생에 대해 많은 고민을 했었다.

과연 무엇을 위해 살 것인가. 지금 이대로 사람과의 관계에서 혼자 괴로워하며 우울하게 살 것인가. 어디로 도망이라도 가고 싶은 심정이었다. 이러지도 저러지도 못하고 괴로운 나날을 보내며 머릿속이 온통 복잡한 상태이기도 했다. 바느질을 하면서 마음을 다스리고 내가 하고 싶은 일을 찾고 싶었다.

시골에서 자연염색을 배우는 것은 지금의 우울한 상황을 벗어나 살길을 찾아가라는 계시라고 생각했다. 나는 아버지께 뭐라고 말씀을 드려야 될까 고민이라고 동생에게 먼저 내가 가진 생각을 얘기했다. 동생은 "그게 뭐 어렵냐! 그냥 말하면 되지." 하고 쉽게 얘기했다. 시골에서 모일 기회가 되었을 때 내가 넌지시 말을 꺼냈다. 옆에서 동생이 한마디 거들어 주었고 얼렁뚱땅 그렇게 나는 푸르른 5월에 시골에서 생활을 하게 되었다. 자연염색을 배우는 기간은 내 인생에 두 번 없는 푸르른 날인 것 같았다. 고민과 슬픔, 삶의 힘듦, 사람과의 관계에 대한 어려움, 내 인생의 미래에 대한 고민은 물론이고 앞으로 어떻게 살아야 되는지 등등 생각할 조금의 틈도 주지 않았다.

나는 그 시간이 너무 행복했다. 교수님은 물론이고 자연염색을 하면서 알게 된 동생들과 친구는 나에게 삶의 의미를 다시 한번 일깨워주었다. 사람은 누구나 내가 마음먹은 대로 살 수 있다는 것을 알게 되었다. 나는 시골에서 자연염색을 공부할 수 있게 해달라고 통화를 한 이후 계속 기도했고 그렇게 되었다. 시골에서의 생활은 나를 건강한 사람으로 만들어 주었다. 마음도 몸도 그 어느 때보다도 건강했다. 아버지와 약간의 마음 속 갈등이 있었지만 더 이상 바랄 게 없었다. 시골에서의 생활은 행복의 시작이라고 생각하며 지냈다.

나는 사람들로 인해 오랫동안 마음의 문을 닫고 살았다. 가게를 하면서 알게 된, 서로의 처지를 이해해주고 약간의 마음을 터놓고 지내는 친구가 있었다. 예전처럼 나의 모든 것을 얘기하지 않았지만 나의 고민을 들어주고, 가끔 전화로 안부를 물어가며 서로의 인생을 나누기도 했다. 그 친구는 다른 곳에 살고 있었기 때문에 어쩌다 집에 올라가면 겨우 얼굴을 잠깐 볼 수 있을 정도였다. 그나마도 내가 시골에서 카페 일을 하게 되면서 못 만나게 되었다. 그 친구는 차가 없었다. 놀러 오라는 말만 서로 하면서 지낼 수밖에 없었지만, 마음의 상처를 안고 사는 사람들이 말 한마디에 위안을 얻을 수 있다는 것만으로도 의지가 되었다. 그 친구는 혼자였고 오랫동안 사귀는 사람이 있었다. 왜 결혼하지 않느냐는 질문에 '곧'이라고만 얘기했기에 더 이상 묻지 않았다.

사랑은 사람을 이상하게 만든다. 그 친구는 그 사람을 너무 좋아했지만 속으로만 앓고 있었던 것이다. 나는 내 성격이었지만 나이가 들면서 속에 담아두는 것을 못 한다. 속상하고 힘든 일이 있으면 차를 몰고 나가거나 차 안에서 문화원에서 배운 소리 연습을 하거나, 어떻게든 속에 있는 것을 쏟아내야 직성이 풀리는 성격이 되었다. 말로 인해 상처를 받고 말이 많은 것을 싫어하기 때문에 수다로 누군가에게 푸는 것은 가급적이면 피하려고 한다. 그렇게 해봐야 나한테 별로 득 될 것이 없다는 것을 알았다. 얘기한 후에 더 허전하다는 것을 알기에 수다로 풀 곳도 없었지만 정말 힘들 때는 어쩌다 동생에게 하소연하는 식으로 얘기한다. 이럴 때 동생이 있어서 너무 감사하다.

그 친구는 속으로 삭이는 성격이었다. 나에게마저 힘든 일이 있어도 잘 얘기하지 않는다. 나는 나이가 먹도록 눈치가 없기 때문에 상대방의 힘듦을 빨리 알아차리지 못한다. 어느 날 그 친구가 나에게 문자를 보냈다. 나에게 실망했다고. 여자의 직감은 틀림이 없다고 했다. 나는 무슨 말인지 이해를 하지 못했다. 사귀는 사람에게 여자가 있는 것 같다고 했다. 그게 바로 나란다. 너무 황당해서 말이 안 나왔다. 시골에 와서 조용하게, 재미있게 하루하루 잘살고 있는 나를 누구보다도 더 잘 아는 친구가 나에게 할 말인가 싶었다. 내 삶의 길을 찾아 시골에 온 사람이다. 누구의 방해도 받지 않고 자유롭게 살고 있는 나에게 친구의 문자는, 세상은 왜 그렇게 나를 가만히 내버려두지 않고 방해만 하는지 알 수가 없다는 생각마저 들게 했다.

너무 행복하면 신은 시샘을 하는 걸까. 나는 한동안 실망과 절망에 빠져 살았다. '친구란 나에게 없는 것인가?'라고 생각했다. 눈물밖에 나오지 않았다. 또 한 번 철저하게 혼자가 되었다. 세상으로부터 도망치고 싶어도 더 이상 도망칠 곳이 없었다. 막다른 골목까지 온 것이라고 생각했다. 나는 은연중에라도 친구의 기분을 상하게 한 적은 없는지 곰곰 생각해보았다. 살면서 사람들에게 한 번도 해코지라는 것을 하고 살지 않았는데 왜 사람들은 나를 이렇게 힘들게만 하는 걸까?

시골에서 나는 갈 곳이 없었다. 동네 사람과 친한 사람도 없었고 친구는 더더구나 없었다. 다들 아무 걱정 없이 너무나 자유롭게 잘 사는 줄 아는데 나는 이렇게 힘들었다. 늦은 시간까지 가 있을 곳은 도서관밖에 없었다. 마음을 굳게 먹고 도서관으로 갔다. 또 한 명의 친구를 잊기 위해 나는 더욱 책에 몰두했다. 가슴이 그렇게 아릴 수가 없었다. 책을 보면서도 눈물만 흘렸다.

"자신의 삶에 자네가 할 수 있는 것은 '자신이 믿는 최선의 길을 선택하는 것' 그뿐이야. … 자네는 이걸 이해해야 돼. 타인의 기대를 충족시키려고 살면, 그리고 내 인생을 타인에게 맡기면, 자신에게뿐 아니라 주변 사람들에게도 계속 거짓말을 하게 되는 삶을 살게 된다는 걸."

–『미움 받을 용기』, 기시미 이치로, 고가 후미타케, 인플루엔셜

그랬다. 결국에 나로부터 모든 원인이 시작된 것이다. 비틀거렸다. 한없이 무너지는 느낌이었다. 친구를 이해하려고 무던히 애를 썼지만 내

게 남은 하나의 희망의 벗이 사라지는 느낌이었다. 누가 뭐라고 하든 의식하지 말고 내 길을 가야 했다. 나를 잃으면 안 된다고 다짐하고 다짐했다. 내가 존재하고 있어야 삶이 의미가 있는 것이라고 생각했다. 인생이란 무엇일까? 내가 살아온 발자국을 돌아보니 문득 궁금하다. 언제까지 상처만 받으면서 살아야 하는지. 아무것도 한 것이 없는데 나를 이토록 힘들게 하는 것은 무엇일까? 전생에 내가 무슨 죄를 지었기에 경제적인 면에서도 자유롭지 않은데 무엇 때문에 인간관계마저 힘들게 하는 것일까?

태어나서 우리는 모두 혼자였다. 세월이 지남에 따라 친구가 생겼고, 나와 비슷한 사람들을 만났고 세상을 알아가고 인생을 배우며 살아간다. 서로 비슷하기 때문에 경쟁이라는 것을 할 필요도 없었고 시간이 걸렸지만 서로 다름을 인정하고 살아왔다. 성공한 친구를 보면 나도 빨리 성공하고 싶었고 그럴수록 내 삶은 더욱 빗나갔다. 속상했지만 삶이 다르다고 생각했다. 비교하지 않았다. 그렇기에 친구가 될 수 있었고 우정을 지켜올 수 있었다. 그 친구의 이상한 발언은 사람을 더 신뢰할 수 없게 만들었다. 매일매일 가슴이 허전해서 미칠 것만 같았다. 사랑하는 연인과 헤어져도 이렇게 마음 아프지는 않을 것이다. 나이가 몇인데 구설수에 오르다니! 헛웃음만 나왔다.

나는 친구를 더 이상 이해하려고 하지 않았다. 왜 그런 생각을 했는지 알고 싶지도, 알려고도 하지 않았다. 그냥 연락을 안 했다. 그동안 겪어 온 일들만 해도 세상일에 도가 틀 정도인데 무얼 신경 쓴단 말인가! 만사가 귀찮았다. 신경 쓰고 싶지 않았다. 나는 독서를 하면서 아물지 않고 상처받은 내면의 나를 더 단단하게 만들어가고자 애를 썼다. 인생은 한 번 지나간 곳은 절대 다시 오지 않는다지만 흘려보낼 것은 흘려보내는 것이 답이다. 나 혼자 뭐든지 견뎌낼 수 있는 고리를 만들어보고자 매일 도서관에 갔다. 독서는 매일매일 버티는 힘이었고 도서관은 비를 피할 수 있는 나만의 장소가 되어주었다.

3장

나는 책을 읽으면서 꿈을 가지게 되었다

1

나는 책을 읽으면서 꿈을 가지게 되었다

『더 시크릿』 책을 읽고 바로 문구점으로 달려갔다. '쓰면 이루어지는 기적의 노트'를 마련했다. 그리고 책에서 소개하는 우주의 법칙을 따라 해 보기로 했다. 책에 나오는 원하는 것과 이루고 싶은 것을 문구 그대로 따라 적었다.

"인생은 정말 쉬워, 정말 멋져! 온갖 좋은 일들이 일어난다구! 나는 점점 젊어진다. 온갖 좋은 것을 받고 있다. 나는 매일 에너지가 넘쳐. 나는 온전하고 완벽하고 튼튼하고 강하며 정다울 뿐 아니라 조화롭고 행복하다. 돈은 쉽게 시시때때로 들어온다. 나는 사람들이 불가능하다 했던 일을 해내고, 불가능하다 했던 것을 얻고, 불가능하다 했던 사람이 되었다."

나도 그렇게 되고 싶었다. 간절하다고 생각했다. 아니 간절했다. 책을 읽을 당시만 해도 너무 간절했다. 매일 하루도 빠지지 않고 아침에 일어나면 기적의 노트를 먼저 썼다.

어렵고 힘든 삶을 떨쳐버리기 위해 인생은 정말 쉽고 멋지다고 했고, 너무 깡마르고 볼품없이 나이 들어 보이는 내 얼굴을 보면서 점점 젊어진다고 썼고, 체력이 약해 매일 기운이 없고 잠으로 보내는 일상을 벗어나고파 에너지가 넘친다고 썼다. 가정적으로 조화롭지 못하고 행복하지 않았기에 내 행복을 기원했고, 사람 때문에 힘들었고 하는 일마다 안 되었기 때문에 우주가 나를 도와준다고 썼다. 항상 지갑에 돈이 달랑거려 돈은 시시때때로 들어오고 돈을 사랑하고 돈도 나를 사랑한다고 썼다. 나는 보잘것없고 나를 인정할 만한 것이 아무것도 없었기에 나는 '휴먼브랜드'가 되고자 그렇게 쓰고 기도했다.

작은 노트에 쓰는 시간은 단 10~15분이다. 단 10분 전후로 쓰는 거였지만 처음에는 적응하기 힘들었고 습관이 잘 들지 않았다. 일어나서 쓰는 걸 자꾸 깜박해서 잠자리 들기 직전에 겨우 쓴 적도 많이 있다. 내용이 외워지지 않아 써놓은 것을 한 장 뜯어놓고 보면서 쓰기도 했다. 한참 동안 그렇게 했지만 어느 순간이 지나니 안 쓰면 안 된다는 생각과 작은 습관이 되었다. 그렇게 열심히 쓰다가 한번은 '이까짓 거 쓰면 뭐 해!' 하고 그동안 써온 것을 모두 버린 적도 있다. 다시는 이따위 믿지도 쓰지도 않겠다고 모두 버리고 한동안 잊어버렸다. 마음이 불편했지만 '책은 책일 뿐이다.'라고만 했다. '우주'가 어디 있고 '끌어당김의 법칙'은 다 뭐냐! 누가 들으면 그런 게 어디 있냐고 "하다 하다 별소릴 다 한다." 하겠다. 다 헛소리이다. 귀가 얇아서 책에까지 빠져 별 이상한 짓을 하고 있다고 스스로 '웃긴다!'고 했다. 애써 쓴 노트를 찢어버릴 때는 많이 망설여졌다. 나중에 다시 시작할지도 모르는데 찢어버리는 게 옳은 방법인가 생각도 해보았다. 무엇보다 아까웠다. 하지만 에너지를 이런 데까지 쓸 필요가 없다고 생각했다. 미련 없이 노트를 찢어버리고 나니 속이 후련하면서도 뭔가 마음속 일부분이 떨어져나가는 느낌이었다.

며칠을 그냥 보내고 나니 허전했다. 쓰려고 일어났다가 그냥 잠들었다. 안 되겠다 싶어 쓰지 않고 그냥 눈으로 읽어보았다. 이래도 되나 싶었지만 안 하는 것보다는 나을 거라는 위안 삼아 속으로만 읽었다. 쓰지 않는 게 불안했지만 하루 이틀 지나니 크리스천도 아닌 내가 언제 기도를 했고 언제 내가 우주를 믿었나 싶을 정도로 예전처럼 일상으로 돌아가고 있었다. 이게 정상인 것처럼 그렇게 시간을 보냈다. 노트는 찢어버렸지만, 이상한 건 가끔은 내가 원하는 사소한 일들을 책에서 본 것처럼, 간절히 원하고 눈을 감고 그렇게 생각을 하고 머릿속으로 그렸더니 실제로 맞을 때도 있었다는 점이다. 우연의 일치였는지 모르지만 정말 '끌어당김의 법칙'이라는 게 있는 걸까 하는 생각도 들었다.

"당신은 단지 '행복을 느끼면' 된다. 내면의 힘을 활용하면 할수록 더 큰 힘을 끌어당기게 될 것이다. 자신의 웅대함을 받아들일 순간은 바로 지금이다. … 이제 '비밀'에 담긴 지식을 배웠으니, 이로써 무엇을 할지는 당신의 몫이다. 무엇을 선택하든 좋다. 힘은 당신의 것이다."

—『더 시크릿』, 론다 번, 살림

'쓰면 이루어진다. 기적의 노트'는 찢어버렸지만『더 시크릿』책을 읽고 나는 꿈을 가지기 시작했다. 막연하지만 나도 무언가 되고 싶은 게 있다는 거였다. 좋아하는 것이 무엇인지 잘하는 것이 무엇인지 명확하지가 않았지만 그렇게 되고 싶고 이루고 싶다는 욕망이 생긴 것이다. '휴먼브랜드' 단어의 정확한 뜻도 모르면서 어디선가 듣고 바로 내게도 적용하고 쓰기 시작했다. 휴먼브랜드란 자신이 좋아하고 잘할 수 있고, 즐길 수 있는 일을 찾아가는 과정이라고 생각했다. 그게 아니어도 나만의 브랜드가 있어야겠다는 생각을 하게 되었다.

사실 누군가에게 말하기 조금 부끄럽기도 했다. 지금 상황은 아무것도 아닌데 '휴먼브랜드'라는 말을 쓸 자격이 있을까. 내세울 게 아무것도 없는데 웃지는 않을까. 무슨 뜻인지나 알고 있는 사람이 내 옆에 과연 몇

명이나 될까. 이런저런 생각에 과감히 내 꿈을 얘기하지 못했고 조용히 나만 알고 있었다. 기적의 노트에 쓰기만 했고 어디에도 내보이지 못했다. 휴먼브랜드라는 말을 쓰기 시작한 것은 블로그를 하면서 겨우 용기 내어 쓰기 시작했다. 언젠가 내가 좋아하고 잘하면서 언제까지고 즐길 수 있는 나만의 브랜드가 탄생할 거라고 믿었기에 용기 낼 수 있었다.

꿈은 크게 가지라고 했다. 50이 넘어 무슨 꿈이냐고 하겠지만, 꿈을 갖는 때는 늦은 때란 없다. KFC 창업자 커넬 할랜드 샌더스도 65세에 다시 시작하지 않았는가. '끌어당김의 법칙'에 있어서 머릿속으로 계속 생각하는 것들이 실제 현상처럼 나타난다고 한다. 그것이 나쁜 일이건 좋은 일이건 생각하면 할수록 영향을 준다는 것이다. 『더 시크릿』 중에 "내 생각은 우주보다 크다."라는 말이 있다. 내가 무슨 말을 했는지 무슨 생각을 하고 있는지에 따라서 끌어당김의 법칙은 그대로 일어난다고 한다. 우리의 생각이 그대로 끌어당김의 법칙에 적용이 되는 것이다. 내가 긍정적으로 생각을 하면 긍정적인 면이 끌어당겨지고, 부정적인 생각을 하면 부정적인 일들이 끌어당김의 법칙에 적용이 되는 것이다.

책을 읽으면서 우리가 잘 알지 못했던 세상의 끌어당김의 엄청난 비밀이 많다는 것을 알게 되었다. 꿈을 이루어주고 소원을 들어주는 것에 관한 비밀들은 아주 오래전부터 플라톤, 아인슈타인, 레오나르도 다빈치 등 위대했던 사상가들과 창조자, 개척자, 과학자들도 그 비밀을 찾으려고 노력했다는 점이다. 모르고 있었던 것은 독서를 하지 않았던 나뿐이었다. 독서를 하면서 상위 1%인 그들만 알고 있었던 비밀을 나도 알게 되었으니 큰 영광이라 하지 않을 수 없다.

"못하는 이유로 고민이 많은 듯하지만, 실제로는 행동하지 않는 자신에 대한 핑계'에 불과하다. 못하는 이유 뒤로 숨은 것은 그만하고 '그러면 어떻게 해야 할까?'라고 스스로에게 물어보라. 그것이 아들러가 말하는 '목적'이다."

—『나는 더 이상 착하게만 살지 않기로 했다』, 이와이 도시노리, 다산 3.0

비밀을 알고 난 이상 내가 휴먼브랜드가 되겠다고 마음먹고 자꾸 형상화하면 그대로 되는 것이다. 그렇게 믿고 있다. 나는 이제 플로썸(flawsome) 브랜드라고 쓴다. 약간의 결점이 있긴 하지만 여전히 근사한, 심지어 결점이 있는 것 자체(이에 대해 당당히 이야기하는 것)가 멋진 것으로 받아들여지는 플로썸(flawsome) 브랜드는 완벽한 사람, 무결점보다 조금은 모자란 사람에게 더 인간적인 정을 느끼지 않을까 하는 발상에서 시작되었다는 마케팅 용어에서 나온 말이다. 플로썸브랜드에서 휴먼브랜드까지 겸비하면 좋겠지만 결점투성이고 아직 배워야 할 게 많기에 나는 후자를 택하고 조금씩 발전해가는 모습을 보이기로 했다.

2

독서를 할수록 알고 싶은 것들이 더 많아졌다

세상을 살아가면서 많은 사람을 만나기도 하고 헤어지고 또 만난다. 어떤 날은 고달프고 힘들고 어떤 날은 기쁘고 행복하기도 하다. 세상 속에서 누군가를 만났다가 헤어지고 그 안에서 서로 부딪히며 느끼는 감정들은 전적으로 나의 기복에 의해 결정되지만, 만남과 헤어짐을 반복하면서 곁에 있는 사람들과 희로애락을 느끼고 서로 함께하는 것 같다. 내가 좋아했던 사람들과 손절하면서 상처와 치유를 스스로 이겨내면서 지내왔고, 그것이 삶이었고 인생이라는 것을 어렴풋이나마 알게 된 것은 당연한 것을 당연하지 않게 받아들이며 살아온 나의 무심함과 무지함에서 비롯되었다고 생각한다.

그러한 삶의 방향을 조금씩 알려준 것은 바로 독서였다. 독서를 하면서 알게 된 것은 독서를 하면 할수록 알고 싶은 것들이 많아지고 모르는 게 더 많아진다는 것이다. 왜 그럴까. 아는 게 많아지는 게 아니라 모르는 게 더 많아진다니 무슨 소리인가. 그 말은 그동안 내가 무심하게 지내온 날들을 포함해서 얼마나 무지의 세계에 갇혀 있었는지 알게 된 것이다. 독서량이 그다지 많지 않았지만 독서를 하면서 배우고 조금이라도 실천하면서 0.1%씩이라도 성장해가고 있다고 생각하니 얼마나 다행한 일인지 모른다.

"'공포'와 '위험'은 엄연히 다르다. 무서운 것은 위험해 보인다. 그러나 정말로 위험한 것에 진짜 위험 요소가 있다. 진짜 위험한 것보다 우리를 놀라게 하는 것에 지나치게 주목하면, 즉 공포에 지나치게 주목하면 우리 힘을 엉뚱한 곳에 써버릴 수 있다."

– 『팩트풀니스』, 한스 로슬링, 올라 로슬링, 안나 로슬링 뢴룬드, 김영사

우리가 매스컴을 통해서 알고 있는 뉴스와 보도에 의한 것들의 진실은 어디까지일까? 사람들은 눈에 보이는 것, 귀에 들리는 것이 최상이라고 여긴다. 나 역시 그렇다. 매스컴에 나오는 유명인들의 책을 찾아 읽었고 그게 진실인 줄 알았다. 그 안에 숨겨진 진실은 알지 못했고 그게 전부인 줄 알았다. 그저 그 사람들이 하는 얘기가 재미있고 사회에서 부추기는

만큼 나도 좋아하게 되었다. 진실 속에 묻혀 있던 엄청난 비밀은 발견하지 못했다. 대중을 웃게 만들고, 때로는 울게 만들었던 그 사람들에게 내가 속고 있었다는 것도 몰랐다.

더구나 내가 좋아했던 작가와 연예인들의 말들에 속아 넘어가기 일쑤였고 더 중요한 것은 그 말들을 그대로 믿고 역사 속 인물까지 비난했던 적도 있다. 어찌 알겠는가. 보이는 것이 전부였던 것을. 그들이 말한 대로 잘못 알고 있는 역사 상식이라든가 정치에 관한 것들은 물론, 우리가 무조건적으로 열광하고 좋아하고 있는 연예인들의 참 모습 등을 알게 되었을 때 경악은, 무지에서 비롯된 것이라고 생각하니 부끄럽기 그지없었고 화가 나기까지 했다. 그 사람들의 한마디로 우리는 세상을 비판하고 비난한다. 그것이 전부인 것처럼 느끼고 그대로 믿어버린다. 그리고 '팩트'를 무시해버리고 더 이상 알려고도 하지 않는다. 이 얼마나 무지한 일인가.

나는 역사를 잘 모른다. 역사에 대해 그야말로 문외한이다. 이 말을 하는 자체도 부끄럽다. "역사는 되풀이된다."라고 했고, "역사를 잊은 민족에게는 미래가 없다."라고 한 이 말들만 기억한다. 역사에 대해 알아야겠다고 생각했다. 독서를 하면서 몇 년이 지난 지금, 내가 알지 못했던 진실 속에 숨겨진 것들을 제대로 볼 수 있는 눈을 길러야겠다고 생각했다. 보이는 것만으로 판단하는 어리석음을 깨우치기 위해 독서를 해야 한다고 생각했다. "모든 나라는 그 나라 국민 수준에 맞는 지도자를 가진다."라고 한다. 나의 수준은 어디일까. 저기 땅속 깊숙이 묻혀 있다. 나라를 탓하기 전에 내가 먼저 깨어나야 한다. 내가 만일 독서를 즐기지 않았다면 세상을 그저 비난하면서 더 나이 먹도록 철없이 살았을 것이 뻔하다. 평생 독서와 평생 공부는 그래서 필요한 것 같다. 독서를 하면서 더 살아야 되는 이유와 나의 한없는 무지를 깨우치게 될 수 있었다. 우리가 배우고 알아야 할 것들과 훌륭한 것들이 너무나 많다는 것을 알았다. 세상은 넓디넓고 깨우쳐야 할 것은 많고 나는 무지하기만 하다. 무지하면서 세상을 원망하고 나라를 원망하고 인생을 원망한다. 고대 이집트 왕 '솔로몬의 지혜'를 수천 년이 지난 지금까지 알 수 있도록 기록해두고 전해주고 있는 것만 보아도 알 수 있지 않은가. 배워야 한다.

우리가 배우는 목적은 무엇일까. 나만 알고 있는 것도 물론 배움이다. 배움을 더 잘 이해하려면 남을 가르쳐보아야 한다고 한다. 배움은 단계별로 나누어진다. 아는 것을 행동하고 그것을 응용하고 가르친다. 특정 강의를 열심히 듣고 노트에 필기도 하고 내 나름대로 열심히 공부를 했다. 나는 그 정도면 다 알고 있다고 생각했다. 1년 동안 제대로 배우고 공부했기 때문에 다 안다고 생각했다. 내가 배운 것을 지인들과 동생들에게 설명해주고 잘 알려줄 수 있을 것 같았다. 그러나 이론적으로 알고 있는 것과 '실제로 적용하지 않고 행동하지 않은 것'은 제대로 알고 있는 것이 아니라는 것을 깨우쳤다.

책에서 말한 것처럼 제대로 알려면 행동을 하고 실천을 해야 된다는 것을 알았다. 독서를 하면서 알고 싶은 것도 많아졌지만 내가 얼마나 무지한지도 깨닫게 되었다. 원래도 아는 것이 없는데 독서를 하면 할수록 모르는 게 너무 많다는 것을 알았다. 그야말로 무식이 드러나는 순간을 수없이 경험한다. 한자사전을 보면 '무지'(無知)는 '아는 것이 없음. 미련하고 어리석음. 지식이 없음'을 뜻한다. '무식'(無識)은 '배우지 못하여 아는 것이 없음'을 뜻한다.

무지와 무식은 둘 다 아는 것이 없다는 면에서 보면 같은 의미처럼 보인다. 배우지 못했고 아는 것이 없는 사람에 빗대어 '무식하다'라는 말을 쓰는 경우가 있지만, 남을 비하해서 쓰면 안 되는 단어이기도 하다. 여기에서 무지는 '미련하고 어리석다'라는 의미를 가지고 있기 때문에 잘못 판단하면 어리석게도 옳지 못한 쪽으로 선택을 할 수도 있다는 것이다.

"사람들이 이러한 앵커링 현상에 빠지는 이유는 분명합니다. 바로 '무지'와 '불확실성' 때문입니다. 어떤 대상에 대해 기대하는 효용이나 값 등에 대한 지식과 확신이 없을 때 손쉽게 찾을 수 있는 정보에 생각의 닻을 내리는 것입니다."

—『투자의 심리학』, 구본기, 스마트북스

'앵커링 현상'이란 마치 닻을 내린 선박이 그 주변만을 맴도는 것과 같다는 뜻이다. 선택 하나가 나라를 살릴 수도 무너뜨릴 수도 있다. 그러한 오류를 범하지 않으려면 무식하거나 무지하거나 배워야 된다고 생각한다. 특히 무지하다는 것을 본인이 인정하고 무지에서 벗어나려고 노력을 해야 한다. 지혜와 지식을 쌓아야 하는 것이다. 지혜와 지식을 쌓는 일은 바로 독서를 하는 것이라고 본다. 독서를 하면 할수록 정치와 경제에 대해 알고 있는 것보다 모르는 게 많다는 것을 절실히 깨닫는다.

사람을 주눅 들게 하는 것들 중 한 가지는 바로 지갑이 비는 것이다. 언제 어디서나 먹고사는 문제가 가장 중요하니 당연한 얘기인지도 모른다. 내가 생각하는 잘산다는 의미는 같은 메뉴를 선택해서 먹더라도 질이냐 양이냐 따지는 것이 아니다. 내가 얼마만큼 마음 편하게 돈을 지불하고 남의 밥을 먹어도 마음 편하게 먹을 수 있나 하는 것이다. 지갑이 비면 내가 지불하는 것도 부담이고 남의 밥을 먹는 것도 부담이 된다. 돈을 벌고 싶었지만 나는 경제에 대해서도 문외한이었다. 재테크에도 관심이 많았지만 제대로 하는 방법을 알지 못했다. 평범한 사람들이 하는 방법 중에 하나를 선택할 수밖에 없었고 조금씩 아끼고 저축하는 것이 최선이라고 알고 있었다. 경제에 관한 독서를 하면서 그게 다가 아니라는 것을 알았다. 투자와 투기에 대해서 분명하게 분별할 줄 알았고 투자를 하든 투기를 하든 마음 다스림이 먼저라는 것을 알게 되었다. "부자가 되려면 돈

이상의 것을 봐야 한다." 『투자의 심리학』에 나오는 말이다. 심리에 대해 파악하고 나를 이기는 연습이 중요하다. 그래야 투기에서 벗어날 수 있다고 한다. 투기를 하게 되면 패가망신할 수도 있으니까. 이제 겨우 경제에 조금 눈을 뜨고 장기적인 관점에서 바라보며 조금씩 해외 주식에 눈뜰 수 있었다. 경제가 곧 정치라는 말도 독서를 하면서 알게 되었다.

경제 흐름을 조금씩 읽을 줄 알게 되면서 해외 주식을 알게 되었고 달러의 가치 변동에 따른 우리나라 원화의 변동 폭이 달라진다는 것과 그로 인해 달러의 위력을 알게 되었다. 달러를 국제사회에서 '기축통화'라고 한다. 아직까지 대체할 만한 국제기축통화가 없기 때문이라고 한다. 그런데도 우리는 원화만 가지고 있으면 된다고 생각한다. 달러를 보유하고 있어야 하는 이유는 모른다. 이처럼, 더 많이 배우고 더 많이 깨우쳐야 하고 알아야 할 것들이 산더미처럼 쌓여 있다. 모든 걸 알 수는 없지만 '최소 기본적인 것만이라도 알고 있어야 되지 않을까?' 하고 독서를 하고 있다.

"사소하고 더뎌 보이는 변화라도 시간이 지나면서 계속 축적된다. 연간 1%의 성장은 더뎌 보이지만 70년간 축적되면 2배 성장이 되고, 연간 2%의 성장은 35년 뒤 2배 성장이 되며, 연간 3%의 성장은 24년 뒤 2배 성장이 된다."

-『팩트풀니스』, 한스 로슬링, 올라 로슬링, 안나 로슬링 뢴룬드, 김영사

3

하루하루 삶이 즐거워지는 독서

나는 매일 새벽 6시에 기상을 했다. 시골에서의 아침은 도시와 사뭇 다른 것 같다. 기운이 다른 것인지 모르겠다. 시도 때도 없이 새벽부터 닭이 울어대고, 개가 짖고, 처음에는 신경이 곤두서서 도통 잠을 못 이루더니 어느 날부터는 그 소리가 자장가가 되었는지 잠은 잘 온다. 새벽에 눈을 떠도 피곤하지가 않았다. 일어나서 양치질을 하고 물 한잔을 마신다. 잠자는 내내 텁텁했던 세균을 털어버리게 양치질을 제일 먼저 한다. 그리고 물을 끓여 '음양탕'을 만든다. 음양탕이란 뜨거운 물과 찬물을 반반씩 섞어서 마시는 것이다.

끓인 물은 밑에 오게 하고 찬물은 위에 오게 하는 게 포인트다. 물은 건강에 좋으니 많이 마시려고 한다. 상을 펴고 책을 꺼낸다. 상이라고 해봐야 아버지께서 가져온 성경책을 올려놓는 작은 접이식 테이블이다. 식탁에서 읽기도 하지만 어수선한 식탁을 보면 집중이 잘 안 된다. 어느 날 교회를 다녀오신 아버지께서 가져온 접이식 테이블은 노트북을 펴놓기에도, 책을 읽기에도 안성맞춤이었다. 1~2시간 정도 책을 읽는다. 6시가 나에게는 새벽인 것이다. 새벽은 집중이 잘되는 것 같다. 요즘은 책을 쓰느라 패턴이 바뀌고 도저히 상상할 수 없는 흐름이 계속되지만 독서에 빠져 있던 나도 새벽 독서를 즐겨 했다.

독서를 1시간 정도 하다가 눈이 침침하고 다시 잠이 올 것 같으면 커피를 내린다. 핸드드립은 언제나 나를 가다듬고 조심스럽게 만드는 것 같아 새벽 독서에 자주 즐겼다. 커피를 마시면서 독서를 하고 있노라면 내 인생이 커피만큼이나 쓰지만, 커피처럼 신맛도, 단맛도, 고소한 맛도 있어 작지만 세상을 다 얻은 기분이 든다. 그 시간만큼은 내 세상인 것이다. 야행성이라 새벽에 일어나는 것이 무엇보다 힘들었다. 나를 이기기 위해 '챌린지 프로그램'에 참가하기도 하고 1만 원을 걸고 하는 '새벽 인증' 모임에도 참가하며 무던히 애를 썼더니 오랜 시간이 걸리지 않고 새벽 기상을 할 수 있었다.

돈을 내면서까지 그런 걸 하냐고 '이상하다!' 하는 사람도 있겠지만, 의지가 박약인 나로서는 고마운 프로그램이 아닐 수 없다. 장소가 시골이라는 것도 한몫했지만 사람은 얼마든지 마음먹기에 따라 변할 수 있고 개선할 수 있다. 책을 읽다가 아버지께서 일어나는 시간이 다가올 즈음 식사 준비를 한다. 식사 준비도 아주 간단하다. 나는 커피 한잔이면 충분했고 아버지는 국에 젓갈 종류 2~3가지면 끝이었다. 독서를 하다가 중간에 이어지지 않는다고 짜증내지 않는다.

그 시간도 기쁜 마음으로 하니 즐겁다. 설거지도 내가 할 때도 있지만 아버지께서 당신 스스로 하신다. 짜증 낼 이유가 없다. 새벽 독서는 그만큼 나를 여유 있게 만든다. 독서를 하면서 얻게 되는 수많은 명언과 격언들이 나를 큰 어른으로 만들어준다. 잠들어 있던 나의 게으름과 무지를 깨우치게 한다. 새벽 독서는 바쁘게 돌아가는 낮의 분주함에서는 느낄 수 없는 의식이 확장되어 돌아오는 것 같다.

나이가 들면 새벽잠이 없어진다고 하는데 나는 오히려 더 느는 것 같다. 사실, 아직 그럴 나이는 아니지만 말이다. 새벽에 독서를 하거나 조금 늦은 아침에 독서를 하고 나면 하루가 뿌듯하다. 하루하루 삶이 즐거워지는 것이다. 습관이 되면 일을 하러 나가지 않는 날에도 새벽 독서를 하게 된다. 새벽이라 해도 다른 사람의 아침 시간인 6시부터 1시간은 독서를 하기에 충분한 시간이다. 독서를 하고 나면 하루가 즐겁다. 새벽 독서에 속도가 가해지고 어느 정도 재미가 들면 약속 시간에 누구를 기다리는 것도 짜증나지 않는다. 오히려 반가운 독서 시간으로 만들 수 있어서 기쁘기까지 하다.

한 달이 가고 두세 달, 날이 갈수록 내 안의 풍요로움과 내적 충만함까지 느낄 수 있다. 크리스천인 동생이 "충만하다."라는 말을 했을 때 깊이 와닿지 않았다. 충만함이란 도대체 무얼 말하는 건가 했는데 독서를 하다 보니 그 뜻을 이제야 조금 알 것 같다. 속이 더 꽉 차고 단단해지는 것 같은 느낌이다. 60을 바라보고 있지만 독서는 내 삶에 있어서 빠질 수 없는 중요한 부분이 되었다.

하얼빈에서 이토 히로부미를 사살했다는 이유로 사형을 받은 안중근 의사는 "마지막 소원이 무엇입니까?"라고 물었을 때 술을 마시게 해달라거나, 담배 한 대를 피우게 해달라는 흔한 얘기를 하지 않았다. 의연하게 다음과 같이 말했다고 한다. "5분만 시간을 주십시오. 책을 다 읽지 못했습니다." 안중근 의사는 5분 동안 읽고 있던 책의 마지만 부분을 다 읽고, 그들에게 고맙다는 인사를 하고 세상을 떠났다고 한다.

"내 사전에 불가능이란 없다."라는 유명한 명언을 남긴 나폴레옹은 전쟁터에 나갈 때 대포와 함께 '책 마차'를 끌었다. 나폴레옹의 사서는 신간을 늘 준비하고 있다가 명을 받으면 곧바로 대령했고 전쟁 중에도 막사에서 틈만 나면 책을 읽고, 말 타고 이동하면서도 책을 읽었다고 한다. 한글을 창시하고 성군으로 기억되는 세종대왕도 백독백습(백 번 읽고 백 번 쓴다는 뜻) 할 정도로 독서광이었다.

이외에 독서광으로 유명한 분들은 너무나 많다. 그분들을 모두 나의 멘토로 삼을 수 있다. 이 얼마나 멋진 일인가. 나에게 주어진 24시간 중 한두 시간, 온전히 나만의 독서 시간으로 만드는 것은 오직 나만 할 수 있는 것이다. 그러나 24시간은 나에게만 오는 것이 아니다. 누구에게나 주어진 24시간이다. 그러니 독서 시간도 누구나 만들 수 있다.

주변에 친구들이나 지인들을 보면 취미가 다른 부부를 본다. 나이가 들면서 무엇을 하든 취미가 같아야 부부가 함께하는 시간이 많아진다고 옛날부터 생각해왔다. 이것도 좋은 관계일 때의 얘기이다. 함께 살아온 세월이 길수록 혼자가 더 좋을 때도 많다. 마냥 내 옆에서 있을 것만 같던 아이들은 어느 사이에 성장해서 결혼을 하거나 각자 제 갈 길을 가고 결국에 남는 것은 부부밖에 없다. 코로나19로 인해 같이 있는 시간이 더욱 많아졌다고 한다. 혼자 지내는 사람도 많이 있지만 가정에서 아이들과는 물론 부부사이에서도 보이지 않는 갈등이 빈번하게 일어난다고 한다. 이럴 때 독서를 하면 얼마나 좋을까 하고 생각했다. 취미가 꼭 같을 수는 없지만 최소한 한 가지라도 서로 공유할 수 있는 그 무엇이 있다면 얼마나 좋을까. 그 무엇은 가장 손쉽게 접근할 수 있는 독서라고 생각한다.

아직까지는 일을 해야 하는 나이지만 체력도 예전 같지가 않아 일이 끝나면 피곤하고 지친 일상이 계속되고, 쉬는 날이면 각자 취미생활을 하거나 휴일에 스포츠를 즐기거나 한다. 그마저도 특별하게 취미가 없는 사람은 스마트폰으로 게임을 하거나 TV 시청을 한다. 게임도 머리를 식히는 일이고 TV 시청을 하는 것도 쉴 수 있는 하나의 방식이다. 개개인마다 취향이 다르기 때문에 이래라저래라 할 수 없다.

특히 독서는 책을 펴는 순간 졸음이 몰려오기 때문에 한두 번 권해서 될 일은 아닌 듯하다. 본인이 좋아해야 하고 본인이 해야겠다는 의지나 어떤 계기가 주어지지 않으면 시작하는 것이 쉽지 않은 게 독서이기도 하다. 하지만 앞으로 10년 20년을 같은 방식으로 생활한다면 노후가 그리 재미없지 않을까 싶다. 독서를 하면서 하루하루 다른 세상을 느끼며 사는 것도 노후를 즐기는 좋은 한가지 방법이 될 것이다. 취미가 여러 가지 있어도 독서는 꼭 권하고 싶다.

나이가 들면 점점 고집과 아집만 더 생기는 것 같다. 내 생각이 옳고 다른 사람의 말에 귀를 기울이려 하지 않는다. 정치에서도 오른쪽 왼쪽이 있지만 한쪽만 보는 것은 옳지 않다. 내 생각도 중요하지만 상대방의 말도 경청할 줄 알고 다름을 인정할 줄 알아야 한다. 나도 남과 내 생각이 다름을 인정하는 데 오랜 시간이 걸렸다. 아직도 불끈불끈 본래 성격이 나올 때가 가끔 있다. 나이가 들어가면서 더해지는 고집은 어떻게 할 것인가. 나이가 들면 적절히 타협할 줄 알아야 하고 나이 들수록 고집과 아집이 필요한 것이 아니라 나이 듦의 지혜가 필요하다. 모든 사람에게 맞추어 살 필요는 없지만 적당한 관계를 유지하기 위해서는 적절하게 사용할 줄 아는 지혜가 필요하다고 생각한다.

그러기 위해서는 독서를 해야 한다, 독서를 하면서 나이 듦도 인정하고 독서를 하면서 세상의 지혜를 더 배우고 겸손해질 줄도 알아야 한다. 지혜롭지 못하면 아무리 공부를 많이 해도 소용없다. 지혜는 하루아침에 이루어지는 것이 아니다. 내가 쌓은 지식이 하나하나 모여 지혜를 만드는 것이다. 그 지혜를 잘 쓰기 위해 독서를 한다. 세상에 넘쳐나는 지식 중에 옳은 것과 그른 것을 걸러낼 줄 알고 제대로 보는 눈을 길러야 한다. 나이 들면서 배우는 공부가 진짜 공부라고 한다. 젊었을 때 독서를 하지 않았다면 지금부터라도 때는 늦지 않았다.

내가 해보니 시간은 걸리지만 오히려 집중도 잘되고 공부도 더 잘되는 것 같다. 나는 오랫동안 배움의 끈을 놓지 않고 살았다. 그 결과로 지금 책을 쓰고 있는 것인지 모른다. 나를 이기고 나를 견디고 무지함을 이기려고 독서를 했다. 독서를 하는 내 하루는 지루하지 않다. 앎을 알아가는 즐거움은 말로 표현하기 어렵다. 독서하며 보내는 하루는 그냥 즐겁다. 독서를 함으로써 내 성질대로 살지 않고 나를 잘 다스리며 살아갈 수 있다. 카페에서 그냥 수다도 좋지만, 가끔은 책 한 권 들고 몇 시간 독서에 빠져보는 건 어떨까 한다.

4

나는 꿈을 이루기 위해 독서한다

부자는 누구나 되고 싶어 하는 희망사항이다. 희망사항에 그치지 않고 부자가 되려면 어떻게 해야 될까? 실제로 부자가 된 사람의 이야기를 들어보거나 다양하게 부자 되는 방법 등을 소개하는 책들을 보거나 하는 것이 좋은 방법이 아닐까 한다. 부자가 되는 꿈을 이루기 위해서는 우선 나태함과 게으름에서 벗어나야 한다. 알고 있지만 그 익숙해진 편안함에 묻혀 더 이상 나아가려고도 발전하려는 노력도 하지 않는다.

서면 앉고 싶고, 앉으면 눕고 싶고, 누우면 자고 싶은 게 사람 마음이라는 말은 나를 두고 하는 말인 것 같다. 익숙해진 편안한 생활을 벗어나기 쉽지 않다. 설령 나처럼 게으르지 않고 부지런한 사람일지라도 꿈에 대해서 생각하는 사람은 내 주위에 그다지 많은 것 같지 않다. 누가 알려준 적도 없고 꿈을 꾸며 살아야 된다는 얘기를 들어본 적도 없다. 내 꿈을 위해 일해야 하고 내 꿈을 위해 하루를 보내야 함에도 불구하고, 왜 그렇게 급하지 않은 일에 매달려 시간을 허비하고 있는지 모르겠다. 저녁이 되면 겨우 반성한다. 그리고 잠을 자면 또 하루가 지나가는 것이다. 나의 하루였다.

"거의 모든 일을 거부하라. 타협 따위는 개나 줘버려라. 평생 함께 일할 수 있는 사람들하고만 일하고, 하는 것 자체만으로 즐거운 활동에 시간을 투자하자. 다시는 보지 않은 사람들과 저녁을 먹지 마라. 지루한 사람들을 위한 행사에 참석하지 마라. 휴가를 즐기고 싶지 않은 곳으로 여행을 가지 마라. 그 대신 다른 사람의 바다가 아니라 나의 바다를 항해하라. 나의 산을 올라라. 죽음까지 내가 어떤 경로와 지점을 거치는지 머릿속에 그려라. '메멘토 모리'를 침대 맡에 붙여놓아라. 눈을 뜰 때마다 가장 먼저 보이는 그 메시지가 새로운 삶의 베이스캠프가 되어줄 수도 있다."

—『지금 하지 않으면 언제 하겠는가』, 팀 페리스, 토네이도

내 꿈은 바느질을 해서 가게를 내는 것이었다. 이제 눈도 많이 나빠지

고 바느질은 취미로 할 수 밖에 없는 환경이 되었지만, 내가 바라던 취미는 어느 날부터 사치라고 생각하게 되었다. 비용 절감을 위해 돈이 적게 드는 취미로 옮겨야 했다. 세상에서 가장 돈이 적게 드는 취미가 독서가 아닐까 한다. 남들처럼 골프도 배워보았다. 연습장에 갈 때마다 여자들의 옷차림을 보고 주눅이 들었다. 내 주머니가 비어 있으면 별 게 다 신경 쓰이는 법이다. 반바지에 티셔츠만 입고 간들 누가 뭐라 하겠는가. 내가 당당하고 자신 있으면 주눅들 필요가 없다.

그러나 돈은 그런 것이 아니다. 없으면 더 초라하게 느껴진다. 내 취미로는 안 되겠다 싶었고 재미도 없었다. 내가 가게를 할 때나 마케팅 사업을 할 때 친구가 골프를 배우고 교회에 다니라고 했었다. 둘 다 해보았지만 나와는 안 맞았다. 그렇게 사교적이지 못한 나의 성격도 있었지만 돈을 쓰러 가는 취미였고 나의 마음을 잡아주는 곳은 아니었다. 취미로 시작된 독서는 이제 나의 마음을 단단하게 잡아주었고 삶을 바꿔주는 법을 알게 해주었고 또 다른 꿈을 꾸게 만들어주었다.

노동수입이 아닌 권리소득을 얻어야 되고 파이프라인을 구축해야 된다고 『부자아빠 가난한 아빠』에서 수도 없이 들었다. 네트워크 사업을 하는 사람들은 모두 권리소득을 얻고 파이프라인을 구축하기 위해 열심히 한다. 나도 한때는 그것이 전부라고 생각했고 불안한 노후를 위해서라도 반드시 필요하다고 생각했다. 그때 들었던 부를 위한 강의들은 지금까지 나에게 남아 있다. 타의에 의해서 의식적이건 아니건 부에 관한 얘기를 듣는 것만으로도 우리는 의식이 변화될 수 있다는 것을 알았다.

자주 듣게 되다 보면 나도 모르게 잠재의식에 남아 있는 것이다. 내가 어떤 생각을 하고 내가 어떤 말들을 들으며 사느냐에 따라 내 인생은 바뀔 수 있다. 나는 권리소득이라는 말을 들으며 지내왔고 몇 년 전부터는 '디지털 노마드'라는 단어를 알게 되었다. 어느 날 네이버 카페에 들어가 보니 젊은 사람들 사이에서 디지털 노마드라는 단어가 유행하고 있는걸 알게 되었다. 권리소득의 업그레이드 버전인가 했다. 처음에는 열심히 일을 해서 노동수입을 올리지만 어느 사이에 구축된 파이프라인으로 인해 권리소득을 일으키는 것과 마찬가지로 디지털 노마드는 그런 삶이었다. 어색하게 들리지 않았다.

나는 블로그를 배웠기 때문에 다시 도전해보기로 했다. 언젠가는 마케팅을 마스터하리라는 마음이 있었기 때문에 그의 일환이라고 생각했다. 그러나 디지털 노마드가 되는 방법은 한두 가지가 아니었다. 모집하는 강의는 따로따로 알려주지 않았기 때문에 나에게는 거금인 금액을 지불하고 모두 들었다. 강의가 끝났지만 제대로 할 줄 아는 게 하나도 없었다. 궁금증을 더 유발하게 하고 한 가지씩 겨우 맛을 보게 하는 식이었다. 깊숙이 알려면 또다시 강의료를 지불해야 했다.

나처럼 머리 회전이 빠르지 않고 용어를 잘 이해하지 못하는 사람은 물론 기계치에게는 한 번의 강의로 이루어지는 게 아니었다. 그런데 나이 많은 나만 그런 줄 알았더니 함께 강의를 들었던 젊은 분도 손놓고 있다고 했다. 얼마나 속이 상한 일인지! 가정을 책임지는 남자들은 퇴근 후 시간을 쪼개어 정말 열심히 살고 진정한 노마드로 살기 위한 꿈을 가지고 노력하는 분들이었다. 그런데 강의료만 받고 뒤에 사후 책임은 지지 않는다. 물론 그중에는 빠르게 이해를 하거나 더 많이 노력했거나 아마도 다른 곳에서 한두 번 더 강의를 들었던 사람들도 있을 것이다. 그들은 효과를 보고 성과 인증을 올리고 했다. 너무너무 속상했지만 어디에 하소연할 때도 없었다.

"사람들은 완벽한 타이밍을 기대한다. 하지만 완벽한 시간이라는 것은 없다. 언젠가는 바로 오늘이다. 오늘은 지금이다. … 기회가 지나가는 동안 함께 지나가는 것이 있는데 무엇인지 아는가? 바로 시간이다. 시간이 지남에 따라 당신 삶의 모래알이 하나둘 빠져나간다."

— 『부의 추월차선』, 드마코, 토트출판사

하고 싶은 게 많으니 이루고 싶은 것도 많았다. 딱히 꿈이라고 정의하지는 않았지만 마음속으로 계속 원하는 바가 있었다. 그게 나의 꿈인지도 모른다. 남들에게는 별 게 아니고 쑥스러운 꿈들일지 모르지만 나는 끈을 놓지 않고 계속할 것이다. 독서를 열심히 해서 독서 프로그램도 만들고 싶었고, 독서만 하면 재미없으니 함께하면 좋을 바느질과 다도(茶道)도 잘 배우고 싶었다. 남들이 보기에는 이것저것 벌여놓기만 하고 이룬 성과는 하나도 없어 보일지 모른다.

사실이 그렇기도 하지만, 나는 꿈을 위해 계속 달려왔고 달려가고 있는 중이다. 느리고 느린 걸음으로 한 발 한 발 걸어가고 있는 것이다. 지금의 나이에 뛰어도 모자랄 판에 걷고 있으니 남들 눈에는 한심하게 보이고, 무얼 하는데 그렇게 쭈그리고 앉아 하루 종일 컴퓨터만 하고 있나 할 것이다. 나는 언제 어디서나 노트북 하나만 들고 자유롭게 일하기 위해 노력하고 있었던 것이다. 비록 지금까지 고군분투하고 있지만 말이다.

이것이 진정 내가 원하는 꿈이었는지 모른다. 꿈을 위해 느리게 달려온 지 2년이 넘었다. 작게나마 목표를 정해놓고 게으르고 느리게 한 발 한 발 나름은 열심히 달려왔다고 생각한다. 내가 바라고 원하는 만큼 아직 어떠한 성과도 결과도 없다. 꿈이 중요한 게 아니었고 먹고사는 것이 항상 중요하다 보니 꿈은 뒤로 미뤄지게 되고 자꾸만 포기하게끔 하는 순간들이 많아지기만 했다. 끈기도 부족하고 의지가 약해서 손을 놓기도 했다. 그러다 이건 아니다. 이렇게 살아서는 안 된다고 내 안에 있는 잠재력을 불러일으키며 미래를 위해 앞으로 나가야 한다고 스스로 끝없이 위로를 했다. 외로운 길을 가고 있지만 앞으로 미래는 외롭지 않을 것이다.

느리고 느리지만 내적 성장을 위해 처음 '5년 동안 실행하기' 를 계획했다. 포기하고 손을 놓을수록 5년은 점점 더 뒤로 햇수가 늘어나기도 했다. 앞으로 지내온 5년을 생각하면 멀게만 생각될지 모른다. 벌써 2년이 되었다. 어쩌면 5년을 계획했어도 더 빨라질 수도 있을지 모른다.

5년 후 내 삶이 지금보다 더 멋지고 더 여유로워진다면 '한번 해볼 만하지 않은가?' 하고 도전한 것이다. '5년 후에 무엇을 하며 살까?' 고민하는 삶이 아닌 지금 준비하고 달려가고 있는 내 꿈으로 인해 하루하루가 즐겁고 삶의 보람이 된다면 더 바랄 게 있을까! 제대로 공부하지 않고 성과가 나오지 않는다고 조바심내고 좌절하고 포기했던 순간들이 많았다.

내 성향은 혼자 일하는 것을 어려워 한다는 것이다. 누군가 옆에서 콕콕 짚어주며 알려주어도 느리다. 그래도 멈춰지지 않기 위해 공부했다. 꿈을 이루기 위해 독서를 하고, 독서를 하면서 일에 대한 성과를 내는 방법도 아주 조금은 알게 되었다. 나는 노력을 안 한 것이었고, 뚜렷한 계획이 없었던 것이다. 막연한 5년이었다. 몇 시 몇 분에 타야 하는 기차표처럼 정확한 날짜와 기한이 있어야 했다.

더 이상 모래알처럼 빠져나가는 기회를 놓치지 않으려고 부지런히 독서를 했다. 독서를 하면서 생각을 정리하고 더 구체적으로 어떻게 파이프라인을 구축할 것인가 계획을 세우고 고민을 했다. 블로그 외에 온라인을 통해 부의 추월차선에 올라타기 위해 더 노력하고 있다. 목표를 이룬 사람들 중에는 꿈을 꾸지 않고 이룬 사람은 아무도 없다. 나는 오늘도 꿈을 이루기 위해 독서를 한다.

"꿈이 언젠가 나타나겠지. 기다리는 것은 답이 아닙니다. 내면의 작은 목소리를 향해 출발해야 합니다. 행동해야 합니다."

– 스티븐 스필버그

5

비우기를 연습하게 해준 독서

살면서 제일 힘든 것은 경제적인 문제도 있지만 사람과의 관계라고 생각한다. 경제적으로 힘들면 모든 것이 힘들다. 옛말에 나쁜 일은 함께 오고 연달아 온다고 했다. 함께 사는 사람과 힘들었고 친하게 지내던 지인과, 존경하던 분의 나에 대한 비방과 이해하지 못할 행동에 힘들었고, 내 맘 같지 않던 친구와의 관계에서 힘들었다. 벤자민 프랭클린의 "비판, 비난하거나 불평하는 것은 어떤 바보라도 할 수 있고, 대다수의 바보들은 그렇게 한다."라는 말을 그대로 실천이라도 하듯이 나는 그들을 비난하기 시작했고 나 역시 다른 사람에게 그들의 행동을 험담하기 시작했다. 이해하지 못했다. 그 사람들이 왜 그렇게 했는지 이해하지 못했지만, 이유를 알려고 하지 않았고 알려고 노력하지도 않았다. 그 사람들의 마음을 헤아려 볼 정도로 나는 관대하지 않았다. 나를 쉽게 내려놓지 못했다.

"누군가를 비난해서 그가 상처를 받았다면 그 상처는 쉽게 없어지지 않고 죽을 때까지 지속된다. 다른 사람을 비난하는 것은 위험한 불꽃이다."

–『데일 카네기 인간관계론』, 데일 카네기, 현대지성

우리의 감정은 여러 요소의 복합체로 이루어져 있다. 그다지 단순하지가 않다. 행동에 대한 욕구는 물론, 느낌이나 생각, 신체 감각까지 복잡한 감정으로 이루어져 있다. 그런 감정들을 한꺼번에 내려놓고 비우기란 연습되지 않은 마음 상태에서 결코 쉽지 않다. 더구나 우리의 몸과 마음은 하나로 연결되어 있다고 한다. 마음이 아프니 몸까지 아팠다. 기분도 우울했고 몸도 우울했다. 몸이 우울하다고 느끼니 내 신체기관 구석구석 자극을 받았는지 행동 자체마저 활기를 잃고 말았다. 한 발자국도 걸을 수가 없었고, 소화도 안 되고 두통의 연속이었으며 신경쇠약으로 입맛도 없어졌다. 스트레스는 날로 늘어났고 온통 부정적인 생각으로 휩싸여 있었다.

멀리 떨어져 사는데도 쌍둥이 같다는 소리를 들을 정도로 옷 입는 스타일마저 같았던 친구가 있었다. 서로 집에 밥숟가락이 몇 개인지 알 정도로 궂은 일 기쁜 일을 친구와 함께 나눴다. 함께였다고 생각했다. 오랜 기간 동안 이 친구 저 친구에게 내가 나쁜 사람이 되도록 험담을 한다는 것을 알게 된 것은 그녀가 세상을 떠나기 몇 년 전이다. 도저히 용서할 수 없었고 연락을 끊고 절교를 했다. 한참 후에 그녀가 아프다고 했다. 아주 오래전부터 아팠다고 했다. 모임이 있을 때 약간의 기미가 보이기는 했지만 아파서 그랬다고는 아무도 생각하지 않았다.

친구들은 그런 그녀에게 내가 먼저 다가가주기를 바랐고 내가 먼저 용서해야 된다고 했다. 아니! 절대로, 절대로 용서할 수 없었다. 나에게 더 이상 친구가 아니며 만나지 않겠다고 친구들에게 선언한 후 처음 한 달이 지나도록 세상이 암흑처럼 검게 보였다. 마음이 아파 죽을 것 같았다. 생활도 엉망이었고 힘들었으니 삶 자체가 암흑이었다. 도저히 이해할 수 없었던 친구로 인해 몇 년 동안이나 사람을 못 믿게 되었다. 아무도 만날 수 없는 상태로 변했다. 어느 날 그녀가 정말 많이 아파 요양원에 갔다고 했다. 그래도 용서하지 않았다. 용서가 되지 않았다.

나는 사람들로 인해 상처받은 내 마음을 살리기 위해 독서를 하기 시작했다. 한 권 두 권 읽을수록 조금씩 내 안에 쌓여 있었던 감정이 비워지기 시작했다. 내 안에 쌓여 있었던 용서받지 못할 감정들을 조금씩 내려놓기 시작했다. 독서를 한다고 용서가 쉽게 되지는 않았다. 독서를 하면서 조금씩 내 마음을 비워가던 어느 날 친구에게 먼저 얘기했다. 모임 때 그녀의 병원에 한번 가자고. 친구와 통화를 하고 얘기가 나온 지 얼마 안 되어 모임을 얼마 앞두고 그녀는 세상을 떠났다. 결국은 만나지 못하고 그렇게 이별을 했던 것이다. 그녀의 행동을 알아서일까? 친구들은 아쉬움이 있었지만 동정하지 않았다. 나는 가끔 생각했다. 그녀가 살아 있다면 나와 조금은 가까워졌을까 하고. 몇 년의 세월이 흘렀고 그녀는 없지만 아직도, 아니 죽을 때까지 용서할 수 없는 부분이라고 생각했었던 마음은 강물처럼 흘러 씻기어 내려가고 있었다.

독서를 하지 않았다면 병원에 가자고 했던 그 마음 하나로 친구를 용서했을까? 내 마음을 온전히 내려놓을 수가 있었을까? 내가 받은 상처, 내가 받은 아픔, 내가 받은 불신 등 모든 것을 내려놓기 어려웠을 것이다. 죽을 것 같이 힘들었고 한없이 원망하던 마음은 사라졌다. 조금씩 더 많이 비워가고 있을 뿐이다. 더 많이 내려놓고 있을 뿐이다. 완전하지 않는 비움이란 없다고 하지만 독서를 만나지 않았다면 평생 그 친구를 원망하며 그 안에 갇혀 살 뻔했다.

"약할수록 상대를 용서하지 못한다. 용서한다는 것은 강하다는 것이다."

– 〈짱구는 못 말려〉 중에서

나를 낳아주셨기 때문에 부모님은 좋은 부모님이다. 하지만 나름 열심히 사셨겠지만 자식들이 잘되라고 열심히 뒷바라지해준 기억은 없는 것 같다. 동생들도 스스로 학교를 다녔고, 결혼도 형제들 거의가 각자 큰 도움 없이 잘한 것 같다. 부모가 의무적으로 해야 될 일이라든가 자식 된 입장에서 꼭 받아야 하는게 어떤 것인지도 몰랐다. 사는 게 급급해서 하나둘도 아닌 자식들을 일일이 돌보기 어려웠을 것이다. 어렵게 사니까 당연히 스스로 해야 된다고 생각했고 그렇게 하는 것이 당연하다고 생각했다.

한 번도 부모님을 원망한 적이 없던 어느 날 일본어를 배우면서, 왜 우리 부모는 나를 여기까지밖에 가르치지 않았을까. 왜 배움의 길로 갈 수 있도록 힘을 써주지 않았고 길을 열어주지 않았을까. 원망하고 원망했다. 엄마에게 달려가 왜 나를 더 가르치지 않았냐고 원망하며 소리 내어 울었다. 그때 엄마는 나에게 아무 말도 못 하고 있었다. 엄마도 먹고살기 바빴고 당신 자신도 돌아볼 틈이 없었을 텐데 엄마인들 그렇게 하고 싶었겠는가.

그렇게 딱 한 번 부모를 원망하며 엄마 가슴에 대못을 박았다. 그리고 잊어버리고 살았다. 몇 십 년이 지난 후 겨울에 시골에서 동생들과 모여 김장하는 날 아버지와 크게 싸웠다. 잠깐을 살면서 아버지의 성격을 파악하게 되었다. 원단에다 염색을 하려면 마당에 널어서 햇볕에 말리기도 해야 되고, 큰 그릇도 필요하고 불도 필요하다. 하지만 무엇이 마음에 안 드셨는지 그다지 편해 보이지 않는 아버지의 표정에 마음대로 펼쳐놓지 못하고 눈치껏 해야 했다.

엄마가 돌아가시고 혼자 몇 년 동안 살아오신 당신 삶의 테두리에 내가 들어가서 약간은 방해를 받은 것이리라. 신경 쓰였으리라. 그랬을망정 내가 부모였다면 배우려고 애쓰는 자식이 안쓰러워 뭐 하나라도 도움을 줄까 생각했을 텐데, 그건 오로지 나 혼자만의 생각이었다. 염색을 하면서 참고 참았던 서운함과 그동안의 감정이 복받쳐 올라 "아버지가 나에게 해준 게 뭐가 있냐!"라고 큰소리치며 막말을 해버렸다.

다시는 아버지를 뵙지 않을 거라 마음먹었었다. 다시 안 볼 것 같았던 아버지도 부모는 부모였다. 서로 원수가 진 것도 아닌 이상 안 볼 이유가 분명하지 않은 것이다. 마음은 이번만이라고 했지만 지금까지 아버지를 보며 살아가고 있다. '그래 내가 비우자! 팔순이 넘은 아버지를 이겨서 뭐 하겠는가.'라고 나 자신을 토닥이며 내려놓았다. 숨죽여 속으로 울면서, 부모를 원망하면서 나를 돌아보았다. 나는 자식들에게 잘 가르치고 잘 키웠나 돌아보니 내 부모와 별반 다를 게 없었다. 딸이 결혼할 때 돈 걱정을 했었다. 많이 못 해줘서 미안하다고 했다. 딸이 얘기하기를 요즘 누가 부모 도움 받아서 결혼하냐고 했다. 부모와 아이 중 한 사람은 어른이라고 누가 말했던가. 딸은 나보다 훨씬 어른이었다. 눈물이 났다.

마음을 조금이나마 전하고자 딸의 결혼식에서 축가를 불렀다. 기쁜 결혼식에 눈물바다를 만들게 하냐고 결혼식이 끝나고 친구들에게 핀잔 아닌 핀잔을 듣기도 했었다. 내가 결혼한 지 30년이 다 되어갈 때 딸이 결혼을 했다. 그때나 지금이나 환경은 변하지 않았다. 내 부모보다 더 잘살지도 더 행복하지도 않았다. 딱 그만큼이었다. 생각해보면 내가 공부를 못한 것도 내가 잘살지 못해 딸에게 충분하게 해주지 못한 것도 그건 부모 탓이 아니었다. 내가 노력하지 않았고 배움의 열망이 없었기 때문이었다. 더 배워야 한다는 열정이 없었기 때문이었고 배움의 소중함을 몰랐기 때문이다. 더 잘살려고 노력하지 않았고 아이들이 그렇게 빨리 성장해서 각자의 삶을 살아갈 줄도 몰랐다.

"손에 쥐고 있던 것을 놓아버리는 것, 참으로 어려운 일입니다. 늘 움켜쥐고 있던 것을 갑자기 빈손으로 만드는 것! 참 불안한 일이지요. 어디엔가 남모르게 숨겨두었던 보물이 한 순간에 없어진 기분일 것입니다. 그러나 사람은 기본적으로 필요한 것은 가지고 태어난다고 합니다. … 욕심 내지 않고 기본적으로 태어날 때 가졌던 주먹의 크기만큼만 가지고 있으면, 세상을 사는 데 큰 문제는 없습니다."

–『무소유 잠언집』, 김세중, 휘닉스Dream

비우고 내려놓는다는 것은 그 무엇도 소유하고 있지 않다는 뜻이 아니다. 혼자가 아니므로 모든 것을 내려놓고 무소유로 살 수도 없다. 마음은 더더구나 그렇다. 어쩌면 내가 친구를 용서하지 못했던 일도, 엄마에게 대못을 박았던 것도, 아버지를 원망했던 것도 내가 가지고 있던 작은 욕심 때문이 아니었을까. 내 생각이 전부였고, 나만 아닐 거라는 이기적인 생각 때문이 아니었을까. 내가 태어난 것도 감사할 일이고, 내가 그만한 친구를 만나 삶의 힘이 되었던 것도 감사할 일이다. 가지고 태어났던 주먹보다 더 큰 부모와 나만 이해해주는 친구와 내 마음만 헤아려주는 분만 바라고, 내가 잡은 주먹 안에 있던 것이 이미 흘러내렸는데도 인식하지 못하고 더 흘러내릴까 불안해서 외면하지 못했고 놓아주지 못했던 건지도 모른다.

지금까지 안고 살았던 이유는 그 모든 것들이 좁은 생각 안에 갇혀 깊이 바라볼 줄 몰랐고 나와 다름을 인정할 줄 몰랐기 때문이다. 독서를 하면서 조금씩 비워가는 연습을 하게 되자 무엇보다 나 자신이 점점 더 행복해진다는 것을 느낄 수 있었다. 조금씩 내 마음의 평온을 되찾게 되었고 그 누구를 위해 보여주기 위함이 아닌 진정으로 나 자신을 위하다 보니 타인을 조금은 이해하게 되고 베푸는 마음이 생겼다. 감사하는 마음이 생겼고 긍정적인 생각을 마음에 새기게 되었다.

6

나에게 없는 자존감을 위해 독서했다

예전에 사람들은 나를 보고 착하다고 했다. 제일 듣기 싫은 소리였다. 착하다는 것은 바보 같다는 소리로 들린다. 착하다. 순하다. 모범적이다. 온갖 착한 대명사는 다 붙는 것 같다. 착하다는 한마디에 악한 면을 보여 줄 수가 없다. 그렇다고 내가 악하다는 것은 아니다. 착하다는 뒷면에 있는 다른 모습의 나를 드러내기 힘들다는 얘기다. 나는 원래 착하지도 얌전하지도 않은데 앞모습만 보고 착하다고 하니 나로서는 행동의 제약을 받지 않을 수 없었다.

나는 딸에게 착하게 살지 말라고 한다. 시댁과의 관계에서도 무조건 순종하는 착한 며느리가 되지 말라고 한다. 그렇다고 꼬박꼬박 나서는 못된 며느리가 되라는 소리가 아니다. 착하게 살지 말고 지혜롭고 똑똑하게 살라고 얘기한다. 그러기 위해서는 독서를 해야 한다고 한다. 한 달에 한 권이라도 독서에 취미를 가졌으면 하는데 아직은 육아에 힘쓰느라 거기까지 마음이 갈 사이가 없는 것 같다. 열심히 독서를 했지만 그다지 변하는 것 같지 않은 엄마를 보면서 독서가 답이 아니라고 생각했는지 모른다. 내면이 아닌 보이는 면만 보느라 내면이 커져가는 소리는 듣지 못하니 그렇게 생각할 수도 있겠다.

나도 사람인지라 타고난 천성과 습관이 하루아침에 변하지 않는다고 앞서 말했다. 책 몇 권 읽었다고 기본 가지고 있던 지랄 같고 까탈스러운 성격이 하루아침에 변할 리 없다. 나는 자존심이 강했고 남에게 보여주고 싶은 것만 보여주면서 살았다. 나보다는 남을 먼저 생각했고 남의 마음을 더 생각해주었다. 그것이 남들에게 내가 할 수 있는 배려라고 생각했다. 배려심이 강하고 착하다는 말을 듣는 것도 이런 것에서 비롯되었다고 본다. 자존감에 대해서 제대로 몰랐고, 그로 인해 나가서 당당하게 진정한 나의 목소리를 낼 줄은 더더구나 몰랐다.

나는 소심한 성격에 대인관계도 원활하지 않았고 혼자 노는 것을 더 좋아했다. 수다 떠는 것도 싫어하는 내가 네트워크 사업을 했었다. 지인이 나 같은 사람이 보험 영업을 하기에 제격이라고 했다. 가정적으로 안정되고 성격도 차분하고 그래서 내가 해야 된다고 했다. 밖에서 보는 아이의 성격과 집에서 보는 아이의 성격이 다르듯이 나를 몰라도 한참 모르고 하는 얘기다. 이중인격과는 차원이 다른 얘기이다. 적극적이지도 않았고 사람과 대화는 더 어려워하는 내가 네트워크 사업을 했으니 그 어려움이 얼마나 컸겠는가.

그날의 옷차림이나 얼굴의 화장이 마음에 안 들거나 하면 자신 있게 나가지를 못했다. 자존심만 있었고 자존감이 없었기 때문이다. 자신감 상실에 당당하지 못했기 때문이다. 자존심과 자존감은 하늘과 땅만큼 차이가 있다. 먹고사는 게 중요하지 그까짓 자존심이 무슨 소용인가 말이다. 나는 세상과 맞닥뜨릴 만큼 의지가 나약해 있었고 타인의 시선에만 의식을 두고 있었다.

"자존심은 타인이 자신을 어떻게 대하는가에 집중하며 소중하게 다뤄 줄 것을 기다리는 마음이지만, 자존감은 다른 누군가가 자신을 어떻게 대하든 흔들리지 않는 자기 존중과 자기 사랑을 실천하는 마음을 나타냅니다. 즉, 자존심이 '남'을 의식한 것이라면 자존감은 '나'를 중심에 두는 마음입니다."

–『자존감 어떻게 회복할 것인가』, 선안남, 소울메이트

나를 존중할 줄 아는 마음이 남에게 싫은 소리 안 듣고 배려하는 삶인 줄 알았다. 그게 자존감인 줄 착각하고 살았던 것이다. 사람들과의 관계

가 어려워지면서 나의 자존감은 바닥을 쳤다. 문제가 생겼을 때 마음을 함께 나눌 사람이 없었다. 생각해보니 스스로 문제를 해결해나갔던 것은 어렸을 때부터 줄곧 그렇게 해온 것 같다. 대화가 기본이 되어 있던 집도 아니고 생활도 넉넉한 편은 아니었기 때문에 부모님과의 의논은 더더욱 할 수 없었고, 동생들이 있었지만 내가 정말 아프고 힘든 얘기는 하지 못했다.

자연염색 과정을 배우다가 교수님이 운영하는 카페에 출근하게 되었다. 염색 과정이 끝나갈 무렵 나는 시골에 더 있고 싶었다. 집으로 돌아가고 싶지 않았다. 시골에서 생활하려면 무언가 일이 있어야 했다. 어떤 명분이 있어야 했고 핑계 거리가 있어야 했다. 내가 할 수 있는 일자리가 나타나게 해달라고 기도를 했다. 일도 하고 공부도 하면서 시골에 있게 해달라고 기도를 했다. 쉬는 시간 집에서 내려간 핸드드립 커피를 한 잔 드렸더니 교수님께서 바리스타 자격증이 있냐고 물어보셨다. 있지만 따놓기만 했다고 했더니 그거야 연습하면 된다며 "우리 카페에서 일하면 되겠다."라고 하셨다. 그렇게 나는 자연염색 과정이 끝나고 카페로 바로 출근을 할 수 있었고 시골에 더 머물 수 있었다.

카페 출근하기 전에는 도서관에 가서 책을 빌려왔고, 시간이 조금 지나면서 부지런히 움직여 읽고 오는 시간까지 확보했다. 12시 출근이어서 11시에는 나와야 카페까지 갈 수 있었다. 내 행복은 내가 만들어가는 것이었다. 친구에게 생각지도 못했던 큰 상처를 받은 것은 세상은 정말 내 맘 같지 않다는 것을 다시 한번 일깨워주는 계기가 되었다. 그건 나이와는 상관없이 아무 때나 일어나는 일이었다. 무너져 내린 마음을 잡아야 했고 살아가기 위해 안간힘을 쓰고 살기 위해 노력해야 했다. 이러한 과정이 외롭고 쓸쓸하지만 지금까지 씩씩하게 잘 살아온 나를 칭찬하면서 묵묵히 가기로 했다.

시골에서 생활은 시골집이지만 내 맘대로 염색을 할 수 없었고 보이지 않는 아버지와의 갈등에서 따로 원룸을 얻어서 나갈까 했지만 염색하기에 불편했다. 주변에 시골집을 알아볼까 생각했지만 어차피 한 번씩 와서 뵙기도 해야 되고, 청소도 해야 하는 등 왔다 갔다 더 귀찮은 일이고 신경 쓰일 것 같아 고민을 하다가 그만두기로 했다. 마음에 드는 시골집이 나와서 얼마나 망설였는지 모른다. 몇 번이고 그 집을 가서 보고 또 보고 왔다. 염색은 물론 여차하면 주말 카페를 할 수 있을 정도로 마당도 넓고 괜찮았던 곳이었다.

시골집이라는 게 낮에는 괜찮지만 저녁이 문제였다. 덩그러니 혼자 있다고 생각하면 겁이 나기도 하고 그만큼 용기도 없었기 때문에 결국은 얻지 않았다. 집에 있는 시간을 줄이기 위해 도서관에 나가 독서를 하면서 줄곧 행복을 생각해보았다. 내 의지와는 상관없이 가까이 있던 사람들이 점점 멀어지고 그로 인해 마음속 불신과 불행의 씨앗은 더 커져만

갔다. 알량하게 남아 있던 자존감마저 무너지고 나 스스로 선택할 수 있는 행복이 그리 많지 않다고 생각했다.

"우리의 삶은 모든 외면적 변화는, 우리의 사상 속에서 일어나는 변화에 비하면 참으로 보잘것없는 것이다."

–『인생이란 무엇인가』, 톨스토이

이 말을 깊이 새긴다. 하잘것없는 일에 신경을 쓰다가 나이만 먹은 것이다. 어제의 나보다는 나은 소중한 삶을 살고 있다. 행복도 얼마든지 선택할 수 있다. 독서를 하면서 매일을 버텨나갈 수 있었다. 내가 잘되기로 다짐했다. 나의 자존감을 키우고 내가 바로 서지 않으면 안 된다고 생각했다. 사람들에게 휘둘리고 또 상처입고 이렇게 되풀이 되는 삶을 계속 살아가는 패턴은 이제 끊어야 된다고 마음먹었다. 시내에 있는 도서관은 새로 지은 지 얼마 되지 않아서 시골이지만 꽤 괜찮았다. 주소가 시골로 안 되어 있어 아버지 이름으로 도서관증을 만들어달라고 부탁을 드리고 같이 도서관에 갔다.

당신 자신만 우선시하는 면이 강해서 자식들이 서운함을 많이 안고 살아가지만 우리 아버지는 꽤 세련된 분이다. 핸드드립 커피도 마다하지 않고 드시고 여든이 훌쩍 넘었지만 현대적이고 개방적이면서 사고도 열려 있어 그나마 다행이라고 생각한다. 나는 도서관을 내 집처럼 이용했다. 독서를 하면서 어떤 슬픔이 와도 이겨낼 수 있다는 무한 진리를 발견했다. 나의 내면이 단단해지면 무엇이든지 할 수 있고 행복한 삶도 내가 선택하는 거라고 말해주었다.

"거짓자기가 삶을 지배하면 자기 존중감이 현격하게 저하된다. 그것은 참자기가 너무나 손상되고 허약해지고, 무기력해져서 자기존중감을 회복할 수 없기 때문이다."

『자존감 어떻게 회복할 것인가』에서 이야기한다. 나의 아픔과 상처받은 이야기, 사람과 힘든 이야기 그 모든 것을 숨기고 살아가는 거짓 삶이 온통 나를 지배하고 있었던 것이다. 아닌 척 가면을 쓰고 사는 것에 나도 이제는 지쳤다. 그래서 낮은 자존감은 더 바닥을 치고 있었던 것이다.

"자존감이 바닥을 칠 때 내 방문을 두드리고 내 품에 안겨 자존감을 마음껏 충전해간다. 그러기 위해 내 자존감을 늘 충전해놓은 것이 나의 임무이다. … 지금의 이 보잘것없는 시간은 분명히 더 나은 미래와 이어져 있다. 그러니 지금 무능과 싸우고 있다면 걱정하지 말고 기죽지 말고 조금만 더 버텨보자. 무능과 싸우고 있다는 건 지금 유능해지고 있다는 뜻이니까."

– 『엄마의 자존감 공부』, 김미경, 21세기북스

그렇구나. 자존감을 높이고 무너지기 전에 충전해놓아야 할 의무가 있는 것이구나. 스스로 나를 존중할 줄 알아야 하는구나. 나도 모르게 무너져버린 자존감으로 내가 너무 못났다고 생각했는데. 그래서 내가 무능해서 그렇다고 생각했는데. 무능도 직시해야 유능해진다고 한다니. 나는 무능에서 벗어나 자존감 회복을 위해 독서하길 잘했다.

7

내 삶의 무기가 된 독서

나는 한동안 우울증과 불면증에 시달렸었다. 사람에게 상처받고 그 상처가 채 아물기도 전에 또 사람에게 상처받고, 이어지는 상처에 극심한 우울증까지 생긴 것이다. 겉으로는 아닌 척, 괜찮은 척하며 웃어넘기기도 했고, 잘잘못을 따지기 전에 모두 내 잘못이라고 자책을 하기도 했다. 괴로운 건 그뿐이 아니었다. 나를 한없는 바닥으로 끌어내리는 것은 경제적 어려움과 달라지지 않는 팍팍한 현실이었으며, 그 두가지가 합쳐져 나를 사람들과 더욱 멀어지게 만들었다. 나는 더 이상 내려갈 곳이 없는 바닥으로 점점 깊이 내려가는 듯했고, 아무것도 손에 잡히지 않았고 아무것도 하고 싶지 않았다.

무기력의 수렁에 빠진 것이다. 누가 와서 말을 걸어도 실어증에 걸린 사람처럼 말도 할 수 없었고 무언가 하고 싶은 말은 잔뜩인데 입 밖으로 나오지 않았다. 나에게 용기를 주었던 글들과 명언들을 읽어가며 잘 살고 싶다는 의욕과 잘할 수 있다는 다짐도 어느 순간 빛바랜 노트처럼 뇌리에서 점점 사라지게 했다. 덩그러니 방 안에 쭈그리고 앉아 물끄러미 사방을 둘러보았다. 책이 보였다. 제목이 하나둘 눈에 들어오기 시작했다. 『꿈꾸는 다락방』, 『더 시크릿』, 『48분 기적의 독서법』, 『위대한 독서의 힘』, 『데일 카네기의 인간관계론』, 『설득의 심리학』 등 몸은 움직여 지지 않았지만 무기력했던 내 안에서 무엇인가가 꿈틀거리는 것을 느꼈다.

한때 독서모임으로 인해 독서도 열심히 하고 독서를 하면서 나는 그제야 제대로 된 어른으로 사는 듯했다. 하지만 나는 상처받고 자라는 아이에 불과했다. 아무도 위로해주지 않는 어른아이였다. 누군가에게 기대고 싶었고 괜찮다고, 이겨낼 수 있어 걱정하지 말라고, 사랑한다고 그 말 한마디가 필요한 어른아이였던 것이다. 미성숙하고 말로만 어른이었다. 지금 생각해보면 그런 생각을 한다는 자체가 현실에서 벗어나지 못하는 박약한 정신 상태였기 때문에 그런 것이 아니었나 싶어 쓴웃음이 나오기도 하지만, 당시에는 모든 것이 비관적이었다.

낯익은 책들이 책장 한쪽을 자리하고 있었다. 책을 꺼내보기 시작했다. 물에 빠져 허우적거리는 인생에서 나를 건져줄 무엇인가가 필요했다. 단 한 줄기 지푸라기라도 잡고 싶은 심정으로 독서를 했다. 무기력했지만 절박했고, 우울증에 걸렸지만 스스로 이겨내야만 했다. 가슴 한구석이 터질 듯이 답답했고 견디기 힘들었지만 읽지 않으면 더 바보가 되는 듯했다. 약한 모습이 나를 지배하면 할수록 달라지는 것은 없었다.

삶은 누구나 힘들다. 나만 힘들고 살기 어려운 것 같지만 남부러울 것 없어 보이는 사람들도 깊이 들어가면 모두가 저마다 하나씩은 고민과 남모를 아픔을 가지고 살아간다. 사람은 불완전한 존재일 수밖에 없기 때문에 모순과 아이러니의 연속 속에 삶을 영위해나가고 있는 것이다. 후회 없는 삶을 살고 피폐해지고 팍팍한 세상에서 힘들지 않게 살아가려면 어떻게 해야 될까. 살아내는 것도 힘든데 지금은 평생직장마저 없어졌다고 한다. 평생직장을 대체할 저마다 무기를 하나씩 가지라고 여기저기서 한마디씩 한다. 어떤 무기를 가지고 있으면 될까?

좋은 직장, 돈, 명예 모두 중요하다. 아무것도 가진 것 없는 시점에서 불안하고 공허한 삶 대신 나만의 무기를 가지고 있으면 내 삶이 좀 나아질까. 독서를 하면 할수록 의문의 연속이었다. 과거의 나는 불안했다. 지금도 나의 미래가 완전하지는 않다. 그러나 과거의 나보다는 확실히 많은 차이가 있다. 과거에는 아무 생각 없이 살았다면 지금은 하나씩 준비할 수 있는 마음가짐이 있기 때문이다. 그리고 한 발짝씩 미래를 준비하고 있다. 내가 꾸준히 독서를 하는 이유도 여기에 있다. 나에게 어떻게 살아야 된다는 조언이나 방법을 알려주는 이는 내가 살아오면서 많지 않았다. 아니 거의 없었다고 봐야 된다. 삶의 일부분이 되어준 독서를 나의 멘토로 삼았다. 독서는 나의 멘토였다. 나는 책에서 멘토를 만나고 나의 삶의 무기가 되어주는 지름길 역할을 했다.

"문 밖에 나설 때마다 턱은 당기고 머리는 높이 세우고 가슴을 최대한 부풀려라. 햇살을 들이키고, 미소로 친구들을 반기고, 영혼을 담아 악수를 나눠라. 사람들이 당신을 오해할까 두려워 말고, 적을 생각하느라 일 분 일 초도 낭비하지 마라. 하고픈 일을 확실히 정하려 노력하고, 그 다음에는 한눈팔지 말고 곧바로 목표를 향해 나아가라. 당신이 하고픈 위대하고 빛나는 일에 집중하라. 그러면 하루하루가 지나며, 산호가 흐르는 조류에서 자양분을 얻듯이 무의식적으로 그 욕망을 충족시키는 데 필요한 기회들을 포착하는 자신을 발견할 수 있을 것이다. 당신이 되고픈 유능하고, 진실 되고 유용한 사람을 마음에 그려라. 그러면 당신이 가지고 있는 그 생각이 매시간 당신을 그 특정한 사람이 되도록 만들어줄 것이다. 생각이 가장 중요하다. 올바른 정신적 태도를 가져라. 용기 있는 태도, 솔직한 태도, 유쾌한 태도 말이다. 올바르게 생각하면 없는 것도 만들어낼 수 있다. 모든 것은 욕망에서 나오고, 모든 신실한 기도는 응답을 받기 마련이다. 우리는 우리의 마음이 간절히 바라는 그런 사람이 된다. 턱을 당기고, 머리를 높이 들어라. 우리는 신이 될 수 있는 능력을 갖고 있는 사람들이다."

—『데일 카네기 인간관계론』, 데일 카네기

내가 생각했을 때 나는 인간관계가 그리 나쁘다고 생각하지 않았다. 남에게 피해주는 것을 무엇보다 싫어했고 내가 조금 손해 보더라도 좋은 게 좋은 걸로 지내왔다. 사람이 너무 좋게만 보이면 얕잡아 보는 것일까. 만만하게 봐서 그럴까. 소극적이고 까다로운 성격 때문에 나 자신과도 잘 지내기 어려운 상황에서 다른 사람들까지 잘해주면서 살려니 피곤하고 스트레스가 없지 않아 있을 때도 있다. 나와 친한 사람들은 대부분 좋은 사람들이다. 서로가 불편하게 지낼 이유가 없는 사람들이었다. 내가 싫어하는 것은 남들도 싫어한다는 걸 알고 있다.

천성으로 착하다는 소리를 듣고 자랐기 때문에 그 틀에서 벗어나기도 힘든 사람이다. 기본적으로 서로가 친절하게 대해줌과 동시에 불편한 관계가 되면, 서로 스트레스이기 때문에 겉으로나마 그런 소리를 듣게 되는 것이 모두에게 편하다고 생각하며 지내왔다. 그렇기 때문에 밖에서 보면 사람들에게 잘해주는 걸로 보이지만 사실은 나도 이중인격의 소유자일 수밖에 없다. 사람은 누구나 그렇다고 생각한다. 하나의 색으로만 보일 수가 없는 경우가 있는 것이다.

그런 성격을 악이용하고 남의 말하기 좋은 사람의 입방아에 오르내리게 되는 것은 참을 수 없는 화를 불러온다. 지렁이도 밟으면 꿈틀한다고 내가 좋은 사람이라고 칭해왔던 사람들과 연락을 끊고 멀리하며 지내왔다. 나를 비방했던 사람들이 아니어도 좋은 사람들은 언제나 기다리고 있다. 내가 다가가지 않을 뿐이다. 좋아하는 사람과 만나서 인생을 엮어가도 모자랄 인생이다. 나를 도마 위에 올려놓고 저울질하는 사람들과 대립하면서 지낼 필요가 없다. 이제 더 이상 불편한 관계를 이끌고 가는 시간으로 낭비하지 말고 나와 안 맞는 인간관계는 붙잡고 있지 말기로 했다. 각자의 인생이 있듯이 생각도 다르고 서로가 갈 길이 다르다고 생각한다. 그 시간에 나를 빛나게 해주는 일에 힘을 쏟기로 했다. 독서는 그런 시간이다. 혼자서도 빛날 수 있는 강력한 시간이다.

나는 나를 이기려고 거의 하루를 독서하는 시간으로 보냈다. 독서하는 시간이야말로 무기력한 삶을 이겨내는 최선의 길이라고 생각했다. 나에게 도움 되는 사람은 주위에 아무도 없다고 생각했고 독서가 답이었고 내 삶의 든든한 무기가 되어주었다. 나의 상처를 어루만져주었고 상처를 하나씩 아물게 해주었다. 햇볕이 내리쬐다가 하루에도 몇 번씩 바람이 불고 천둥이 치는 기복이 심한 날에도 묵묵히 받아들여주었고 따뜻하게 보듬어주었다. 더 이상 우울증에 빠지지 않게 위로해주었고 사랑한다고 나를 안아주었다. 잘할 수 있다고 용기를 주었고, 어떻게 살아야 되는지 한마디씩 조언을 해주었다. 삶의 무기는 독서밖에 없었다.

나를 다시 한번 돌아보게끔 길을 열어주었고, 생각하는 시간을 가지게 했고 마음을 오픈할 수 있도록 문을 열어주었다. “이미 행복한 사람이라고 생각하며 행동하라. 그러면 행복은 저절로 찾아올 것이다.”라는 책의 구절은 긍정적인 마인드를 갖게 해주었다. 딱히 행복한 일이 없는데 어떻게 행복한 생각을 해야 할지 몰랐지만 행복한 척은 아니더라도 웃음을 지어보기도 하고 ‘나는 행복한 사람이다!’라고 소리 내어 외쳐도 보았다. 그랬더니 사소한 것도 행복하게 생각하게 되고, 무엇이든 생각과 마음먹기에 따라 불행도 행복도 만들어갈 수 있다는 것을 알았다. 생각의 지배가 얼마나 큰 영향을 주는지도 깨달았다.

살아가면서 나를 버티게 하는 것들은 아이들이 될 수도 있고 훌쩍 떠나는 여행이 될 수도 있다. 주말마다 즐기는 영화나 드라마가 될 수도 있고 소소한 취미생활이 될 수도 있다. 그러나 모든 것이 덧없고 혼자 남겨졌다고 생각될 때 독서만큼 든든한 친구는 없다. 독서하는 시간은 나를 심리적으로나 정서적 불안에서 벗어나게 하는 유일한 시간이었다. 많은 상처를 이겨내고 나를 충전할 시간으로 만들었다.

8

나는 독서로 인생 2막을 열어간다

인생 2막이라고 하면 보통 마흔을 많이 얘기한다. 마흔이 되고 중반이 되어 인생을 새롭게 시작하는 사람들이 많다고 한다. 나는 40대 그 나이에도 철이 없었고 사는 것 자체가 많이 힘들었다. 내가 아는 지금의 40대들은 팬데믹을 겪으면서 더 분주하게 움직이고 무언가 준비하는 삶을 살고자 노력하고 있는 것 같다. 내 나이 마흔 때, 독서를 하고 디지털 세상과 더 친하게 지냈다면 50대를 잘 준비하면서 지금보다는 조금 나은 삶을 살지 않았을까 한다.

나는 갱년기를 좀 빨리 겪었다. 대부분 엄마를 닮는다고 한다는데 그래서인가 나는 갱년기를 40대 말에 겪었다. 다행히 좋은 건강식품을 알게 되어 남들처럼 얼굴이 울그락불그락 더웠다, 추웠다 하는 갱년기 증상으로 나타나는 경험들은 겪지 않고 무난히 넘어갔다. 그런데도 왠지 모르게 갱년기 우울증을 겪는 사람처럼 마음도 울적하고 어떻게 살아야 될지 몰랐고 사회생활은 물론 가정과 인간관계 모두 힘들게 부딪히기만 하며 살아왔다. 50이 넘어 60을 바라보면서 인생 2막이라고 쓰기에는 참 많이 부끄럽다. 하지만 마흔이건 쉰이건 마음먹기에 달렸다. 그 나이가 되어도 정신을 못 차리고 사는 사람들도 많다고 하니 말이다.

마흔이 되건 쉰이 되건 고정 관념으로 묶여 있는 인생관을 확 바꿀 수는 없다. 끝없이 준비하고 연습하지 않으면 쉽지 않은 일이다. 미래의 내 모습을 그려보지 않고 아무 생각 없이 무계획으로 살아간다면 인생 2막이 온들 무슨 소용이 있겠는가. "그저 물 흐르는 대로 살면 되지, 머리 아프게 꼭 그렇게 해야 되나?" 하고 반문을 할지 모른다. 나도 예전에는 그랬다. 아무 생각 없이 될 대로 되라는 식으로 살았기 때문에 할 말은 없다. 하지만 공부에 대한 열망이 아주 조금은 있었기에 독서를 하면서 의식이 서서히 깨우쳐지기 시작했는지도 모른다.

50이 넘어가면서 신변에 여러가지 변화도 많이 생겼다. 생활의 흐름이 전반적으로 바뀌면서 내가 설 자리는 더욱 없어지고 가족과의 관계에서의 변화, 인간관계에서의 변화는 점점 현실적으로 다가오기 시작했다. 인생 후반전이라고 하는 단어가 나에게는 결코 만만하지 않았다. 언제 어느 때 다가올지 모를 위기를 어떻게 극복할지 대비하지 않으면 한순간에 무너지고 마는 것이 인생이라는 것을 뼈저리게 느꼈다.

"50부터는 완전히 다른 인생관을 가지고 그전과는 다른 삶을 살지 않으면 안 된다. 50! 마침내 인생관을 확 바꿀 때가 왔다. 저녁 때가 되면 눈이 침침한 걸 보니 어느 새 노안이 시작되었는지 모른다. 누구나 마흔다섯 살쯤 되면 이런 증상을 서서히 느끼기 시작한다. 그러다 보면 어느덧 50대의 문턱을 넘어서게 되는데, 자기도 모르게 '사는 게 뭔지 모르겠다.'라며 한탄하게 된다. 100세까지 산다고 치면 50세는 겨우 반환점이다. '여생'이라고 부르기에는 아직 많이 남은 인생을 한숨만 쉬면서 보낸다면 너무 아깝지 않은가? 이때를 충실하게 산다면 인생의 마지막 순간에 다다랐을 때 참 유익한 삶이었다고 자신 있게 말할 수 있을 것이다."

– 『50부터는 인생관을 바꿔야 산다』, 사이토 다카시, 센시오

사이토 다카시는 "남을 부러워할 시기는 이미 지났다. 50대는 남자건 여자건 이성이 쳐다보지도 않는다."고 했다. 50대도 사람이다. 여전이 여자이고 예뻐지고 멋진 옷을 입고 싶다. 그런 건 있다. 50이 넘어가고 60을 바라보니 좋은 집은 그다지 부럽지 않더라. 하지만 좋은 차는 부럽더라. 아직 운전을 할 수 있는 나이라서 그런가 보다. 혼자 훌쩍 떠나고 싶을 때, 혼자 카페에 가서 차 한잔을 마시고 오고 싶을 때, 동네에서 조금

떨어진 먼 곳에 가서 하루 종일 독서 좀 하고 오고 싶을 때, 이런 때 좋은 차를 타고 가면 폼 좀 나지 않을까. 꼭 좋은 자동차여야만 할까 싶고 너무 이치에 안 맞는 얘기일지 모르지만 한 번쯤 그런 생각은 해본다. 나는 아직 여자이고 나이 들어서도 여자일 것이다. 여자는 샘이 많다. 좋은 것을 부러워하는 것은 당연한 거다. 남자건 여자건 나이 들수록 신경 쓸 게 많다. 젊었을 때는 청바지에 흰 티셔츠만 입어도 예쁘고 멋있다. 하지만 나이 들면 옷에 조금은 신경 써야 한다. 여기서 신경 쓴다는 것은 깔끔하게 입는다는 뜻이다. 나이 들면 잘 씻어야 하고 잘 입어야 한다. 그것마저 내려놓고 있는 요즘 조금 반성하고 신경 좀 써야겠다.

나는 화장을 안 한 지 오래되었다. 몇십 년은 된 것 같다. 일본 여행을 다니던 어느 해의 일이다. 새벽이면 어김없이 일어나 욕조에 물을 받고 반신욕을 즐겼다. 그리고 옷을 갈아입고 우리는 산책에 나섰다. 하루 종일 돌아다니며 구경하고 아무리 피곤해도 산책은 여행 중 축복 같은 일상이었다. 그러던 어느 해 체력이 다했는지 다음 날 일찍 일어나지를 못했다. 언니가 가자고 하는데 안 간다는 말을 하기 싫었다. 그야말로 눈곱만 떼고 겨우 따라나서서 산책을 다녀올 수 있었다.

그런데 산책에서 돌아와 일행들과의 일정이 촉박했기 때문에 다시 세수를 하고 나갈 겨를이 없었다. 할 수 없이 그대로 외출복만 갈아입고 하루를 보냈다. 아무도 내가 세수를 안 하고 나갔는지 모른다. 물어보지도 않았다. 아는 사람은 나뿐이었다. 우리는 무엇을 하면 누가 볼까 봐 엄청 신경을 쓴다. 그런데 정작 남들은 나에게 관심이 없다는 것이다. 나는 깨달았다. 내가 열심히 화장을 한다고 이리저리 찍어 바르고 아무리 신경을 써도 내 얼굴이 더 예뻐지거나 변하지 않았다는 것을 알았다. 주근깨 하나라도 감추려 했건만 본래 모습에서 거의 변함이 없었던 것이었다.

나는 그때부터 화장을 거의 하지 않는다. 신경을 안 쓰니 얼마나 편한지 모른다. 기초제품만 바르고 다닌다. 특별하게 결혼식이 있거나 하면 파운데이션을 발라준다. 나도 한때는 네일숍에서 속눈썹도 붙이기도, 눈썹을 그려보기도 했지만 화장하는 솜씨가 없어서 그런지 외출해서 한 시간도 안 되어 다 지워진다는 것을 알고 난 후 열심히 안 한다. 딸의 결혼식 때 '숍'에서 해주는 화장은 그나마 오래갔다. '숍'에서 해주는 화장은 바르고, 바르고 또 바르니 그런 것 같다. 나의 화장하는 시간은 3분도 길다. 약속시간이 남으면 전자도서를 열어 '한 줄이라도 읽어야지.' 하는 마음까지는 없어도 의도적으로 열어보게 된다. 관심 분야가 다른 것이다. 누구는 화장하는 데 시간을 들이고 나는 독서를 하는 데 시간을 들이는 것뿐이다.

하루는 너무 빠르다. 시간을 조금만 생각 없이 흘려보내고 나면 이제는 그렇게 아까울 수가 없다. 시간은 나이대로 속도를 낸다고 하지 않은가. 지금 일반도로에는 50이라는 숫자가 많아 익숙하지만 자동차로 달리는 속도는 미칠 정도로 느린 것 같고 답답하다. 하지만 나이라는 50의 속도는 너무나 빠르다. 하루가 정말 어떻게 지나가는지 모른다. 할 일은 많고 아직 다 못 마쳤는데 저녁이 되어 있으면 어떤 날은 속상하기까지 하다. 블로그도 해야 하고 인스타그램, 페이스북, 쿠팡파트너스도 해야 하고, 디지털 강의도 들어야 되고 할 일이 밀려 있다.

이렇게 할 일이 많은데 미안하지만 수다 풀 시간이 있을 리가 없다. 불쌍하다고? 아니 절대로! 나는 미래를 준비하고 있을 뿐이다. 인생 2막을 제대로 열고 있는 것이다. 더욱 독서에 매진할 것이고, 수다 풀고 쇼핑으로 보낼 시간에 나는 미래를 준비하고 있다. 더구나 나는 끈기가 없기 때문에 이렇게 멀티를 선택했다. 하나라도 제대로 하라고 또 누군가 얘기하면 이렇게 하니 지금까지 독서며 SNS를 함께해올 수 있었다고 얘기할 수 있다. 어느 하나를 끝내놓고 또 다른 것을 하면 좋겠지만, 싫증을 잘 내고 끈기가 없는 나에게는 이보다 더 좋은 방법이 없는 것 같다. "'한 우물만' 파는 시대는 끝났다. 우리 안에 숨겨진 '폴리매스' 기질을 재발견하다!" 『폴리매스』 책표지에 나오는 말이다. 위안을 받았다. 그러나 '폴리매스'라는 용어를 가볍게 붙이지 않도록 주의하라고 본문에 나온다. "다양한 재능을 발휘해 결실을 맺거나 각각의 재능과 관련한 분야에서 눈에 띄는 성과를 내지 못하면 진정한 폴리매스로 보기 어렵다."라고 지적한다. 나는 진정한 폴리매스가 되기 위해 도전하고 노력한다.

지금은 하나만 잘해서 먹고살기 힘든 세상이다. 회사를 다니면서도 제2의, 제3의 직업을 가지려고 한다. 제2의 월급을 만들고 있는 사람들이 점점 늘어나고 있다. 디지털 세상을 모른다는 것은 4차 산업혁명에 어긋나는 삶이라고 본다. 알파고가 아니더라도 인공지능이 알려진 지 오래고 자율주행자동차가 나오는 4차 산업혁명 시대이다. 우리는 비대면 언택트 시대에 살고 있다. 멀티지만 미래를 차근차근 준비해나가야 한다. 끊임없이 변화하고 발전하는 디지털 세상에 들어와 있고, 그 세상을 조금이라도 먼저 안다는 게 얼마나 다행인지 모른다.

우리가 살고 있는 세상은 얼마나 편리한 세상인가. 편리한 만큼 우리의 일자리도 많이 사라졌다. 은행 업무는 물론 이제는 패스트푸드점이나 카페를 가더라도 사람보다는 로봇, 인공지능에게 주문을 넣는다. 나는 독서를 하면서 '디지털노마드'라는 삶이 있다는 것을 알게 되었다. 내가 줄곧 원하던 것은 어디를 가나 노트북 하나만 들고 다니며 일하는 것이었다. 그게 바로 '디지털노마드'였다. 해외를 가든 국내 어디를 가든, 노트북 하나로 일을 하는 것이다.

독서를 하면서 SNS를 시작했고 블로그를 배우면서 원고 작가라는 것을 알게 되었다. 독서를 하고 있었기에 남들보다 노하우를 빨리 발견하게 되었고, 소소하지만 나는 오늘도 글을 쓰면서 수입을 올린다. 젊은 사람들은 '그까짓 거'라고 하겠지만 내 나이에 할 수 있다는 것은 엄청난 일이라고 생각한다. 적어도 그게 뭔지도 모르는 사람들 앞에서는 그렇다는 얘기다. '디지털노마드'는 아니지만 노트북 하나로 일을 하고 있으니 나는 인생 2막을 잘 열어가고 있는 것이다.

4장

누구나 지속 가능한 독서 습관 만드는 법

1

조금씩이라도 매일 읽는 습관 들이기

하루아침에 습관이 만들어지는 것은 아니다. 습관도 훈련이 필요하다는 것을 알았다. 처음에 스스로 독서 습관을 만들어가기가 여간 어려운 게 아니었다. 나에게 독서는 우선순위가 아니었다. 내 일보다는 남의 일이 우선이었고, 급하지 않은 것을 급한 것처럼 하루하루 허덕거리며 그렇게 살아왔다. 매년 연초에 구입하는 다이어리는 3월이 채 가기 전에 쓸 목록이 바닥이 났다. 할 일을 적어야 되는데 할 일이 없었다. 단순한 일을 했기 때문에 아침 기상, 물 한잔 마시기, 10분 운동을 적고, 아침, 점심, 저녁 무엇인가 먹는 것을 적으면 그다음에 무엇을 해야 할지 몰랐고, 하루 이틀 빈칸이 이어지곤 했다. 매일 반복되는 일상이라 딱히 적을 것도 없다고 생각했다.

"어떤 일이 있어도 날마다 컵에 물을 채우는 습관이 필요한 거야. 그런데 재미가 없으면 머리로는 알아도 잘 안 되잖아. 한두 번 하다가 그만두기도 쉽고, 그래서 습관의 힘에 의지하는 것이 필요해. 지루하고 하기 싫고 힘들어도 어쨌든 물을 붓다 보면 컵엔 물이 점점 차게 되어 있지. 그러면 어느 순간 또 재미가 생겨. 처음 재미를 느끼다가 지루해진 순간, 거기에서 그만두지 않고 계속 해나가면 습관이 되지. 확고한 습관을 갖는 게 중요한 이유는 설령 자신의 눈에 보이지 않더라도 분명히 어제보다 오늘 나아지고 있다는 믿음과 희망, 그리고 끝까지 해보려는 의지가 생기기 때문이야."

–『일독』, 이지성 , 스트로베리

어릴 적 생활계획표에 짜여진 일상처럼 일어나고 밥 먹고 놀고 공부하고 잠자고. 어른이 되어서도 그게 다였다. 나름대로 TO-DO 리스트를 작성해보지만 이내 익숙해진 생활에 벗어나지 못하고 쉽고 편한 방식에만 의존하며 지내게 된다. 목표와 목적이 없었기 때문에 매일 써야 하는 이유를 몰랐다. 독서도 마찬가지였다. 읽고 싶을 때는 한꺼번에 몰아서 읽다가 어느 날은 한없이 손을 놓기도 했었다. 독서에 재미가 들려 하루 10시간을 꼬박 읽은 적도 있었다.

신세계를 맛보는 것 같았다. 내가 모르는 세상이 그렇게 많은 줄 몰랐다. 몇 날 며칠을 독서에 빠져 있었다. 밥 먹는 시간도 아깝다더니 정말 그랬다. 경험하지 못한 사람은 알 수 없는 일이었다. 문제는 온 신경을 한 번에 몰두해서 그런가 어느 날은 기운이 없어 독서를 전혀 할 수가 없을 때도 있었다. 머리가 무겁고 신경이 자꾸만 딴 곳으로 쏠리는 현상이 일어났다. '해야 되는데, 해야 되는데….' 마음만 굴뚝같고 몸이 움직여지지 않았다.

이태리 토리노 박물관의 카이로스 석상에는 이런 문구가 있다고 한다. "내 앞머리가 무성한 이유는 내가 누구인지 금방 알아차리지 못하게 하고 또 사람들이 쉽게 붙잡을 수 있도록 하기 위함이다. 뒷머리가 대머리인 이유는 내가 지나가면 다시 붙잡지 못하도록 하기 위함이며, 손에 들고 있는 칼과 저울은 나를 만났을 때 신중과 판단과 신속한 결정을 하라는 뜻이다. 내 이름은 카이로스! 지금이 바로 기회다!"

크로노스와 카이로스라는 단어가 있다. 헬라어로 시간을 뜻한다고 한다. 고대 그리스인들은 크로노스와 카이로스로 시간을 구분시켰다. 크로노스는 자연스럽게 물리적으로 흐르는 객관적 시간이다. 하루 24시간을 사용하는 절대적인 시간이다. 카이로스는 기회의 신으로 불리었던 특정 의미가 부여된 주관적인 시간이다. 나와 관련된 시간을 말하기도 한다.

내가 살고 있는 시간은 크로노스라고 할 수 있다. 해가 뜨고 지는 것과 낮과 밤, 봄, 여름, 가을, 겨울을 나타내는 사계절이다. 시간이 '있다, 없다'를 말하기도 하고 24시간 동안의 인간의 무기력함과 두려움을 나타내기도 한다. 나는 주어진 크로노스, 즉 하루 24시간도 제대로 사용할 줄을 몰랐다. 하루 관리는 고사하고 한 시간의 관리도 못 하고 살고 있었다. 눈 깜짝할 사이에 지나가버리고 지나가면 절대 잡을 수 없는 기회의 카이로스 시간은 가질 수가 없었다. 무기력하게 흘려보낸 시간 때문에 안타까워한 적이 부지기수로 많다.

그런 시간이 많아지면 많아질수록 불안하고 두려운 것이다. 미래가 불투명한 상태에서 불투명한 시간의 흐름은 나를 압도적으로 불안하게 한다. 한 시간이 모여서 하루가 되고 하루가 모여서 일주일, 한 달, 일 년이 된다고 하는데 정작 중요한 한 시간을 관리 못 하고 흘려보내는 시간은 또 얼마나 많은지 모른다. 흘려보내고 있는지조차 깨닫지 못한 채 흘려보내고 있는 것이다. 『하루관리』 책에 보면 주인공이 한 시간이 아닌 10분, 겨우 10분 때문에 상사에게 핀잔을 얻어맞는 소리가 들린다. 주인공은 겨우 10분이라고 투덜거린다.

"10분 정도야 그냥 앉아 있어도 지나가고, 커피를 마셔도 지나가고, 휴대폰을 만져도 지나가는 그 시간이 10분."이었던 것이다. 나도 한 시간도 아닌 10분 관리도 안 되고 있는 터였다. 10분이 모여, 아니 조금 더 세세하게 엄밀히 따지면 1초이고 1분이다. 1분이 모여 10분이 되고, 10분이 모여 한 시간이 되는 것이다. 책장을 한 장 한 장 넘길 때마다 나에게 하는 잔소리 같았다. "성공이라는 달콤한 열매를 쉽게 먹고 싶어 하는 이들은 많았지만, 그것을 위해 땅을 갈고 씨를 뿌리고 물을 주고 잡초를 뽑고 거름을 주며 자기 훈련의 시간을 견뎌낼 각오가 돼 있는 사람은 적었다." 라는 말이 가슴에 콕 박혔다.

호기롭게 시작한 일들은 모두 성공을 전제하에 금방이라도 손에 쥘 것처럼 달려들었었다. 그리곤 서서히 손을 놓고 '왜 안 되지?' '왜 나만 뒤처지고 못하는 거지?' 하고 투덜거렸다. 씨를 뿌렸으면 물을 주고 잡초도 뽑고 거름도 주는, 그야말로 자기 훈련의 과정은 전혀 거치지 않고 바로 먹을 수 있는 커다란 열매가 맺기를 바랐던 것이다. 독서를 한꺼번에 몰아서 했던 것도 어떤 성과를 바라기만 했고 씨를 뿌리고 차근차근 밭을 일구듯 순서를 밟지 않았던 것이다. 뭐든지 급히 하면 체한다. 독서도 10분이든 한 시간이든 매일 조금씩 습관을 들이는 것이 중요하다. 습관을 들인 다음에 몰두하는 것이 좋은 방법이라고 생각한다. 처음에 의욕에 불타 몰아집중을 하다 보면 제풀에 지쳐 읽는 것을 포기하고 마는 경우도 있었기 때문이다.

예전에 일본어를 배우러 서울까지 기차를 타고 다녔었다. 서울을 자주 오갈 때 기차에 이어 지하철까지 연결해서 이용했다. 나는 그때도 서울을 오가는 왕복 4시간을 공부하는 시간으로 만들기로 했다. 매일 지켜지지는 않았지만 기차에서는 일본어 책을 보고 지하철에서는 주로 이어폰으로 일본어 강의를 들었다. 하루는 기차를 예매해놓고 지하철을 타고 서울역에서 내려 1분을 남겨두고 그야말로 마라톤 선수보다 더 죽을힘을 다해 달려 겨우 기차에 몸을 실을 수 있었던 경험을 했다.

1분이 그렇게 소중한 줄 몰랐다. 우리가 생각할 때 '1분으로 무엇을 할 수 있겠어?'라고 생각하지만 1분은 그렇게 소중한 것이다. 어느 날 갑작스레 생사의 위기를 맞은 평범하게 살아온 열두 사람의 실제 이야기가 담긴 『1분 후의 삶』은 1분 후에 어떤 일이 벌어질지 누구도 예측할 수 없음을 얘기한다. 맨홀 뚜껑을 밟고 아흐레 동안 생사의 갈림길에 있었던 책 속의 인물처럼 나도 그렇게 될 수도 있다는 것을 깨닫게 되었다. 나만 잘한다고 되는 것도 아니라는 생각에 소름이 돋기도 했었다. 그 책을 읽고 난 후 지금도 도로에 있는 맨홀 뚜껑은 절대 밟지 않는다. 절대로 1분을 얕잡아 볼 수 없었다. 1분 때문에 기차를 놓치고 지하철을 놓친다. 반대로 그 1분이라도 할 게 많을 것 같지만 막상 시간을 재면 별로 하는 일이 없이 금방 지나간다. 1초는 어떤가. 째깍! 하고 지나가는 1초 동안에 무엇을 할 수 있단 말인가? 책을 덮고 시계만 쳐다보게 된다. 째깍 째깍 하고 눈도 깜박하기 전에 1초씩 지나가는 소리만 들린다. 아침에 눈을 떠서 1초 동안 할 수 있는 일이 뭐가 있을까 생각해보라고 한다. 1초를 소중하게 여기라는 것은 1초에 여러 가지 일을 하라는 의미가 아니다. 바로 게으름을 막기 위한 것이다. 1초면 할 수 있는 일을 3초, 1분, 심지어 10분 동안 안 했다는 사실을 깨닫게 하는 것이다. 바로 1초를 3초처럼, 1분을 3분처럼 쓰면서 시간 관리를 하라는 의미다.

"스마트폰에 미래를 팔지 마세요. 좀 더 자신을 위해, 세상을 위해 유익한 시간을 보내세요."라고 『하루관리』에서 말한다. 책을 읽을 시간이 없다는 말을 쏙 들어가게 만든다. 1분 동안 비는 시간에 독서도 충분히 할 수 있다. 무심코 흘려보내는 시간, 스마트폰을 열어서 검색하는 시간, 화장실에 앉아 있는 시간, 엘리베이터를 타는 시간 등등 만들려고 마음만 먹으면 얼마든지 시간을 낼 수 있다고 생각한다. 독서 습관은 매일 10분이라도 읽는 것에서 시작된다. 책마다 다르겠지만 1분이면 1페이지정도 읽을 수도 있다. 10분이면 10페이지, 60분이면 60페이지를 읽는다. 책이 보통 270~280쪽이라고 봤을 때 느리게 읽으면 4~5시간, 빠르면 3시간 반이면 충분히 읽는다.

최소한 일주일에 두 권은 거뜬히 읽을 수 있지 않을까. 실제로 경험하기도 하고 이론상 이렇게 얘기하지만 사실은 나도 1분에 대한 개념이 없다. 그렇게까지 시간을 따져 가면서 읽지도 않는다. 10분만 책을 읽어야지, 30분만 읽어야지, 아니면 몇 페이지 까지만 읽어야지 등등 여러 가지 방법으로 독서를 해보았다. 얽매이는 것을 싫어하기 때문에 그 순간 머리가 아파진다. 독서는 어느 정도 강요성을 띠고 있어야 하게 되는 것은 맞다. 혼자서는 의지력이 약하니 그럴 수밖에 없다. 단, 잔소리는 안 하는 게 좋다는 것은 진리다.

중요한 것은 의도적으로 독서를 해야겠다고 마음먹는 데서 독서 습관 길들이기가 시작된다는 것이다. 내가 해야겠다고 마음먹는 순간 나한테 맞는 독서 방법이 찾아온다. 많이 읽는다고 좋은 것은 아니라고 하지만, 일단은 많이 읽는 것이 도움 된다고 해서 많이 읽으려고 노력했다. 100일 동안 하루도 빠짐없이 한 권씩 읽기도 했다. 그렇게 습관 들이니 저절로 하루에 한 권씩 책을 읽게 되었다. 왜 그렇게 책을 읽어야 되냐고 물어보면 독서를 통해 삶을 조금이라도 변화하도록 노력한다면 "미래는 분명 지금보다 더 밝을 것이다."라고 답해주고 싶다. 책 한 권이 무슨 도움을 주겠냐고 하겠지만 한 권, 두 권이 모여서 나의 의식을 변화시켜준다. 의식이 변화해야 삶이 변화한다고 한다. 내가 가난한 마인드로 살고 있고 부정적인 생각으로 살고 있다면 의식은 그 수준에서 머물러 있게 된다. 매일 조금씩 습관들이는 것은 바로 내 의식의 변화에서 시작된다.

2

독서로 찾은 생활 속 사사로운 즐거움

독서를 하면서 나는 책방을 자주 찾는다. 주로 독립서점을 많이 찾아간다. 생활 속 사사로운 즐거움이란 책방에서 책을 구경하고 마음에 드는 책 한 권을 골라오는 것이 아닐까 한다. 그 책 한 권이 마음을 기쁘게 해주는 것은 물론, 읽기도 전에 마냥 행복하게 한다. 내 손에 들어온 책 한 권을 그 어떤 보석보다도 값지게 생각한다. 멀리 지방으로 갈 때는 그 지방의 책방이나 독립서점을 검색해서 가본다. 작지만 알차게 꾸며놓은 곳, 들어가면 그냥 편안한 곳이었다. 모두 책을 좋아하고 출판계에 있었거나 글을 쓰거나 했던 분들이 많이 운영하는 것 같았다.

독립서점은 대형서점과 다르게 아기자기한 느낌이 많이 든다. 독립서점에 가서 오래 머물러 있은 적은 별로 없다. 주인장과 대화도 좀 나눠보고 싶고 독립서점을 하게 된 특별한 이유도 듣고 싶고 책에 관해서도 얘기하고 싶지만, 독서도 많이 안 한 내가 어쭙잖게 독서에 대해 뭘 안다고, 그리고 무식이 탄로날까 봐 책에 대해서는 더더구나 먼저 입 밖으로 꺼내지 못했다.

독립서점을 찾아서 들어갈 때마다 왠지 모르게 가슴이 설렌다. 어떤 분이 어떤 마음으로 시작했을까. 궁금증이 먼저 일어난다. 어느 인스타그램에서 본 것처럼 나도 독서를 많이 하고 책방 투어를 할 생각이다. 여행을 하면서 책방에 들려보고 독서도 하고, 생각만 해도 행복하다. 약간의 인터뷰도 겸해서 하면 좋겠다는 생각을 해본다. 블로그를 하면서 알게 된 인터뷰는 꽤 매력적인 것 같았다. 언젠가 독립서점에 가서 한번 살짝 인터뷰형식으로 몇 마디 여쭈어보았고 그대로 블로그에 올렸더니 괜찮은 것 같았다. 한 번의 포스팅이었지만 약간은 뿌듯했다.

나도 한때 북 카페를 하고 싶었던 적이 있다. 퀼트 카페에서 북 카페로 꿈이 옮겨간 것은 아니다. 독서를 하고 있으니 당연히 그런 생각이 들었던 것이고, 관심이 가는 분야가 된 것이다. 독서를 적어도 3,000권 이상 했을 때 생각해볼 이야기지만, 독서에 재미가 들고 책방에 관심이 가고, 독립서점을 알게 된 후 나도 북 카페를 하면 좋겠다는 생각을 했었다. 독립서점도 감각이 있어야 하고 출판계의 흐름도 알아야 하고 할 게 많았다. 유행에 민감하지 않고 세상일에 느린 나는 북 카페는 좀 힘들겠다는 생각을 하기도 했다.

유행에 상관없이 하는 일이라면…. 글쎄다. 무언가 가게를 오픈한다는 것이 용기가 나지 않는다. 마음은 언제나 바로 시작할 수 있는 청춘이지만 무엇보다 어설프게 마케팅을 알아가면서는 더 신중하게 생각하게 된다. 북 카페를 하고 싶었던 이유는 나의 놀이터를 만들고 싶었는지 모른다. 손님이 있거나 없거나 한쪽 벽면은 책으로 가득 채우고 조용히 독서를 하는 내 모습을 그려본다. 크지 않아도 된다. 여느 독립서점처럼 작게 꾸며놓고 하루 종일 다른 사람 신경 안 쓰면서 지낼 수 있으면 좋겠다.

서재 대신 북 카페를 한다? 사람이 오가는 카페라면 일단 신경 안 쓸 수가 없다. 앞뒤가 안 맞는 얘기다. 차라리 그냥 서재를 하나 만든다고 하는 것이 맞는 말이다. 그럼에도 불구하고 북 카페가 그려지는 것은 무엇 때문일까. 달콤하게만 그려본 건지 모를지언정 꿈은 좋은 거다. 커피 한잔하면서 마음에 두었던 독립서점을 메모해두었다가 찾아가보려고 했지만 어느 날 검색에서 사라졌거나 블로그에 소개만 나오고 있을 때는 당황스러울 때도 있다. 운영이 잘 안 되었던 것일까? 왜 그만두었을까? 더 좋은 곳으로 옮겨갔을까? 끝까지 거듭 검색을 해도 안 나오면 그렇게 안타까울 수가 없다. 블로그, 인스타그램에 소개도 나오고 잘되던 곳인 것 같은데 문을 닫은 이유가 뭘까. 달콤하게만 그려보던 독립서점, 북 카페는 그렇게 아쉬움만 남긴 채 문을 닫는 곳이 많았다.

"조용한 골목을 향해 열리는 푸른 문, 따스하게 쏟아지는 햇살, 그 햇살을 받으며 손님을 먼저 맞이하는 커다란 잎사귀, 화려하진 않지만 생각과 손길이 여러 번 닿은 서가, 작은 책상을 차지하고 묵묵히 제 할 일을 하고 있는 책방 주인, 그 모든 풍경이 나는 궁금했다."

—『언젠가는, 서점』, 김민채, 북노마드

"겨울에는 티팟 가득 홍차를 우리고, 먼지가 소복이 쌓인 식물의 잎을 하나씩 정성껏 닦아 내고, 고양이의 밥그릇이 비어 있진 않은지 수시로 내다보았다. 운 좋게 그 녀석들과 마주치면 가만히 무릎을 모으고 앉아 오독오독 소리를 듣는다." "내가 발휘한 용기란, 결국 스스로 감당할 수 있는 범위 안에서 폴짝 점프한 정도였다. 삶이 한 단계 더 나아가길 기대할 때, 아래에서 위로의 상승이 아니라 오른쪽 혹은 왼쪽의 어딘가 여도 괜찮지 않을까."

—『오늘, 책방을 닫았습니다』, 송은정, 효형출판

나는 아침형 인간도 실천해보았지만 여전히 야행성을 잘 벗어나지 못할 때가 많다. 그렇다고 아침 늦게까지 자는 것도 아니다. 보통 12시 넘거나 1시에서 2시가 지나서 잠들 때가 많은데, 일어나는 알람시간은 항상 5시에 맞춰져 있지만 6시 반이나 7시 정도에 일어나게 된다. 일찍 잠들려고 해보았지만 불면증을 오래 겪어서 그런지 잠이 안 온다. 아무리 피곤해도 빨리 잠을 이룰 수 없고 깊은 잠이 들지 않았다. 불면증에 대한 건강 정보도 알아보고 유튜브에 검색해봐도 뾰족한 수는 없었다.

어디에서 들었는지 잘 기억은 안 나지만 힌트를 얻은 것은 억지로 잠들려고 하지 말고 쉰다고 생각을 하라고 하는 강의가 있었다. 그 말을 듣고 의식적으로 '그래. 나는 지금 쉬고 있는 중이야, 편안하게 있자.'라고 생각을 하고 '왜 잠이 안 오지?' 하면서 애써 잠을 청하는 버릇은 사라진 듯하다. 이상한 건 또 어떤 날은 잠이 너무 많아서 병이 아닌가 싶을 정도로 눈을 뜨려고 해도 뜰 수 없을 만큼 잠을 잔 적도 있다. 잠이 많은 것도 병이라는데 이러한 나의 신체적 변화는 나도 받아들이기 힘들 정도로 변동이 심했다.

사람은 아무리 잠을 적게 자더라도 어떤 방법으로든 모자라는 수면을 채워준다고 하더니 불면증으로 며칠을 보냈다면 또 며칠은 잠으로 보충을 해주느라 낮에도 헤어나지 못할 정도로 잠의 세계에서 벗어나지 못하는 건지 알 수가 없었다. 잠을 못 자면 하루가 괜히 찌뿌둥하니 피곤하고, 밤에 늦게 잠이 드니 당연히 낮잠을 잘 수밖에 없다. 어떻게 하면 잠을 조금 자고도 피곤한 감을 줄일까 고민하던 중에 딱 맞는 방법을 찾았다.

"사람은 잠을 발로 자는 것이었다. 발의 피로가 풀려 편안한 날은 잠을 폭 잔다는 사실에서도 알 수 있는 사실이었다."

—『어머니 저는 해냈어요』, 김규환, 김영사

저자는 모든 정신과 기를 발로 보내는 연습을 했다고 말한다. 똑바로 누워 몸에 힘을 빼고 발을 좌우로 움직여본다. 5초간 발끝을 힘껏 밀고, 또 5초간 발끝을 힘껏 당기며 숨을 멈춘 다음 '후!' 하고 숨을 내쉰다. 이렇게 다섯 번만 하면 금방 잠이 오고 짧게 자고 개운하다는 것이다.

믿거나 말거나 따라 해보았다. 발끝에 힘을 주고 다섯 번 따라 해보았더니 진짜 땀이 쫙! 나는 듯했다. 늦게 자고 일찍 일어나도 피곤한 감을 덜 느꼈다. 특히 다음 날 일찍 일어나 외출을 해야 될 때에는 반드시 하고 잔다. 매번 할 때마다 힘이 덜 들어가서 그런지 100% 완벽하게 풀어지는 것까지는 못 느꼈지만 아직까지 잠들기 전에 다섯 번은 꼭 하고 잔다. 나름 효과를 보고 있기 때문에 자세한 설명을 옮겨보았다.

한번 신체 리듬이 깨지고 나니 좀처럼 회복하기 힘들었다. 낮잠을 밤잠처럼 자고 나면 너무 못 잔 잠을 보충하는 것인데도 낮에 자는 잠은 왜 그렇게 아까운지 모르겠다. 예전에 낮잠 카페가 있다는 소리를 들었을 때 '대박'이라고 소리쳤다. 누가 아이디어 냈는지 정말 잘 생각했다. 서울 한복판에 샐러리맨들을 위한 낮잠 카페가 있다니! 나 같은 사람이 많을 거라고 생각했었다.

젊은 사람들은 특히 잠이 많기도 하고, 야근을 하거나 늦게 자고 출근을 했을 때 점심시간에 들러 잠깐 쉬고 오는 것도 사무실에서 하품하며 눈치를 보는 것보다 좋을 것 같았다. 정말 피곤하고 졸릴 때는 단 10분만 자도 개운하다. 어떻게 하면 낮잠을 조금만 자고 빨리 그리고 개운하게 일어날 수가 있을까 생각하다가 그야말로 머리를 탁 치며 발견하게 된 책이 있다. 바로 『메이크 타임』이다.

"나는 『스프린트』를 쓰면서 오후의 에너지 증진을 위해 카페인 낮잠을 자곤 했다. 내 경우 15분간 카페인 낮잠을 달게 자고 일어나면 약 2시간 동안 집중된 에너지를 얻었다. … 이탈리아식 솔루션을 시도해볼 수도 있다. 바로 클래식한 에스프레소를 마시는 것이다. … 에스프레소가 소량의 카페인을 섭취할 또 다른 훌륭한 옵션이 될 수 있다. 에스프레소 한 잔은 커피 반 잔이나 녹차 두 잔과 거의 맞먹는다."

–『메이크 타임』, 제이크 냅, 존 제라츠키, 김영사

책에서 소개하는 것처럼 잠들기 전에 커피를 한 잔 마시고 바로 잠을 청하는 것이다. 소개 방법을 못 믿는 것이 아니라 나의 의지를 못 믿어서 알람을 딱 30분만 설정해놓았다. 미리 커피를 내려놓고 독서를 하건 무엇을 하건 상관없이 낮에 너무 졸려서 참을 수 없는 지경이 왔을 때 시도를 해보았다. 정말 괜찮았다. 바로 개운하게 일어날 수 있었다. 인지도와

설득력이 없어서인가 사람들은 내가 써본 방법이 좋다고 아무리 얘기해도 못 알아듣는다. 직접 경험하면서 깨달아가는 것이 제일 좋은 방법인 것 같다. 독서에는 이렇게 생활 속에서 나만이 즐길 수 있고 나만이 알아가는 소소하면서 사사로운 즐거움까지 있다는 것을 모른다. 안타까울 뿐이다.

3

독서는 마음을 키우는 밑거름이 된다

어떤 계기로 인해 작은 문화원에서 다도를 배우고 있었다. 염색을 하기 위해 시골로 내려가면서 배울 수가 없게 되었는데 문화원에 못 가는 것이 내내 마음에 걸렸었다. 맥이 끊기면 다시 배우기가 쉽지 않을 것 같았고 다도라는 끈을 놓고 싶지 않았기 때문에 무척 아쉬웠다. 마음은 일주일에 한 번 그까짓 것 맘만 먹으면 갈 수 있다고 생각했지만, 거리가 있어서 그러지를 못했다.

일주일에 한 번이었지만 문화원에 가는 것은 차(茶)를 배운다는 것보다. 삶의 지혜와 인생의 지혜를 배우러 가는 게 맞다 할 정도로 원장님께 배울 게 많은 곳이었다. 그곳에서 '꽃차 소믈리에' 자격증도 가질 수 있게 되었고, 전통 방식으로 차나 약술 만드는 방법 등 하나라도 놓치고 싶지 않은 내용들을 전수해주고 계셨다. 멀리 있어도 한 번씩 챙겨주시는 원장님은 직접 말씀은 안 드렸지만 말없이 지켜봐주시는 나에게 든든한 엄마 같은 분이시다.

시골에 있으면서 좀 가까운 곳에 다도를 가르치는 곳이 없을까 찾아보다가 몇 년 전에 충주에 놀러갔다가 찍어놓은 다도 교실 전단지가 떠올랐다. 전화를 했더니 그때까지 운영하고 있었다. 검색을 해보니 시골에서 한 시간 정도 걸리는 거리였다. 카페가 문을 열기 전 오전에 찾아갔다. 그리고 다시 다도를 배우기 시작했다. 전통을 중요시하여 전통도 배우지만 현대에 맞게 응용하는 방법도 알려주셨다. 차를 계속 배우면 카페에 도움도 되고, 여러모로 좋을 것 같았기 때문에 배우자고 마음먹었다. 카페에서 차를 이용한 음료를 만들어 적용해보면 좋겠다고 생각했었는데 가능할 것 같았다.

무엇보다 선생님께서 가지고 계신 마인드나 마음 쓰심이 너무 맘에 들었다. 그렇게 인연이 되어 문화원 대신 일주일에 한 번 카페 출근 전에 수업을 들으러 갔다. 문화원에서 배웠던 느림의 법칙과는 다르게 '다도'도 새로이 배우게 되고 차에 대해 단계별로 배울 수 있었다. 방학이 있었지만 일주일에 한 번 다례원에 가는 즐거움은 이루 말할 수 없이 컸다. 다례원에 가면 마음이 그렇게 편할 수가 없었다. 차와 다도에 대해서 하나도 모르지만 차 마시는 그 시간만큼은 너무 좋았다. 세상 모든 근심 걱정 내려놓고 오로지 그 시간에 몰두할 수 있었다.

배우는 길에 있어서는, '이제 그만하자.'고 끝을 맺을 때가 없는 것이다.

그러다가 한동안 바쁜 일로 다례원에 못 가게 되었다. 선생님이 내려주는 차가 너무 마시고 싶을 때가 많았다. 한 시간 거리에 있는데도 못 가서 마음이 편하지가 않았다. 어느 날 벼르고 벼르다가 달려간 다례원의 약간 큼큼한 여름 냄새는 고향에 온 듯 너무 반갑고 좋았다. 선생님이 내려주는 차를 마셨다. 상큼한 과일향이 첨가된 '가향홍차'였다. 그 시간을 얼마나 그렸던가. 온몸이 편안해지는 걸 느꼈다. 이런저런 말씀을 해주시고 다시 '짜이' 한잔을 데워주셨다. 그동안의 맛보다 가장 대중적인 맛을 구현해 내셨다고 하셨는데, 부드럽고 정말 순했다. 그렇다 해도 어느 프랜차이즈에서 판매하는 것과는 비교할 수 없는 맛이었다.

오랜만에 선생님 말씀을 듣고 있다 보면 어느덧 차의 세계로 빠져드는 것 같았다. 선생님은 차뿐만 아니라 그림, 도자기, 명상 등 정말 많은 걸 하신다. 멋진 마인드를 가진 분이다. 그런 선생님을 나도 닮고 싶어진다. 나도 선생님처럼 멋진 사람이 되고 싶다. 갈 길이 멀지만 말이다. 나도 손을 놓고 있어서 내 마음도 안타까운데 그 부분을 아시는 선생님도 시간만 가고 있으니 무척 안타까워하셨다.

다도뿐만 아니라 무엇이든 그렇다. 한동안 손을 놓으면 그동안 배운 것조차 가물거린다. 이렇게 내가 차와 바느질, 그리고 염색을 배우는 걸 본 누군가는 "너는 뭐 그렇게 배우는 게 많니?" 하고 물어본다. 아직도 배울 게 있냐고 물어본다. "정말 열정적이다!"라고 하는 친구도 있었다. 그러면 할머니 되어서 심심할까 봐 미리 배워둔다고, 그때 다 써먹을 거라고 얘기했다. "너희들 놀고 할 일 없을 때 내가 가서 가르쳐줄 거다." 이렇게 호기롭게 말은 해놓고 끝까지 마무리하는 게 없으니, 내 자신도 어떤 때에는 한심하고 걱정이 될 때가 많았다.

"사람은 그 일생을 통하여 배워야 하고, 배우지 않으면 어두운 밤에 길을 걷는 사람처럼 길을 잃고 말 것이다."

— 태자

우리 엄마는 솜씨가 좋았다. 음식도 잘했고 수도 잘 놓았고 옷도 잘 만들었다. 한 장밖에 없는 어렸을 때 사진을 보면, 엄마가 나와 동생들에게 원피스를 만들어 입혀준 걸로도 알 수 있다. 나도 엄마를 닮았는지 바느질을 좋아했다. 어렸을 때부터 바비인형을 사서 옷을 만들어 입혔고, 딸이 태어나면서는 아이 옷을 만들어 입혔다. 옷을 만들어 입히면서 내 꿈이 디자이너였다는 것이 떠올랐다. 그래 맞다. 내 어렸을 적 꿈은 '디자이너'가 되는 것이었지. 그런데 왜 안 했을까. 디자이너가 되려면 어떻게 해야 되는지 몰랐고, 꿈이 절실하지 않았고 꿈이 그렇게 크지 않았던 것 같다. 내가 바느질과 옷 만드는 것을 좋아하니 막연하게 디자이너가 되고 싶었던 것 같다.

매일 아이 옷을 만드는 재미에 푹 빠져 지내던 시절이 있었다. 아이가 자라고 더 이상 옷을 만들어주지 않을 정도가 되고 교복을 입게 되면서 옷 만들기는 끝이 났다. 가끔 집에서 입는 파자마나 원피스는 만들어 입기도 했지만 한때라고 생각했다. 디자이너는 못 되었지만 바느질을 배워서 돈을 벌어야겠다는 생각을 하게 된 것은 어쩌면 내가 잘하는 것은 바느질이라고 생각을 했고 내가 나이 들도록 할 수 있는 일이라고 생각을 했기 때문일 수도 있다. 엄마를 닮아 선천적으로 타고난 끼를 그렇게 사용하려고 했었는지 모른다.

이 모두가 어쩌면 일본어를 배우면서 시작된 것 같다. 일본어와 다도, 바느질, 염색 모두가 한데 어우러져도 이상할 게 없었다. 조금씩만 섞어도 무엇이라도 작품이 쏟아질 것 같았다. 그래서 배우기 시작했다. 그렇게 배우기 시작했는데 중요한 건 끝까지 제대로 완성한 게 없다는 점이다. 지금 제대로 할 줄 아는 게 없다는 표현이 맞는 것 같다. 손을 놓으면 그렇다. 나는 손을 놓고 싶지 않은데 하지 못하게 되는 변수가 자꾸 생긴다. 욕심을 부리고 있나 생각하기도 했다. 한 가지도 제대로 못 하면서 뭘 그렇게 이것저것 하냐고 나에게 질문해보았다.

이것저것이 아니었다. 내가 하고 싶은 것을 향해 한 방향으로 계속 가고 있었던 것이다. 그런데 하다가 손을 놓고, 다시 하다가 손을 놓고 하니 그렇게 보이는 것뿐이었다. 나도 나이 먹어서 하는 만큼 꾸준히 하고 싶었다. 마음 놓고 다닐 만할 때 코로나로 인해 갈 수가 없었고, 엎친 데 덮친 격으로 차까지 폐차시키고 말았다. 코로나가 어느 정도 풀리고 다시 갈 수 있게 되었지만 일 때문에 시간도 안 났을 뿐더러 버스 타고 다니기에는 무리였다.

지금의 내 환경이 열악하다면 핑계에 불과할까. 가끔 소소하게 해보지만 그걸로는, 그렇게 해서는 절대 꿈을 이룰 수 없다는 것을 알고 있다. 하릴없이 모두 손을 놓았다. 손을 놓았다기보다 잠시 쉬고 있다고 표현한다. 나는 내가 하는 취미보다 돈을 버는 것이 더 급했다. 돈이 있어야 내가 하고 싶은 것도 마음대로 할 수 있었다. 내가 하다가 말고를 되풀이하는 것도 어쩌면 돈이 없기 때문이었다.

블로그를 열심히 해서 돈을 벌어야겠다고 생각했다. 마음은 앞서고 열심히 보다 잘하고 싶은 마음이 더 컸지만 마케팅으로는 턱없이 부족한 상태였다. 블로그도 서서히 손을 놓게 되었다. 나에게 맞는 건 바느질과 다도라고 생각했던 어느 날 아무것도 안 하는 내가 이상했다. 책을 한 권 꺼내 들었고 이렇게 혼자 하는 독서는 발전이 없다는 것을 깨닫게 되었다. 독서 모임에 신청을 했다. 초급반부터 듣고 그 프로그램을 습득해서 나도 언젠가는 독서 모임을 해야겠다고도 생각했다. 독서를 하면서 디지털 세상이 너무너무 넓다는 것을 알게 되었다.

그동안의 비어 있던 머리를 망치로 한 대 얻어맞은 기분이었다. 내가 얼마나 무지하게 살고 있는지 알게 되었다. 디지털 시대, 인공지능 시대라고 한다. 지금 배우지 않고 시작하지 않으면 안 된다는 걸 알게 되었다. 코로나로 바뀐 세상에서 살아가려면 디지털과 더 가까워져야 했다. 내가 무엇을 하건, 바느질을 하건, 다도를 하건, 염색을 하건 아날로그와 디지털 세상은 함께 가지 않으면 안 되었다. 그러기 위해서 블로그는 꼭 필요한 것 같았다.

손으로 하는 아날로그 세상에서 잠깐 쉬고 있는 사이 나는 디지털 세상으로 들어간 것이다. 손을 놓아갈 즈음에 다시 블로그를 하고 애드센스 승인을 받기 위해 하루에 2,000자 넘게 타이핑을 하고 나이 먹어 새롭고 어려운 세상에 발을 내딛고 가려니 너무 힘들었다. 지금이야 2,000자가 아무것도 아니지만 처음 시작할 때는 손목도 아프고 너무 힘들다 못해 머리까지 아팠다.

없는 생각 쥐어짜느라 머리가 아픈 게 아니라 빠개질 것 같았다. 그렇게 고생한 보람이 있는지, 나는 그때 어쭙잖게 써놓은 생각과 몇 안 되는 북 리뷰로 지금, 책 쓰기를 아주 조금은 수월하게 하고 있다. 매일 쓰는 일기가 중요하다는 것을 다시 한번 깨달았다. 생각을 하게 되고 그 생각했던 글들이 다른 글을 만든다니 너무 신기하다. 글쓰기는 그렇게 중요한 것이었다.

나는 지금도 글 쓰는 것을 제일 어려워한다. 글만 잘 쓰면 세상에 어려울 것이 없다고 생각하는 사람이다. 그런데 아이러니하게도 지금 글을 쓰고 있다. 독서의 밑거름이 없었다면 일기도 제대로 못 쓰는 내가 책 쓰기는 상상도 하지 못할 일들이다. 독서를 하면서 마음을 키우게 되었고 생각을 넓혀가게 된 것이다. 디지털 세상에서 특히 사고하는 법을 길러야 된다고 하지 않은가.

블로그를 하면서 내가 좋아하는 걸 찾아내느라 많이 괴롭고 힘들다. 생각이 굳어서 움직여지지 않았다. 그만큼 수많은 세월을 생각 없이 살았기 때문이 아닐까 한다. 그동안 내내 꼬이기만 한 인생 실타래를 어떻게 하나씩 풀어가야 할지 고민이 많다. 하지만 내가 가야 할 길이 있고 좋아하는 일이 생겼다는 것만으로도 나는 감사하게 생각한다. 난 복잡한 걸 좋아하니 잘 풀어갈 거라 믿는다. 어려운 걸 좋아하니 즐겁게 하리라 믿는다. 그렇게 디지털 세상에도 조금씩 입문을 해가고 있다.

내가 좋아하는 일을 하면서 살려면 새로운 세상이 어렵다고 힘들다고, 투덜거리고 불평만 할 게 아니다. 그럴 시간이 없다. 적응하고 배워가면서 내 것으로 만드는 것이 중요하다. 지금부터 부지런히 준비해서 내 나이 60세가 되면 정말 '짠!' 하고 그 모든 것을 풀어보리라. 즐거이 내가 좋아하는 것을 하면서 살고 있을 모습을 그려본다.

4

비타민보다 더 잘 챙겨 먹는 책밥(독서)

나는 아침잠이 많다. 잠이 많아서 하루를 맥없이 보낸 적이 너무나 많다. 하루 24시간 중에 무심히 흘려보내는 시간이 그렇게 많은지 몰랐다. 실제로도 내가 보낸 하루를 꼼꼼히 적어보면, 뭐하나 제대로 한 것보다 덧없이 보낸 시간이 훨씬 많다는 것을 알 수 있다. 나는 왜 이렇게 게으를까 하고 자책도 많이 했다. 내가 아는 지인은 저녁에 일찍 자는 것 같지도 않은데 아침에 일찍 일어난다. 그리고 낮잠은 절대 안 잔다고 한다. 세상에나!! 어떻게 그런 일이 있을 수 있을까.

새벽에 일찍 일어나는 사람들을 부러워했고, 낮잠이 없는 사람들을 신기하게 생각했다. 내가 이상한 것인가. 그 사람이 이상한 건가. 젊었을 때 집안 살림을 하면서 게으름의 극치를 달린 적이 있다. 청소를 한다고 예를 들면, 안방 하나 청소하고 난 다음에 좀 쉬었다가 다른 방과 거실을 청소할 수 있었다. 그럴 때는 반드시 한숨 자고 일어나야 다음 일을 진행할 수 있었던 것이다. 그 한숨이라는 게 10분, 30분이 아니라 최소 1시간은 지나야 일어나게 될 때가 많았다. 그러면서 내가 게으르다고 생각을 했었다.

아이가 어렸을 때 또래 엄마들과 어울리고 싶어서 부지런히 집 안을 청소해놓고 화장은 안 하더라도 옷을 갈아입고 나가면 이미 그 엄마들은 들어가고 없거나 들어가려고 했다. 저 엄마들은 도대체 몇 시에 일어나길래 집 안 청소까지 해놓고 나와서 수다까지 풀고 들어가는 것일까. 정말 궁금했었다. 나중에 물어보니 그때 들어가서 청소한다고 했다.

나와 생활 방식이 달랐던 것이다. 뭔가 정리되지 않은 상태에서도 나가서 수다를 떨 수 있는 것을 몰랐던 것이다. 나는 부지런하지 못한 나를 탓했고 그 엄마들을 부러워했다. 지금 생각하면 콧방귀를 뀔 일이지만 그때는 게을렀어도 커피를 한잔 마시더라도 설거지가 모두 끝나야 마실 수 있었다. 나이가 들고 점점 그 상황이 변해갔지만 지금도 커피만큼은 잘 정리된 상태에서 마시고 싶다.

"게으름은 단적으로 말해 에너지가 저하된 상태이다. 사람들은 왜 결심을 하고 지키지 못할까? 여러 가지 답이 있겠지만 결국 힘이 없기 때문이다.… 냉정하게 말하면, 힘없는 사람들은 결코 변화할 수 없다. 변화는 힘 있는 자들의 것이다."

—『굿바이 게으름』, 문요한, 더난출판사

아이들이 어렸을 적에 한약을 지어 먹으러 종로 어느 한약방에 간 적이 있다. 한의사가 진맥을 하더니 엄마를 닮아서 아이와 엄마 모두 기가 하나도 없다고 했다. 한마디로 매가리가 하나도 없었던 것이다. 그 말을 듣는데 왜 그렇게 눈물이 나던지, 나는 특별하게 아프지도 않았고 아픈 곳도 없었기 때문에 게으르다고만 생각했다. 잠이 많다고만 생각했다. 내가 청소를 하다가 말고 잠을 잘 정도로 에너지가 부족했던 것은 건강하지 못했기 때문이었다. 아이들도 나를 닮아서 잠이 많으니 당연히 에너지가 부족한 걸로 받아들였다.

나는 망설임 하나 없이 거금을 들여 아이와 내 몫까지 한약 세 박스를 들고 왔다. 마음의 병도 크다더니 금방이라도 몸의 기운이 펄펄 날 것 같았다. 다시는 낮잠을 안 자고도 생활할 수 있을 것 같았다. 한약 한 재로 내 에너지가 충분하게 충족되었다면 얼마나 좋을까. 한약 한 재는 내 몸 속 어디로 갔는지, 전해지기나 했는지, 효과를 보기나 한 건지 알 수 없었다. 한약 한 재를 매일매일 정성들여 데워 마셨지만 눈에 띄게 달라지는 것은 없었다. 몇 달이 지나도록 여전히 에너지 없는 게으름을 이어나갈 수밖에 없었다. 한약 한 재로는 턱없이 부족한 상태였던 것이다. 매일 운동을 해서 체력을 강화시키고 조금씩 영양분을 챙겨서 먹어야 했다. 운동은 숨쉬기가 전부인 줄 알았다. 영양분은 밥 한 끼 잘 챙겨먹으면 되는 줄 알았다. 생활이 불규칙했으니 밥인들 제대로 챙겨 먹었겠는가. 하루 두 끼에 저녁은 폭식이었다. 체질적으로 살이 안 쪘으니 망정이니 내 몸은 어떻게 되었을까. 악순환의 연속이었다. 낮에 낮잠을 실컷 잤으니 밤에 잠이 올 리가 없다.

나는 선천적으로 몸이 약했다. 태어나기를 기가 약하게 태어난 것이다. 아들인 오빠가 있음에도 불구하고, 엄마가 내 수저에 먼저 생선을 발라서 얹어주곤 하셨던 걸 보면 약하긴 약했었나 보다. 영양분도 부족한데 먹는 것도 시원찮고 운동은 더더구나 안 했으니 저질 체력으로 살아갈 수밖에 없었던 것이다. 나는 나이가 들어서 더 건강해졌다. 어느 날 목욕탕에서 보았던 할머니 한 분의 모습이 내 모습처럼 느껴질 때가 있었다. 실제로 내 몸이 그렇게 변해가고 있었다.

너무 놀랐다. 그때 나이가 50이었다. 어떻게 하루아침에 몸이 그렇게 망가질 수가 있을까 싶어 더럭 겁이 났다. 비타민 하나 제대로 챙겨 먹지 않았던 때이다. 젊었을 적 비실대던 내 모습이 떠올랐다. 네트워크 사업을 할 때에는 매출을 올리기 위해 우선 제품을 먹지 않으면 안 되었다. 다이어트 프로그램이 있으면 뺄 살이 없어도 독소 제거 명목으로 체험을 해야만 했다. 다른 분들은 기쁜 마음으로 했을지 몰라도 없는 상황에서 매출을 위해 내 살을 깎아가며 체험을 한다는 것은 쉬운 일이 아니었다. 그야말로 울며 겨자 먹기 식인 것이었다.

그렇게 체험하고 사업을 하는 동안에는 울며 겨자 먹기였지만 비타민이며 건강식품을 챙겨 먹었었다. 그만두고는 몇 개의 화장품만 계속 쓰고 식품은 모두 끊었다. 그렇게 1년 가까이 아무것도 챙겨먹지 않다가 목욕탕에서 발견한 할머니는 몇 년 후가 아닌 바로 내일의 내 모습이었다. 안 되겠다 싶어 제품을 주문해서 먹기 시작했다. 회사 제품이 좋긴 좋았나 보다. 나는 그때 챙겨 먹기 시작한 건강식품을 지금까지 챙겨 먹고 있다. 가끔 가계부에 적신호가 와서 몇 달씩 끊기도 했지만 될 수 있으면 챙겨 먹으려고 한다. 젊었을 때처럼 청소 잠깐하고 잠을 자야 에너지가 충전되는 상황은 없어졌으니 더 건강해졌다고 봐야 한다.

나는 독서를 가끔 건강에 비유한다. 내가 체력이 한없이 약했을 때 한약 한 재는 티도 안 났다. 나이 들고 나에게 맞는 건강식품을 꾸준히 섭취한 결과 내 몸이 아주 정상은 아니지만 젊었을 때보다 건강해지고 저질 체력은 벗어났다고 볼 수 있다. 독서도 책 한 권 읽는다고 당장 변하지 않고 티도 안 난다. 한 권으로는 책을 읽었다는 것만 남아 있지 어떤 변화도 일어나지 않는다. 책을 읽었는지조차 기억에서 사라질 수도 있다. 책 한 권으로 인생이 변할 수도 있지만 꾸준히 이어서 독서했기 때문에 변한 것이라고 본다.

매일 건강식품을 챙겨 먹듯이 꾸준히 읽다 보면 어느 순간 마음이 동하는 순간이 온다. 건강식품도 어떤 날은 깜박 잊고 챙겨 먹지 못하고 그냥 외출을 할 때가 있다. 주머니가 비어서 내 몸을 위해 알량하게 챙겨 먹던 건강식품을 눈물을 머금고 끊어야 하는 경우도 있다. 경제적으로 힘들어지면 제일 먼저 끊는 것이 보험과 건강식품이라고 한다. 나도 그랬다. 아플 때를 대비해서 드는 보험이고 없을수록 보험은 들고 있으라고 하는데 없으면 그럴 여유가 없다. 그마저도 사치라고 생각하고 안 아프면 된다고 생각한다. 아프지도 않은데 다달이 나가는 보험료가 또 그렇게 아까울 수가 없다.

독서는 아무리 주머니가 비어도 할 수 있는 것이 독서다. 힘들고 어렵고 없을수록 해야만 하는 것이 독서다. 도서관 회원증만 만들면 된다. 도서관 회원증 만드는 데 단돈 10원도 안 든다. 내 마음과 의지만 있으면 된다. 나는 외출할 일이 있으면 건강식품보다 항상 책을 먼저 가방에 넣어놓는다. 전자도서가 다운받아져 있기 때문에 책이 가방에 없어도 거를 수가 없다. 비는 시간에 한 줄이라도 읽으려고 노력한다. 몇 년 전 어느 기관에서 전자도서관 운영을 무료로 했다. 전자도서가 일반화되지 않을 때였다. 나는 재빠르게 가입을 하고 동생들에게도 알려주었다. 한참동안 잘 이용했다가 한동안 종이책을 읽느라 전자도서에 들어가보지 못했다. 6개월인지 1년인지 기억이 나질 않지만 시간이 흘러 종이책과 전자도서를 병행하려고 다시 로그인하려니 실행이 되지 않았다.

전화를 해보니 그 기관에서 서비스가 종료되었다는 것이다. 서비스를 해주는 곳에 다시 전화를 했다. 처음에는 기관이 서비스를 종료했기 때문에 안 된다고 했다. 다시 이용할 수가 없다는 것이었다. 한참 동안 전화를 못 끊고 들고 있다가 방법이 없냐고 물었다. 내가 안타까워하고 너무 아쉬워했더니 그분이 잠시 기다리라며 가입했던 기관을 찾아보고 여러 방법을 생각하시더니 계속 이용할 수 있게 해주셨다. 지금 생각해도 너무 감사하다. 유료 전자도서가 많이 나와 있다. 안 되면 유료라도 이용할 상황이었는데 이런 행운이 또 있을까 싶다. 이러니 비타민보다 더 책을 챙기고 독서에 몰두하지 않을 수 없다.

처음에 건강식품을 주문하면 한 달분이 배달되어 온다. 그것을 한꺼번에 먹는다고 효과가 있는 것은 아니다. 생각도 못 한 부작용이 있을 뿐이다. 하루에 30권을 읽을 수도 없겠지만 한 달분의 책을 하루 만에 읽어도 부작용이 올 것이다. 책을 읽고 오는 부작용은 오히려 반가울 것 같다. 이제는 한꺼번에 많이 읽는 것이 중요한 게 아니라 내 몸 구석구석 영양분을 채워주듯이 독서도 생각하고 메모하며 남는 독서를 해야 하겠기에 하나씩 실천해가고 있다.

늙어가는 것은 몸뿐만이 아니다. 나의 뇌도 늙어가는 것이다. 먹지 않으면 몸이 노화되듯이 사용하지 않으면 뇌도 빠르게 노화되는 것이다.

건강식품 한 알이 내 몸에 쌓이고 쌓여 영양분을 주면서 나를 단단한 사람으로 만들어주기도 하고 에너지를 충전시켜준다. 에너지가 충전되어 내 몸을 지켜주듯이 나는 하루 한 권의 독서를 시작으로 에너지를 충전하는 것이다. 몸이 건강하게 변하듯 의식이 변하고 생각이 변하고 마인드가 변해가고 있는 것이다.

"독서는 약 처방처럼 당장 효과가 나타나거나 행복을 만들어주지 않는다. 그러나 한 권 한 권 읽어나가는 동안에 내가 무엇을 알고 무엇을 모르고 있는지를 스스로 깨닫게 하는 데 도움이 되는 것은 틀림없다."

– 패디먼

5

몸이 말하는 익숙함의 독서

현관문의 비밀번호를 잊어버린 적이 있다. 그것도 갑자기. 매일 습관적으로 손가락이 움직이는 대로 누르고 들어가던 현관문이다. 어떻게 그렇게 예고도 없이 뇌에서 싹 지워졌는지 알 수가 없었다. 아무리 기억을 해내려고 해도 손가락은 자꾸만 다른 숫자를 누르고 띠, 띠 하는 소리만 울렸다. 갑자기 열이 확 오르면서 어찌할 바를 몰랐다. 메모장을 열어서 각종 메모가 열거되어 있는 것을 제치고, 밑으로, 밑으로 내려가면서 한 번도 써먹지 않을 것 같은 숫자 하나를 발견할 수 있었다.

처음 몇 번 사용하고 지우려 했던 내 집 비밀번호를 굳이 남겨놓을 필요가 있을까. 그걸 잊어버린다는 것은 치매 초기 증상이지! '혹시나, 그래도'였다. 순간 익숙함과의 결별이었다. 우리의 뇌가 기억하는 것은 어디까지일까. 기억이 순간 이동이라도 한 것일까. 갑자기 다른 사람의 기억을 삭제하거나 수정하는 해리 포터의 오블리비아테가 떠올랐다. 나는 수정해달라고, 삭제해달라고 주문한 적이 없다. 잠깐, 아주 잠깐의 기억 상실이었을 것이다.

익숙함이란 무엇일까 생각해보았다. 오랫동안 눈으로 익혀온 숫자를 무의식적으로 현관문을 열고 닫게끔 하는 것처럼 행동하는 것이다. 손이 말하고 있는 것이 아닐까. 손은 곧 몸이다. 몸이 말하고 있는 것이다. 매일 같은 행동을 반복적으로 함으로써 비로소 몸에 배고 익숙해진 것이다. 순간적으로 기억을 못 하거나 기억에서 지워지거나 해도 다시 시도하고 기억해내는 우리 뇌처럼 독서는 몸에 익숙하도록 매일매일 조금씩이라도 실행해야 한다. 내 몸에 배도록 해야 한다. 그러기 위해서 연습이 필요하다.

비밀번호를 하루아침에 외워서 하는 경우도 있겠지만 대부분 처음에는 어딘가 적어두었던 숫자를 보고 하거나 한 번 더 기억해내려 애썼던 적이 있을 것이다. 나는 머리가 나쁘다고 했다. 보고 또 보았을 것이다. 그러면서 외웠을 것이다. 뇌가 외우고 손이 외운 것이다. 몸이 그대로 움직인 것이다. 늘 나는 아무 생각 없이 같은 행동을 따라 하면서 중요한 부분은 잊은 채 뇌로부터 설득당하고 그대로 학습하고 있었던 것이다.

무의식중에 하는 행동들은 내가 번호를 머릿속에 그려내지 않아도 자동적으로 손이 움직여서 현관문을 열었던 것처럼 익숙한 번호가 되어버린 것이기 때문이다. 나에게 독서는 익숙함이다. 눈을 뜨면 자동으로 책으로 손이 가고, 외출을 하면 자동으로 책을 가방에 넣어 챙기고, 무의식이건 의식이건 책을 먼저 펼치게 된다. 몸에 배고 익숙해진다는 것은 하루 이틀에 만들어진 것이 아니다. 현관문을 사용하는 동안에 그 비밀번호를 몇 번이나 눌렀겠는가.

어느 날 어떤 현관문을 보니 항균 필름을 붙인 곳에 유난히 그 숫자만 표시 나도록 닳은 부분을 발견할 수 있었다. 외부인 출입금지라면서 외부인도 마음 놓고 들어오라고 알려주듯이 하얗게 닳아 있었다. 그 현관문을 보면서 그렇게 많이 닳도록 해야 익숙해지는 것이 익숙함이 아닐까 생각했다.

많이 마시지는 않지만 나는 커피를 좋아한다. 오래전부터 하루에 한 잔은 꼭 내려 마셨다. 아침에 마시는 커피는 나의 장을 자극해주는 역할을 하기도 했다. 아침 빈속에 마시는 커피는 빼놓을 수 없었고 좋은 커피를 마시려고 하는 이유가 되기도 했다. 그랬던 커피를 차(茶)를 배우고 차(茶)를 마시면서 도저히 끊을 수 없을 것 같던 커피가 어느 날부터 서서히 당기지 않았다. 차에 대해서 잘 알지도 못하는 상태였다. 평소와 다름없이 커피도 마시고 커피 대신 차를 마신 것 뿐이었다. 이상하게 생각했다. 왜 커피를 못 마시지? 차를 마시게 되면서 몸이 커피를 받아들이지 않게 만들고 있었던 것이다. 낮 동안에 마셨던 차가 커피 대신 내 몸에 익숙하게 만들어준 것이다. 이처럼 알게 모르게 하루에 10분, 30분, 1시간 틈나는 대로 독서도 하다 보면 익숙해진다. 내 눈이 책으로 먼저 가는 것처럼 몸이 알려주는 것이다. 뇌로부터 설득당하지 않고도 책을 들고 독서를 할 수 있게 되는 것이다.

익숙함과 결별해야 하는 것은 어떤 것들이 있을까. '지금 이대로의 생활에 만족하며 편하다고 느끼면서 이대로 살아도 괜찮아.' 하는 생각을 가지고 있다면 아무 문제가 없을 것이다. 내가 볼 때는 주위에 나를 포함해 발전성 없는 편리함에 거의 모두가 익숙해져 있는 것 같다. 나 역시 편하고 안일함에 물들어 노력하지 않았고 발전하려고 하지 않았었다. 마음만 있을 뿐이었다. 정말 편하고 안락한 생활이 어떤 건지도 잘 모른다. 하루 벌어서 하루 먹고 잠 잘 자고, 특별하게 아픈 곳 없이 가끔 사람들과 어울리는 것이 전부였다.

그 익숙함을 버려야 하는 결단력이 필요하다는 것을 누구보다 잘 알면서도 버리지 못하고 살아온 지 수년째였다. 내 주위 보통 사람들을 보면 변화하려고 하지 않는 것 같다. 지금보다 더 나은 삶을 지향하고 이대로 사는 것은 답이 아니라는 것을 조금이라도 자각하고 있다면 그동안의 익숙함과 결별을 하고 내 자신을 한 단계 업시키는 노력을 해야 한다. 하루는 친구와 둘이서 재미로 스마트폰에다 대고 AI 인공지능에게 여러 가지 질문을 해서 물어본 적이 있다.

"어디로 가야 하니?"

"언젠가 돌아올 텐데 왜 궁금하세요."

"예쁘니?"

"미의 기준은 주관적이라 말씀드릴 수 없네요."

참으로 똑똑하고 위트가 넘치는 답이다. 나는 그렇게 답할 수 없다. 한참을 웃었지만 나중에는 싸한 분위기가 되고 무언가 불안한 마음이 들었다. 단어도 부족하고 짧은 지식만 가지고 있을 뿐인데 가뜩이나 세상은 내가 모르는 어려운 단어가 흘러 넘쳐나고 있다. 배우지 않고 노력하지 않으면 AI가 답해주는 말에 따라 갈 수밖에 없고 더더욱 생각 없이 살게 될 것이다. 생각을 안 해도 되니 '얼마나 편한 세상인가?'라고 할지도 모른다. '인생이라는 게 특별한 게 있나. 편하면 제일이지.'라고도 할지 모르지만, 이러한 편리함에 나를 맡기고 조금은 불편하지만 몸으로 때우는 일을 하면서 살기에는 내 인생이 너무 아깝지 않나?

많은 사람이 내일을 걱정하고 다가올 앞날을 걱정하며 살아간다. 미리 내다볼 수 없고 갈 수도 없는 미래이기 때문에 준비도 하고 계획도 하며 살아간다. 세상에 공짜는 없다. 운도 받을 준비가 되어 있어야 들어온다고 한다. 새로운 세상에 도전을 해야 나에게도 새로운 세계가 있는 것이다. 그동안 나를 편하게 해주었던 것들과 결별을 하고 독서가 몸에 익숙하도록 매일 연습하고 노력하면 앞으로의 세상은 더 밝은 것이라 믿는다.

"5분 자투리 시간에 배울 것, 주말을 이용해 배울 것, 2~3개월 동안의 장기 휴가에서 배울 것을 시간 단위마다 정리해 계획을 세워야 한다고 생각합니다. … 어떤 경우든 인생의 마지막 단계가 아니라 중반에 그런 시기를 넣어야 한다는 점이 중요합니다."

–『초예측』, 린다 그래튼, 웅진지식하우스

『150억 부자의 부의 추월차선』 서문에 『데미안』에 보면 "새는 알을 깨고 나온다. 알은 새에게 하나의 세계이다. 하지만 태어나려고 하는 생명은 하나의 세계를 파괴하지 않으면 안 된다."라는 내용이 나온다. 나를 둘러싸고 있는 알의 세계를 깨고 나오는 데 수십 년이 걸렸다. 어쩌면 마음이 단단하지 않는 미숙아로 태어나 지금까지 영양을 주어야 했는지 모른다. 제대로 된 영양분을 주기 위해 독서를 하고 있는지 모른다. 미숙아가 정상아로 자라려면 충분한 영양과 보살핌은 필수인 것이다. 아무리 힘들더라도 알을 깨고 나와야 한다고 한다. 언젠가는 나아지겠지 하면서 안일하게 알 속에서만 지내면서 시간이 없다는 핑계만 일삼는 거야 말로 핑계인 것이다.

나라고 온 종일 독서만 할 수 없다. 나는 아침에 출근해서 저녁에 퇴근하는 일을 하는 것이 아니기 때문에 남들처럼 출근한다고 마음먹고 독서를 하기 시작했다. 여느 커리어 우먼처럼 출근과 동시에 업무를 시작하는 것이다. 그 첫째가 독서였던 것이다. 독서를 하고 사이드로 블로그를 하고 티스토리, 쿠팡파트너스 등 제휴 마케팅을 하고 페이스북, 인스타그램, 거기에 실천 독서까지 나름 업무가 많았다. 업무의 양으로 따지면 방대해도 그렇게 방대할 수가 없었다. 한 가지 하는 업무는 보통 2~3시간이 넘는다. 일주일 동안 나눠서 할 생각으로 계획표를 짜기도 했다.

콘셉트가 무엇인지 카테고리는 어떻게 해야 되는지, 무얼 큐레이션해야 되는지, 몇 날 며칠 무얼 하는지 알지도 못한 채 끙끙 대면서 새벽까지 고군분투했었다. 결국은 몸이 신호를 보냈다. 대상포진이었다. 축 처진 몸이었지만 걷고 싶었다. 걸어서 병원에 갔다. 통증이 심한 것도 아니었고 붉은 반점이 생긴 것도 아니지만 느낌으로 알았다. 예전에 한 번 대상포진이 왔을 때 겪어본 바로 그 느낌이었다. 감사하게도 의사 선생님은 본인의 경험이 제일 중요하다며 약을 바로 처방해주셨다.

두 마리 토끼가 아닌 한꺼번에 몇 마리 토끼를 잡으려고 한 것인가. 넘쳐나는 지식플랫폼에서 내가 할 수 있는 것들이 무엇일까 항상 고민했다. 나는 여전히 사람들 앞에 나서는 것을 반기지 않는다. 선생님이 되고 싶었고 무언가를 배워서 강의를 하고 싶었지만 이해하는 능력이 느려서 더 많이 공부하고 배우지 않으면 안 된다고 생각했다. 그러나 한꺼번에 다가온 디지털 세상은 오히려 과부하를 불러일으키기도 했다.

진짜 그렇게 업무를 맡았으면 진작 뇌가 터지면서 쓰러지고 사표를 내던질 힘도 남아 있지 않았을 것이다. 욕심부리지 말고 내가 할 수 있는 만큼 하나씩 하자고 마음먹었다. 줄이고 나니 남는 게 독서였다. 독서는 줄일 수 없는 부분이었다. 독서는 업무 중에서도 가장 편한 업무였고, 더 이상 망설일 수 없는 선택이었다. 독서는 나에게 가장 먼저 몸으로 알려주는 익숙함이었다.

6

독서 습관은 하루아침에 만들어지지 않는다

해 뜨는 시간에 알람을 맞춰놓고 며칠간 해가 떠오르는 모습을 관찰할 수 있는 기회가 있었다. 날마다 떠오르는 해도 어느 날은 구름에 가려 볼 수가 없다. 세상의 모든 붉은 무리를 다 껴안은 듯 온통 붉은 빛으로 물들이고, 온 세상을 집어삼킬 듯 정열적으로 떠오르는 해를 볼 때 그 감개무량함은 말로 표현하기 어려울 정도로 멋있다. 직접 느껴본 사람만이 알 수 있는 장관이라 할 수 있다. 반면 어느 날은 구름의 방해로 인해 애타게 목 빠지게 쳐다보고 있어도 내가 원하는 붉은 해는 나타나지 않는 경우도 있다. 붉은 해가 쓰윽! 하고 고개 내밀어주기를 눈이 빠지게 쳐다보고 있어도 숨어버린 해는 볼 수가 없다.

어느 날 구름에 완전히 가려 포기를 하고 돌아서려는 순간도 있었다. 무언가 빨간 점 하나가 나타나는가 싶더니 서서히 아주 조금씩 모습을 드러내기도 했다. 그러다가 다시 흘러가는 구름에 가려 이내 사라져버리곤 한다. 그럴 때는 안달이 난다. 안타깝게 마음을 졸이며 다시 나타날 때까지 하늘을 째려보듯 바라보고 있노라면 다시금 고개를 쏙 하고 내민다. 마치 숨바꼭질하듯이 약을 올리듯이 그렇게 몇 번의 과정을 거친 후에야 빛을 발한다.

주위는 구름으로 뒤덮여 온통 회색빛으로 흐리지만 붉은 빛의 해는 어떻게든 본연의 모습을 드러내려고 애를 쓰고, 드디어는 사람들의 마음을 안심시키듯 온 세상을 물들일 정도로 많은 양의 붉은 빛을 뿜어내며 자신의 모습을 드러내고야 만다. 이른 아침 뜨는 해를 찍으려고 숨죽이며 기다리고 있던 카메라맨들은 하루, 이틀, 한 달, 두 달 얼마나 많은 인내로 견뎌왔을지 그 마음을 십분 이해할 것 같았다.

그러나 떠오르는 해를 보며 소원을 빌러 모처럼 찾아왔던 사람들이 그 10분을 못 기다리고 "에이, 오늘은 글렀어!" 실망만 하고 돌아갔다면 어땠을까. 10분은 길다. 아니 5분도 길다. 해가 떠오르는 시간은 그야말로 순식간에 떠오르기 때문에 5분은 너무 긴 시간이다. 그럼에도 회색빛 하늘만 보고 뒤돌아갔으면 못 보았을 장면이었다. 뒤를 돌아 몇 발자국 걸어가는 사이에 이미 해는 떠올랐던 것이다. 돌아서 간 사람은 해의 위력을 모를 것이다. 도저히 나올 수 없을 것 같은 먹구름 사이에서 붉은 띠를 드러내면서 나오는 해의 그 위력을 알지 못한다.

"저의 경쟁 상대는 어제의 나입니다. 오늘의 나는 어제보다 조그만, 아주 조금만 더 나아지길 바랍니다. … 하루하루 노력이 수십 년의 세월로 쌓여 언젠가는 내 삶이 더욱 즐거워지는 것, 그게 나의 꿈이니까요."

–『영어책 한 권 외워봤니?』, 김민식, 위즈덤하우스

독서를 하다 보면 흐린 날도 있고 개인 날도 있다. 붉은 해를 맞이하는 것처럼 내 얼굴도 붉어지면서 마냥 심취해서 읽을 때도 있고, 혼자 감개무량해서 눈물을 흘린 적도 있다. 내 이야기를 하고 있는 것 같아 가슴이 먹먹해서 그 한 페이지를 붙잡고 자리를 떠날 수가 없던 적도 있다. 수많은 세월동안 몇 만 번 해가 떠올랐을까. 수많은 사람을 농락하고 들어간 해는 또 얼마나 많을까. 당시에는 속상하고 허무하고 괜히 왔다는 후회를 하기도 하지만 어느 날인가 되면 또 보러 가게 되는 해돋이. 사람들에게 환희와 희망을 안겨준 해의 위력을 알기 때문에 생각이 나고 또 찾아가는 것이다. 잠깐 1~2분을 못 기다리고 실망하고 돌아서 간 사람들은 그 광경을 봤더라면 얼마나 후회하고 안타까워했을까.

독서도 마찬가지인 것 같다. 나는 한때 슬럼프에 빠진 적이 있다. 아무리 책을 읽으려 해도 읽을 수가 없었다. 책을 펼쳐보지만 한 장도 넘길 수가 없었다. 지금까지 한두 권 읽은 것도 아닌데 어떻게 하루아침에 손을 놓을 수가 있는지 이해할 수가 없었다. 그동안 희망을 주고 용기를 주고 나도 이 정도는 쓸 수 있다고 얕잡아보기도 한 책도 있었고, 가방에 책이 빠지면 허전해서 다시 돌아와 챙겨가기까지 하면서 독서를 했는데 무슨 일인가 말이다.

그 어떤 책에서든 한 가지는 분명히 배울 점이 있다고 했다. 그런데 책을 읽을 수가 없다니, 아니 읽혀지지 않다니 정말 알 수가 없었다. 조금만 힘을 내면 구름 속을 뚫고 당당하게 모습을 드러내는 붉은 해처럼, 잠깐의 지루함과 슬럼프를 이겨내고 나면 독서는 반드시 꿈과 비전을 주고 환희를 안겨준다는 것을 분명 알고 있었다. 나는 속수무책으로 한동안 손을 놓고 말았다. 그 시간을 못 견디고 돌아서고 말았다. 실망하고 돌아온 날 다시는 붉게 떠오르는 해돋이 같은 것은 보러 가지 않겠다고 다짐하는 것처럼 그렇게 잊어버리고 살았다.

"처음에는 우리가 습관을 만들지만, 그 다음에는 습관이 우리를 만든다."

– 존 드라이든

많은 사람이 새벽 독서와 아침 독서를 이야기한다. 나는 아침잠이 많고 저녁에 늦게 자기 때문에 아침 독서 루틴을 만들기가 너무 힘들었다. '오늘은 기필코 일찍 잠을 자고 일찍 일어나야지!' 다짐했지만 일찍 잠을 청해도 일어나는 시간을 여느 때와 같았다. 그럴 바에야 내 식대로 저녁에 독서를 하고 아침잠을 느긋하게 자는 게 낫지 않나 싶었다. 억지로 아침형 인간으로 만들려고 애를 쓰는 것 자체가 비효율적이라고 생각했다. 잠이 많은 내가 불면증으로 고생할 줄은 꿈에도 몰랐다. 불면증으로 잠을 못 잔다는 지인의 말에 나는 부러워할 정도로 잠이 많았다. '나도 불면증에 좀 걸려봤으면 좋겠다.' 하고 불면증을 다 부러워했다. 그런데 막상 내가 불면증에 걸리고 보니 그의 고충이 얼마나 힘들었을지, 아무렇지 않게 그 말을 무심코 한 것이 너무 죄송스러웠다. 잠이 많은 것도 문제였지만 불면증은 사람을 미치게 만든다. 그 시간에 독서를 할 정도로 나는 독서에 빠져 있지 않았기 때문에 그것만큼 괴로운 건 없었다. 지금 같으면 책을 읽고 시간을 보낸다고 하지만 그때는 독서도 깊게 안 할 때여서 뜬눈으로 밤을 새는 것만큼 사람의 몸과 마음을 힘들게 하는 건 없다고 생각했다.

종교를 가지게 되는 사람들 중에는 어떤 계기로 인해 인도되고 빠져들기도 한다. 독서도 어떤 계기가 있어야 한다. 나는 사람들 관계에서 힘들 때, 나 자신이 무너지고 있을 때 독서를 하게 되었다. 그러나 독서 습관이 하루아침에 만들어진 것은 아니었다. '세 살 버릇 여든까지 간다'는 속담이 있듯이, 오랜 세월 제멋대로 살아온 습관이 하루아침에 마음먹은 대로 되기 쉽지 않았다. 부단히 독서 습관을 들이려고 노력하고 환경을 만들기도 했지만 이내 무너지고 원상태로 돌아오는 행동을 수없이 반복했다. 습관이란 그만큼 어려운 것이다.

내게 독서 습관이 들여진 것은 의식적으로 곁에 책을 두고 있게끔 한 것이 최선의 방법이었던 것 같다. 나는 지금도 책을 한두 권 가방에 넣어 가지고 다닌다. 그마저 없을 때는 전자책을 다운받아 읽는다. 한 페이지라도 읽는 습관은 그렇게 들여진 것이다. 나도 한동안 일찍 일어나서 아침 독서를 했다. 꼭 그래야만 하나 했지만 집중은 확실히 더 잘되는 것 같다. 그 시간이 그렇게 귀할 수가 없었다. 아침 독서를 할 때 많은 독서를 할 수 있었다.

잘 안 될 때는 타임 벨을 이용해 시간을 정해놓고 시작해서 끝내보기도 하고, 아침 독서를 위해 알람을 맞추어놓고 일어나서 독서를 하기도 했다. 독서에도 훈련이 필요한 건 맞는 말인 것 같다. 악기를 하나 배우려고 해도, 운동을 시작해도 기초체력 단련 연습을 하지 않은가. 독서가 기본 학습이 아니고 훈련을 해야 한다는 것만큼 슬픈 일은 없는 것 같다. 어렸을 때부터 독서가 기본 학습이었다면 자기가 가진 재능을 더 빨리 알아차리고, 더 넓고 더 많은 세계를 알게 되고, 이 나라를 더 부강하게 만들 인재와 취업으로 고민하지 않고 꿈을 위해 달려가는 청소년이 더 많아지지 않았을까 싶다.

나는 독서 습관을 만들기 위해 도서 목록을 가지고 다녔다. 『독서천재가 된 홍대리』를 읽고 소개하는 책을 모두 적었다. 도서 목록을 적은 수첩을 만들어 읽은 책을 체크해나갔다. 독서에 한층 더 쉽게 접근할 수 있도록 만들어준 책이다. 도서 목록에 하나씩 체크해나가는 즐거움은 이루 말로 표현할 수 없다. 그렇게 뿌듯할 수가 없다. 그렇게 하나씩 체크하면서 읽는 습관을 만들어갔다.

핑계 같지만 독서는 환경도 중요한 것 같다. 우선은 휴대폰의 전원을 끄고 시작하는 게 좋다. 일찍 일어나서 독서를 하고자 마음먹었어도 휴대폰의 내용이 궁금해서 어느 새 눈길은 책이 아닌 휴대폰에 가 있었고 카톡 안의 내용들을 보느라 책에서 점점 멀어지고 있었다. 디지털 기기에 뺏기는 시간은 잠시 같았지만 생각보다 길다. 나는 시골에 있으면서 독서 습관이 제대로 이어진 것 같다. 집중할 공간이 필요했고 그곳이 도서관이었고 일이 끝나면 바로 집으로 가는 대신 도서관으로 가서 1시간이라도 책을 읽고 가자고 마음먹고 행동했다. 그러다 보니 책의 내용이 궁금해서 밤에도 읽게 되고 아침에도 일찍 일어나서 다음 페이지를 넘기게 되었다.

"정신이 흐릿하면 자연의 모든 것이 활기를 잃고, 정신이 맑으면 세상의 모든 것은 빛으로 타오르며 반짝인다."

– 랄프 왈도 에머슨

늦게 자고 일찍 일어나면 생기는 결과에 좋은 뜻과는 상관없을지언정 이 말에 위안을 받았다. 글쓰기를 하느라 아침 루틴은 완전히 무너졌다. 저녁에 늦게 자고 아침에 눈도 제대로 못 뜨고 일어나서 읽는 독서는 오히려 졸음을 더 불러오기도 한다. 지금은 모닝 독서, 아침 독서를 정하지 않았다. 틈나는 대로 읽기로 했다. 엘리베이터 안에서도 읽는다고 해서 나도 따라 해보았다. 처음에는 잘 안 되었지만 의도적으로 순간순간 떠올리려 애를 썼더니, 종이책까지는 아직 습관이 안 되고 전자도서는 펼치게 된다. 1분이 모여서 5분이 되고 5분이 모여서 10분이 된다. 10분 독서를 습관 들이면 1시간도 가능하다. 읽을 시간이 없어서 책을 못 읽는다는 핑계는 적어도 하지 않게 된다.

7

매일 하루 한 시간 독서

매일 한 시간씩 독서를 하면 일주일에 한 권은 읽을 수 있다. 1년이면 50권이 되는 것이다. 매일 한 시간씩 책 읽기를 하라고 세계적인 동기부여가 브라이언 트레이시는 말하고 있다. 매일 1시간 1년, 2년, 3년 꾸준히 하다 보면 전문가가 될 수 있고 전문가가 되기 위한 강력한 방법은 독서를 꼽는다고 말한다. 독서가 물론 모든 일의 정답은 아닐 수 있다. 하지만 내가 원하는 길로 가 목표 지점 가까이 갈 수 있게 만드는 해답이 될 수는 있다. 매일 한 시간이라도 독서를 하기 위해서는 환경도 중요하다고 생각한다. 주위가 어지럽고 복잡하면 책이 눈에 들어올 리가 없다. 더군다나 가족이 함께 생활하는 공간이라면 혼자만의 시간을 만들기 어렵다, 그러나 마음이 있으면 어떠한 여건이라도 내 시간을 만들 수 있다는 것이 경험에 의한 내 지론이다. 무엇보다 상대방의 기분을 상하지 않게 하면서 독서하는 시간을 확보하는 게 가장 좋은 방법이다.

이럴 때 속 좁은 행동보다 지혜가 필요한 것이리라. 취미가 같아야 한다는 말도 일맥상통한다. 독서가 같은 취미가 된다면 서로 방해하지 않으면서 얼마든지 마음 놓고 독서에 몰두할 수 있지 않을까 하는 얘기이다. 옆에서 볼 때 나만 심각하게 독서를 하고 있는 것이지, 아이들도 그렇고 별스럽지 않게 생각하고 잦은 심부름을 부탁할 때가 있다.

누구나 무엇엔가 집중할 때 방해가 이어지면 자신도 모르게 짜증을 내게 된다. 대단한 것도 아니면서 신경이 곤두서고 서로 말은 안 해도 기분을 상하게 하기도 한다. 상대방이 생각할 때 무슨 벼슬이라도 하는 것 마냥 아니꼽게 생각할 수도 있는 것이다. 그럴 때 가족의 방해를 안 받는 시간이 새벽이다. 새벽 한 시간은 낮의 3~4시간과 맞먹는다고 한다. 그래서 새벽 독서를 많이 권장하는지도 모른다. 무언들 쉬울까 만은 마음먹고 독서하기가 참 쉽지 않다.

요즘은 카페 이용을 편하게 할 수 있게 되었다. 옛날에는 커피 한잔 주문해놓고 하루 종일 앉아 있을 수 있다는 것은 생각도 못 했다. 다른 사람들이 카페에서 노트북을 켜놓고 글을 쓰고 독서를 하는 모습들이 SNS에 올라와 있어도 유명 연예인이나 작가들만 할 수 있고, 공부하는 학생들만의 특권인 줄로 생각했었다. 하루 종일 있으면 눈치가 보이지나 않을까 별 걱정을 다 했다. 실제로 적지 않은 젊은이들이 커피 한잔 주문해놓고 하루 종일 있어서 매출에 영향을 받아 어느 카페에서는 커피 값이 아닌 시간별로 계산을 한다는 얘기도 나왔었다.

나도 요즘 책 한 권 들고 카페를 자주 찾아갈 때가 있다. 독서를 하거나 노트북으로 블로그 또는 SNS를 한다. 어느 정도 시간이 오래 지났다 생각되면 커피 한잔을 더 주문한다. 커피 한잔 주문해놓고 몇 시간씩 있는 게 불편하기도 하고, 미안하기도 해서이다. 그런 걸 보면 나는 아직 옛날 사람인 것이다.

어느 날 코로나19로 인해 카페에 앉아 있을 수 없을 때가 있었다. 그날은 날씨가 바람도 불고 꽤나 추웠었다. 약속 시간이 되기 전에 한 시간 정도 시간이 남아 있었다. 오전 일찍부터 오픈하는 카페에 가 있으면 되겠다고 생각하며 갔는데 테이크아웃만 가능하다고 해서 무척이나 곤란했던 경우가 있었다. 날씨는 춥고 들어갈 곳은 없고, 정말 어디를 가야 될지 몰라 막막한 순간이었다. 그때는 편의점에도 들어가 있을 수가 없었다. 공짜로 앉아 있는 것은 아니지만 없어봐야 귀한 걸 안다고, 그런 걸 생각하면 내가 편하게 커피 한잔을 할 수 있고 독서를 하고, 무언가 집중할 수 있는 장소를 제공해주는 것만으로 감사할 일이다.

시간과 여유가 있어야 독서를 한다는 것은 잘못된 생각이다. 버려지는 시간이 얼마나 많은지 다이어리를 써가면서 체크도 여러 번 해보았다. 나는 하루 종일 독서를 하고 있었다고 생각했는데 어느 사이에 스마트폰을 가지고 있었고, 카톡 알람이 뜨는 것을 보고 책에서 벗어나 오픈 채팅방을 둘러보고 있었다. 아니면 유튜브 알림이 뜸과 동시에 유튜브를 시청하고 있기도 했다. 아침에도 한 시간 독서하기로 마음먹고는 책만 펴놓고 엉뚱한 행동을 하기 일쑤였다. 새벽에는 고요하고 적막하기 때문에 누구의 방해도 받을 그 어떤 것도 없었기 때문에 좋았다. 그럼에도 읽다가 말고 일어나서 물을 마시러 간다든지, 운동하는 것을 깜박했다고 갑자기 운동을 한다든지 나도 모르는 사이에 다른 행동을 하고 있었던 것이다.

나는 깨닫지 못한다. 내가 그런 행동을 한다는 것을. 집중력이 없어서도 그렇겠지만 습관이 되지 않아서 그런 것이었다. 처음에는 아침에 일찍 일어났음에도 불구하고 그렇게 집중해서 독서를 하지 못했다. 너무 한심했고 일찍 일어난 보람도 없이 시간을 흘려보낸 것에 대한 억울함 내지는 괜히 손해 본 느낌 등 자기 비하를 하곤 했다. 내 손으로 머리를 쥐어박기도 했다. 읽기로 마음먹기로 했으니 집중이 덜 되어도 계속 시도를 해보았다. 스마트폰 알람을 끔과 동시에 무음으로 해놓고 뒤집어 놓았다. 어떤 날은 이불속에 깊숙이 집어넣었다가 찾느라 애를 먹은 적도 있다.

의지박약이 심해서 그렇게 하지 않으면 나 자신을 이겨낼 수가 없었다. 자신에게 혹독하게 해야 결국에는 성공한다는 것을 조금은 깨닫게 되었다. 그렇게 나는 매일 새벽 한 시간 독서를 시작으로 틈만 나면 책을 손에 들었다. 습관을 만들어나간 것이다. 하루 중 독서하는 시간을 만드는 것은 처음에는 어렵다. 한 시간이 아니라 10분도 이루어지지 않을 때가 있다.

이상한 건 자기 자신이 하는 행동은 잘 모르지만 남이 하는 행동은 눈에 거슬리게 잘 들어온다는 점이다. 항상 수면제 대용인 것 같은 TV 시청할 시간에 자기계발을 위해 힘쓰면 좋으련만. 게임할 시간에 책을 보면 얼마나 좋을까. 누구는 화장실에서도 책을 읽고 성공했다는데 저렇게 오래 앉아 있으면서 멀뚱하니 시간을 보내다니 아깝다 아까워!

"가치 있는 일을 할 때 우리는 바뀐다. 그러면 가치 있는 일을 하려면 어떻게 해야 할까? '가능한 일'을 해야 한다. … 원하는 일에 더 많은 시간을 내는 것은, 싫어하는 일을 하는 데 얼마나 더 적은 시간을 썼느냐가 결정한다. 그런데 생각해보라. 하루 종일 싫어하는 일을 하는 데 매달려 있지는 않은가?"

—『타이탄의 도구들』, 팀 페리스, 토네이도

머리가 복잡한 상태에서 무슨 글이 눈에 들어오겠냐고 하겠지만, 복잡할수록 집중이 더 잘될 때도 있다. 신경을 책으로 모으면 안 되던 집중이 모아지게 되는 것을 발견할 수 있다. 책뿐만 아니라 내가 하고자 하는 곳에 신경을 모으면 그곳에 집중하게 된다. 나는 좀 산만한 편이다. 한 가지에 집중을 못 하고 이거 하다 저거 하다 내가 뭘 하고 있는지 잘 모를 때가 많다. 우리 뇌는 한꺼번에 여러 가지를 집중하지 못하게 설계되어 있다고 한다.

여러 가지를 한꺼번에 하는 경우를 '멀티태스킹'이라고 하는데 한 번에 다중적으로 일을 하면 더 효율적일 것 같지만 오히려 뇌에 스트레스를 준다고 한다. 더군다나 단기기억을 방해하는 호르몬의 분비를 촉진하기 때문에 스트레스는 좋지 않다는 것이다. '멀티태스킹'은 우리가 일상적으로 사용하는 스마트폰으로 인해 일어나는 현상들이다. 공부를 하면서 이메일을 수시로 확인하고 독서를 하면서 계속 SNS을 하거나 유튜브 영상을 시청하면서 다른 음악을 듣거나 하는 다중 프로그램을 뇌는 편하게 인식하지 않는 것이다.

나도 어떤 때에는 노트북으로 강의 영상을 틀어놓고 시청하면서 휴대폰으로 채팅방을 수시로 열어 확인하거나 채팅방에 온 다른 영상을 옆에 틀어놓고 들으려고 할 때가 있었다. 어느 것도 놓치고 싶지 않고 한꺼번에 다 들을 수 있다는 일념하에 시청을 해본다. 모두 귀에 들어오는 것 같고 다 알아듣는 것 같아도, 그 어느 것 하나도 집중되어 들어오지 않고 기억에 남는 것은 없다. 20대도 아니고 그야말로 정신만 산만할 뿐이다.

어느 날 친구가 갑자기 건망증이 심해진 자신에 대해 놀랐다고 얘기한 적이 있다. 나는 젊었을 때부터 기억력도 안 좋고 건망증이 심해서 웬만한 일에 별로 놀랄 일이 아니었지만, 기억력이 남다르게 좋았던 친구는 충격이었던 것 같다. 그랬던 나도 언젠가부터 더 잘 잊어버리기 때문에 휴대폰 메모장에 꼭 메모를 하는 습관이 생겼다. 메모를 해놓고도 잘 못 찾을 때가 있으니 나의 건망증은 오죽하겠는가. 그런데 멀티태스킹이라니! 나이 든 나의 기억력을 오히려 방해하고 있었다.

엄마는 치매로 돌아가셨다. 딸인 나도 가족력이 생길 수도 있다고 해서 정신을 바싹 차리려고 한다. 그래서인가 독서를 하고도 기억력이 남들보다 더 없는 듯하다. 비록 찾기가 힘들 때도 있지만 미리미리 적어놓는 습관을 들이기로 한 것은 필수였고 잘한 일이다. 매일 하루 한 시간 독서는 나의 집중력을 길러주고 기억력을 멈추지 않게 뇌를 활성화하는 것 같다.

나이가 들면 뇌도 늙는다. 안 쓰면 더 늙는 것은 당연한 말이다. 독서가 뇌 건강에 도움을 준다고 하니 얼마나 반가운 소리인가. 특히 밤에 하는 독서가 기억력에 도움이 된다고 하니 나로서는 기쁜 일이 아닐 수 없다. 기억력을 위해서 매일은 아니더라도 잠자기 전 한 시간 독서는 게임에 젬병이지만 해볼 만한 게임인 것 같다.

5장

닥치는 대로 읽으면 거짓말처럼 삶이 바뀐다

1

닥치는 대로 읽으면 거짓말처럼 삶이 바뀐다

네트워크 마케팅 사업을 하면서 처음으로 버킷리스트를 만들었다. 일에 대해서는 진전이 없었고 어떤 성과도 많지 않았지만 하는 동안에 배울 점이 많았다. 남들 앞에 나서기를 싫어하던 내가 조금은 자신감을 갖게 해주었고 독서를 할 수 있게 만들어주었다. 성공과 부자 마인드를 미미하게나마 심어준 계기가 되었다. 그때 적어둔 버킷리스트 중에는 자의든 타의든 1~2가지는 이루어지고 지워졌지만 전적으로 노력해서 이루어야 할 것들은 아직 많이 남아 있다.

버킷리스트를 보는 것만으로도 꿈이 있다는 안도와 언젠가는 이루리라는 희망이 있다는 것을 알고 있기에 비록 실천하는 것도 없고, 노력은 적을지라도 버리지 않고 벽에 붙여둔다. 그러다 보니 어느 해부터는 정말 안 이루어지면 어떡하지? 하는 불안한 마음도 들 때가 있다. 다시 마음잡고 하나라도 이루어야겠다는 다짐을 하게 된다. 나이가 들어가면서 매년 날짜를 변경하고 목록도 조금씩 변해갔지만 큰 틀에서는 변함이 없었다.

나의 버킷리스트는 지금 50가지가 넘게 있다. 하나씩 목록을 더해가고 있다. 그 버킷리스트 중에 빠지지 않았던 것은 바로 독서였다. 항상 첫 번째로 넣은 것이 독서였던 것이다. 처음 독서를 할 때는 주로 자기계발 위주로 읽었다. 독서를 더욱 열심히 하게 된 계기는 도서관에서 운영하는 독서 모임에 참석하고부터였다. 그때 강건 작가님의 『위대한 독서의 힘』을 읽었고 '독서로 운명을 바꾼 그녀 이야기' 부분에서 독서의 힘이 정말 대단하다는 것을 알게 되었다. 나도 독서를 해서 '그녀'처럼 되고 싶었다. 같은 일을 하더라도 어느 위치에서 하느냐가 중요하다는 것을 깨우치게 된 계기가 되었다.

"세상에서 가장 무서운 사람은 책을 한 권만 읽은 사람이라고 한다. 책을 한 권만 읽었다는 것은 아는 것이 책 한 권이 전부라는 말이다. 아는 것이 책 한 권이 전부인 사람의 고정관념은 그만큼 크고 강하다는 것이다."

—『위대한 독서의 힘』, 강건, 누림북스

책 한 권만 읽는 무서운 사람이 아니라, 나도 그녀처럼 일단 400권을 마스터한다는 목표를 두었다. 책 뒤에 나온 100권을 목표로 작은 노트에 모두 적었다. 하루에 한 권을 읽자는 목표로 눈뜨자마자 독서를 하기 시작했다. 하루 한 권은 충분하게 읽을 수 있었다. 어느 작가는 도서관에서 살다시피 했다는데 나도 도서관에서 살고 싶었고, 집 옆이 바로 도서관인 사람들을 무척이나 부러워했다. 나도 도서관 옆에 원룸을 얻어서라도 도서관 바로 옆에 살고 싶다는 생각을 했을 정도였다.

다행히도 걸어서 그리 멀지 않은 곳에 위치해 있는 것만으로 감사하게 생각했다. 도서관에서 빌려올 수 있는 만큼 빌려와서 읽었다. 좀 더 많이 빌릴 수는 없나 매번 생각했는데 하루는 최대 7권까지였던 것이 14권까지 두 배로 빌려주는 날이 있었다. 그날은 이벤트에 당첨이라도 된 것처럼 어찌나 신이 나던지. 지금은 도서관에서 책을 빌려보는 일은 거의 없다. 모두 구매해서 보고 있다.

"남의 책을 많이 읽어라. 남이 고생하여 얻은 지식을 아주 쉽게 내 것으로 만들 수 있고, 그것으로 자기 발전을 이룰 수 있다."

– 소크라테스

무엇을 하든지 그 분야에 관련한 책을 최소한 10~50권 이상 읽으면 그 분야에서 전문가가 된다고 했다. 나는 책에서 본 그녀처럼 되기 위해서 마케팅 관련 책을 더 많이 읽고자 했다. 마케팅 전문가가 되고 싶었기 때문이었다. 전문가는 아니더라도 아르바이트생이 아닌 최소한 매장을 맡아서 관리하는 일을 하고 싶었다. 내가 알고 있던 마케팅은 단순한 논리에 불과했고 쉬운 것 같으면서 어려운 것이 바로 마케팅이었다.

자연염색을 하면서 박람회에 나간 적이 있다. 그곳에서 직접 만든 옷을 판매하기도 하고 스카프도 판매했었다. 우리끼리 날짜와 요일과 두세 명씩 짝을 정해서 하루 이틀씩 판매 부스를 담당하기로 했다. 나는 카페에서 일하고 있었기에 하루만 시간을 할애하기로 했다. 나와 세 명이 담당하는 날인데 함께 공부한 동생이 만든 작품을 내가 판매하게 되었다. 몇십만 원 하는 작품이었다. 그전에 교수님께서 적어놓은 자연염색의 특징과 유의사항을 찍어서 휴대폰에 미리 보관하고 있었기 때문에 내 전화번호와 함께 그분께도 알려드렸다. 혹시 세탁을 잘못했을 때 일어날 수 있는 사항을 예방하기 위해서였다.

그런데 다음 날 바로 그분한테서 전화가 왔다. 옷이 잘못되었다는 것이다. 무슨 소리인가 했는데 오른쪽, 왼쪽 폭이 약간 크기가 달랐던 것이다. 그 동생은 염색만 했기 때문에 그 부분을 미처 몰랐던 것이다. 나는 죄송하다며 일단 반환할 주소를 알려주고 손님이 기분 상하지 않게 반품과 다시 제작하는 것 중 선택사항을 알려주었다. 그분은 옷이 맘에 들었기 때문에 다시 제작을 의뢰했다. 그렇게 나는 염색을 담당한 동생에게 전해주고 옷도 제대로 수선하여 보낼 수 있었다.

모두 생각을 못 한 일이라고, 언니가 일 처리를 잘해줘서 다행이라고 몇 번이나 고마워했다. 만약에 내가 전화번호도 남겨주지 않고 단순하게 판매만 하고 말았고, 판매를 한 후 어떤 행동도 취하지 않았다면 그분은 분명히 나를 욕하는 것은 물론 교수님과 속해 있는 단체를 욕했을지 모른다. 나는 속으로 내가 독서를 하고 마케팅 관련 책을 50권까지는 아니더라도 단 몇 권을 읽은 것이 이렇게 효과를 가져오다니 스스로 놀랐다. 마케팅 관련 책뿐만 아니라 그동안 독서를 하면서 장사를 하려면 어떻게 해야 하는지 조금은 눈이 뜨였던 것이 한몫했다고 생각한다.

가게를 하면서 실패를 했고 실패한 지 십몇 년이 지나고 독서를 하게 되면서 내가 왜 실패하게 되었는지 알게 되었다. 경험 없이 무작정 시작했고 내가 좋아하는 것만 했다는 것과 고객의 입장을 전혀 고려해보지 않았다는 것이다. 소설 『전쟁과 평화』를 쓴 톨스토이가 참고한 자료는 무려 작은 도서관 하나의 분량이었다고 한다. 하물며 아무 경험 없는 상황에서 비록 작은 가게였지만 아무 생각 없이 했으니 실패에 더 가까웠던 것은 어찌 보면 당연한 결과이다. 카페에 출근하면서 어떻게 하면 죽어 있던 카페를 살릴 수 있을까 하고 관련된 책을 골라 읽기 시작했다. 마케팅을 하기 위해 블로그를 하고 인스타그램을 해보았지만 별 소득이 없는 듯했다. 제대로 올리는 방법을 몰랐었고 무조건 올리기만 한다고 되는 것이 아니었다.

나는 책 속의 그녀처럼 되겠다는 일념하에 무조건 독서를 했다. '닥치는 대로 아무 책'이 아니라 좋은 책으로 추천받는 필독서 위주로 선별해서 읽었다. 독서를 재미있게 하라고 해서 어떻게 하면 독서를 좀 더 쉽고 재미있게 할 수 있을까 고민해보기도 했다. 옷을 만들 때도 어려운 것만 골라서 만들더니, 옛날 같으면 쳐다보지도 않을 좀 어렵다는 책도 재미가 있었다. 추리소설이 그렇게 재미있는 줄 몰랐다. 불광불급, 미쳐야 산다고 했다. 나는 책에 미쳤다. 텅 비어 있는 지식 공간을 채우기 위해 많은 양의 책을 읽는 것이 우선이었다. 양이 질을 낳는다고 했다.

"많이 읽을수록 좋다. 이것이 바로 최고의 정답이자 결론이다. … 꾸준하고 열정적인 독서야말로 큰 건물을 짓기 위한 기초공사이다. 인간의 삶에서 가장 필요한 기초공사는 인격과 지혜와 혜안을 갖추는 것이고, 그것은 오로지 독서를 하는 사람만이 가능하기 때문이다."

–『48분 기적의 독서법』, 김병완, 미다스북스

독서법을 소개하는 책을 보면 여러 가지가 있지만 우선 닥치는 대로 많이 읽는 것이 답인 것 같았다. 나의 비어 있는 지식 창고를 채우기 위해서는 많이 집어넣는 게 우선이었다. 그렇다고 그 모든 단어와 지식들이 모두 내 것이 되는 것은 아니다. 많이 읽고 같은 분야의 책을 읽다 보면 어렴풋이 어디선가 읽었던 것 같은 비슷한 내용을 발견하게 된다. 마치 작은 퍼즐 조각 하나하나가 맞추어지듯이, 내가 선택했던 퍼즐 그림이 떠오를 때가 간혹 있다. 아직까지 독서량이 많지 않아서 독서법에 대해 말할 자격은 갖추어지지 않았다.

'닥치는 대로 읽으면 거짓말처럼 삶이 바뀐다.'를 잘못 해석하면 오해할 수도 있으리라. 경제적으로 풍족해져서 땅을 사거나 건물을 사거나 등의 삶이 바뀌는 것을 말하는 것이 아니다. 물론 독서를 해서 물질적으로 그렇게 삶이 더 풍요로워진 사람도 있다. 나도 부자가 되고 싶고 독서를 하면서 돈을 모으는 방법을 알아가고 있다. 닥치는 대로 읽는 것은 좋지만 좋은 책을 선별해서 읽는 것은 무엇보다 중요하다. 나쁜 책이란 없다. 그러나 잘못 선택한 책들은 나의 사고를 그릇된 방향으로 안내할 수가 있다.

나도 처음에는 연예인이 쓴 책, 방송에서 소개되는 책 등을 읽고 좋다고 생각했다. 그 사람들을 좋아하게 되고 유튜브 구독까지 해서 듣게 되었다. 진실이 왜곡된 것을 전혀 모르는 채로 읽고, 듣고, 보았다. 그러나 그 안에 얼마나 많은 거짓이 숨어 있는지 알게 되었다. 내 삶에 독서가 없었다면 진실이 없는 거짓 정보만 믿으면서 살았을 것이다. 그렇게 깨닫게 되기까지는 많은 세월이 있었다. 지금도 정보는 넘쳐나고, 알게 모르게 속으면서 살아가고 있다. 거짓 정보에 속지 말고 우리는 깨어나야 한다고 생각한다. 그러기 위해서 독서를 해야 한다. 진실을 알아야 하고 진실을 말할 수 있어야 한다.

설탕을 물에 녹이면 보이지 않게 된다. 눈에는 안 보이지만 녹은 설탕이 사라지지 않고 과포화 상태가 되면 기존 물의 성질과 다르므로 용액 속에 섞여 있다는 것을 알 수 있게 된다. 독서도 마찬가지라고 생각한다. 많은 양의 독서를 했음에도 불구하고 효과가 눈에 보이지 않는 다고 포기하지 마라. 많은 양의 독서를 하다 보면 양이 질로 변하는 것처럼 어느 순간 효과가 나타날 것이다. 나는 인생의 변화를 바라고 지금의 상황이 그렇지 않더라도 그런 사람이 된다는 확고한 의지를 가지고 삶을 변화시켜가고 있다.

2

독서로 마음이 편해졌다

지금까지 사는 동안 나는 남의 눈치를 수없이 보면서 살았던 것 같다. 없으면 없는 대로가 아닌 없으면서 있는 척, 힘들면서 아닌 척, 괜찮지 않으면서 괜찮은 척, 척, 척, 척, 척하며 살았다. 또한 엄청 게으르면서 나를 스스로 피곤하게 하며 살았다. 외출을 할 때 늦게 일어나 바빠 죽겠는데도 씽크대 안에 설거지를 치워놓고 물기가 없어야 했고, 화장실에 맨 나중에 들어가 바닥까지 물기를 싹! 없애고 나와야 마음 편하게 외출을 할 수 있었다. 가끔은 어쩔 수 없이 어지러워진 채로 나갔지만 웬만하면 뽀송한 상태가 유지된 채로 나가야 직성이 풀렸다고 할까. 깔끔하지도 않은 성격이면서 깔끔한 척하면서 살았다.

그마저도 어쩌면 나를 위한 것이 아니라 혹시라도 남이 보고 흉보는 일을 미연에 방지하느라 깔끔한 척 치워놓고 나갔는지 모른다. 성격도 별로 안 좋다. 나가서는 온순한 양이지만 집에서는 더없이 까칠하고 성깔이 꽤 있었다. 좋게 표현해서 '안 좋다'이다. 나이가 들면서 점점 게을러지고 조금은 무던해졌지만 씽크대와 화장실에 대한 개념은 아직까지 그 생각에서 완전히 벗어나지 못했다. 어디까지나 그건 나만이 깔끔하다고 칭하는 것이지 남들이 보면 그렇지 않을 수 있다.

왜 남의 눈치를 보게 되는 것일까. 누가 집 안에 들어온다고. 나는 내 몸과 마음이 무척이나 힘들 때 오늘이 마지막이 될지도 모른다는 생각에 정리하면서 나가는 버릇이 생겼다. 돈이 없었으니 통장 정리는 할 게 없었고 정리하고 해봐야 속옷 정리. 옷 정리, 노트 정리였다. 제발 아이들에게 빚만 남겨두고 가지 않게 해달라고 빌고 빌었다. 뒤에 남겨진 물건이라도 '깔끔하게!'라는 피곤하고 이상한 논리를 가지고 있었나 보다. 특히 멀리 여행을 갈 때는 더 세세하게 정리를 해놓고 갔었다. 지금이야 대충이고 어떤 날은 고양이 세수하듯 치우거나 2박 3일 치우지도 않는다. 내가 얘기하기 전까지는 아무도 모른다.

"일상생활에서 자신을 너그럽게 대할 것, 자신을 잘 도울 것, 자기 자신에게 어리광을 허락할 것, 자신을 잘 보살필 것을 잊지 말아야 한다."

–『나는 왜 눈치를 보는가』, 가토 다이조, 고즈윈

어느 날 친구를 만나러 나갈 때였다. 옛날 같으면 창피해서 생각도 안 했을 뿐더러 도저히 들고 갈 수 없었던 가방을 들고 나갔다. 밑이 헤져서 조금 벗겨졌길래 매직으로 칠해서 들고 나간 것이다. 칠해서까지 들고 나갈 정도로 가방이 맘에 들었던 것은 아니다. 딱히 들고 나갈 게 없다고 생각했기 때문이다. 멀리서 보면 티도 안 났다. 그리고 며칠 후 예쁜 연예인이 핸드백을 들고 나와 "정품을 보증한다."라고 하면서 광고를 하는 것을 보았다. 심리를 어쩜 저렇게 잘 표현을 했을까. "OO이거나 아니거나"를 보면서 혼자 한참 웃었다. 딱 내 모습이었다. 당당한 듯 아무렇지도 않은 듯 들고 나갔지만 내 마음속에 가짜가 들어 있었기 때문에 당당하지 못했던 것이다. 친구가 가방의 속사정을 아는지 모르는지 알 수 없지만 친구는 아무렇지 않게 생각했을 수도 있다.

'어머! 재는 왜 저런 가방을 들고 나왔을까? 그렇게 돈이 없나? 불쌍하다.' 이렇게 생각했을까? 그렇다 해도 모든 생각은 나로부터 시작된다. 내가 자신 있고 당당하면 찢어진 가방을 들고 간들 뭐라 하겠는가. 자격지심이 우선이었고 자존심이 우선이었던 것이다. 그래서 더 당당하지 못했을 것이다. 찢어지고 해진 가방을 들고 나갔을 때는 '까짓 거 뭐 어때!' 하면서 어느 정도 내 마음이 당당해졌다고 생각하고 들고 나갔던 것일 수도 있다.

막상 들고 나가보니 그건 아니었던 거다. 만남 내내 가방의 헤진 부분은 유독 내 눈에 더 잘 들어온다. 신경이 쓰이는 것이다. 마음이 편하지 않았다. 아직 덜 비웠고 덜 내려놓은 것이었다. 그것은 당당하고 당당하지 않다는 것과는 별개였고 해석을 잘못한 것이었다. 나처럼 함부로 '비웠다, 내려놓았다.'라는 단어를 쓰면 안 된다. 불편한 진실이다.

나는 신경이 예민한 것 같지 않으면서 예민하다. 그리고 속이 좁다. 남을 이해할 줄을 잘 몰랐다. 겉으로 이해하는 척했지만 속으로 혼자 마음 상해 하고 혼자 상처받기도 했다. 소주가 맥주에게 조용히 속삭인다. "막걸리 걔 은근히 뒤끝 있더라!" 어느 일간지 신문에서 본 글이 생각났다. 사람들은 어느 누구 한 명을 뒷담화하기 좋아한다. 같이 있을 때는 전혀 내색 안 하다가 그 사람이 빠진 자리에서 다른 사람들에게 뒷담화하는 것이다. 세상을 살아가다 보면 누구 하나 흠집 없는 사람은 없다. 100% 잘난 사람만 있는 것은 아니다.

그러나 뒷담화하는 당사자는 다른 사람들에게 이야기거리를 만들어주고 어떻게든 한 사람을 깎아 내릴 것이다. 당한 사람의 마음은 어떻겠는가. 뒷담화 대상이 되리라고 상상도 못 했다. 100% 완벽해서가 아니다. 내가 바로 그 뒷담화 대상이었다는 것을 알았을 때 얼굴이 화끈거렸다. 창피해서가 아니라 뒷담화한 사람의 얼굴을 떠올리니 그동안 가식처럼 느껴졌던 모습이 더 형상화되어 나타났기 때문이다. 그런 사람과 내가 지금까지 관계가 괜찮은 척 그 동안 애썼던 내 자신이 너무 안쓰러웠다.

나에 대한 뒷담화를 들었을 대상들을 생각하니 얼굴이 붉어졌다. 그들은 그런 얘기를 들으면서 무슨 생각을 했을까. 나에게 조심스럽게 전달

해준 사람에게 괜찮다고 했다. 괜찮은 줄 알았다. 하지만 괜찮지 않았다. 뒷담화한 사람의 성품을 알기 때문에 그렇게까지 뒷담화를 하고 다닐 줄 몰랐던 나는 적잖게 마음에 상처를 입었다. 그러나 더 이상 관계가 좋아지려고 애쓰지 않았다. 내려놓았다. 나를 내려놓으니 마음이 그렇게 편할 수가 없었다.

나는 독서를 하면서 내 자신이 용기 있게 상처를 덜 받고 담대해질 수 연습을 하게 된 것이다. 오히려 나를 성장하게 해주는 계기가 되었다. 그런 상처는 상처도 아니었다. 나를 돌아보고 내가 더 겸손해질 줄 아는 사람으로 발전해나갔다. 내가 더 온전한 사람이 될 수 있게 채찍질하고 마음을 더 강하게 만들어주었다. 어리석은 사람이 되기보다 좀 더 지혜로운 사람이 되라고 알려주었다.

"뒷담화는 악의적인 능력이지만, 많은 숫자가 모여 협동을 하려면 사실상 반드시 필요하다. 현대 사피엔스가 약 7만 년 전 획득한 능력은 이들로 하여금 몇 시간이고 계속해서 수다를 떨 수 있게 해주었다."

-『사피엔스』, 유발 하라리, 김영사

이렇게 7만 년 전부터 뒷담화를 하면서 인간이 멸종하지 않고 진화해왔다고 하니, 그러고 보면 나의 뒷담화는 진화에 일조를 한 것이다.

세상에 읽을 가치가 있는 책은 수없이 많다. 그중에 마음을 다스리게 하는 책이 있다는 것이 얼마나 감사하고 중요한지 모른다. 작든 크든 상처는 상처 자체로 마음을 병들게 한다. 병든 마음은 어느 약으로도 치료가 불가능하다. 내가 안고 있던 마음의 상처를 내려놓는 것만으로 나는 치료가 된 것이다. 내려놓는 법과 비우는 법을 연습하면서 마음이 편해진 것이다. 수많은 책 중에서 나의 '마음'이라는 책과 함께했기 때문에 가능했다.

"우리는 환경이나 우연의 산물이 아닙니다. 우리는 자기 자신의 생각의 산물입니다. 우리의 생각은 우리의 말과 행동을 결정짓고, 우리를 바라보는 다른 사람들의 시각을 결정짓고, 그들이 우리와 함께 사업을 할 것인지를 결정하는데도 영향을 마칩니다. 생산적이고 성공적인 삶을 영위하고 싶다면 스스로 자신의 생각을 절제할 수 있어야 합니다. 하지만 대다수가 자신의 생각을 절제하려는 노력을 전혀 하지 않은 채 그저 아무렇게나 생각하면서 살아갑니다. 자신의 사고를 절제하는 것은 매우 어려운 일입니다. 그러나 장기적으로 계속 단련하면 마치 피아노를 치는 것처럼 점차 쉬워집니다. 그리고 마침내 자신의 생각을 스스로 절제할 수 있는 경지에 오르게 되면 자신의 마음을 무성한 잡초 대신 아름다운 꽃들이 만발한 정원으로 만들 수 있습니다."

–『템플턴 플랜』, 존 템플턴, 굿모닝북스

세월이 흐르고 나이가 들어서이기도 하지만 나는 세상 사사로운 일에 참 많이 느긋해졌다. 예전에는 누군가 옆에서 조금만 싫은 소리를 해도 기분이 상해서 하루 종일 말도 안 하고, 입이 한 다발 부어서 나와 있기가 일쑤였다. 나를 위하는 일이라고 하면서 남에게 피해를 준 적도 한두 번이 아니다. 소통할 줄 몰랐고 소통은 어렵다고만 생각했다. 아직도 소통이 어려운 건 사실이다. 마음을 내려놓고 조금은 마음이 편해지니 모든 면에서는 아닐지라도 어느 정도 긍정적으로 변하고 있다. 마음의 문을 닫고 입을 봉하고 있기보다, 먼저 말을 건네고 소통의 문으로 다가가려고 한다.

독서를 처음 하면서 끝까지 읽어야 한다는 강박관념에서 벗어났고 시간 관리가 잘못되어 있어 나를 바꾸려고 부단히 애를 썼던 것도 어느 정도 물 흐르는 듯 맞추면서 생활하고 있다. 조금씩 나에게 맞는 방식으로 그러나 때로는 느슨하지 않게 더 나은 방법을 찾아 실행하고 있다. 생각과 마음, 그리고 행동이 일치하면 지금보다 잘해나가지 않을까. 무엇보다 인간관계에서 편해졌다고 볼 수 있고, 주위의 평판이나 시선 따위 덜 신경 쓰고 독서를 하고 있으니 어느 정도 마음이 편해졌다고 볼 수 있다.

독서를 왜 해야 하는지 알 수가 없을 때가 있었다. 몇 번이고 슬럼프를 겪기도 했다. 독서를 하면서 세상을 살아가는 좋은 이유를 하나라도 찾는다면 나는 기꺼이 좋은 환경을 만들고, 그 속에서 존재하면서 살아갈 것이다. 내가 좋아지면 옆 사람도 좋아지고 내 주변 사람도 좋아지는 환경이 되고 그렇게 선순환을 이어가면 좋겠다.

3

자기계발을 위한 기본은 독서

공부에 한이 맺혔는지 아이들이 어렸을 때부터 일본어 공부를 하느라 밤을 새기도 했고, 나중에는 네트워크 마케팅 사업하느라 하루 종일 강의를 듣곤 했다. 집에서 공부하고 있는 사람은 나뿐이었다. 아이들이 밤새워 공부를 해야 되는데 뒤바뀌었다고 우스갯소리도 했었다. 부모가 공부를 하고 있으면 아이들도 따라서 한다던데 우리 집 아이들은 엄마는 엄마일 뿐이었는지 아이들은 관심이 없어 보였다. 나중에 보니 영향이 아주 없지는 않았던 것 같다. 아들은 엄마를 보고 일본어에 관심을 가지게 되었고, 딸은 결혼하고 임신했을 때 엄마가 책을 읽는 것을 보고 도서관에 다녔다고 하니 큰 성공은 아니지만 작은 영향이라도 주었으니 그걸로 만족한다.

그렇게 공부하고 강의 듣는 게 좋았던 나는 머리가 무진장 나쁜데도 무언가를 배우고 들으며 열심히 나름대로 자기계발을 했다고 생각한다. 이해력이 부족해 한두 번 들어서는 이해가 안 간다. 같은 강의를 수십 번은 아니어도 정말 몇 번씩 들었는지 모른다. 어떻게 하면 부자가 될 수 있을까 생각했고, 부자에 대한 강의와 잘나가는 사업자의 강의를 제일 많이 들었던 것 같다. 강의를 들으며 따라 적었고 부자 마인드를 갖고자 노력했다. 성공자의 매뉴얼을 그대로 따라 하면 성공할 수 있다는 생각이 나의 사고를 지배하게 만들 수 있다.

강의대로 하면 곧 부자가 될 수 있을 것 같았다. 부자가 되려면 부자들이 했던 방식을 따라 하고 성공하려면 성공한 사람들과 인맥을 형성해야 된다고 했다. "부자는 아무나 되는 게 아니다." "성공이 그렇게 쉽다면 누구나 성공했지!" 등 부자가 되려고, 성공하려고 노력조차 하지 않는 사람들과 주위에 부정정인 생각을 가지고 있는 사람들과 어울리면 안 된다고 했다. 드림킬러들의 꿈을 뺏는 소리를 들으며 지낸다면 무의식적으로 우리 뇌는 부정정인 생각들을 증명이라도 하듯이 부정정인 생각으로 방향을 유도하게 된다고 한다.

그럴수록 성공과 부에 관한 강의를 더 열심히 들었다. 꿈을 빼앗기지 않기 위해 들었고 함께 꿈을 이루어가고자 노력했다. 그렇게 꿈은 하늘을 찌를 듯 높기만 했다. 그런 노력이 헛수고이며 낭비된다고는 한 번도 생각하지 않았다. 하지만 인풋만 있고 아웃풋이 전혀 없었던 내가 하는 공부는 강의는 강의일 뿐이었고, 아무 일도 일어나지 않았다. 무엇이 잘못되었을까.

나는 바다를 좋아한다. 주말이면 차를 몰고 바다로 갔다. 강릉은 젊은 이들이 많고 속초는 조금 멀고 어디가 좋을까 하다가 낮에도 그리 시끄럽지 않고 조용하면서 바다가 있는 주문진 어느 한 곳을 정해서 자주 갔었다. 휴가 때나 명절에도 별일 없으면 달려갔다. 그곳에서 빼놓지 않고 가는 곳이 있었다. 우연히 알게 된 테라로사. 그곳에서 원두를 사서 여행 내내 커피를 내려 마실 수 있었다. 그때부터 테라로사를 좋아하기 시작했다. 각 지점을 투어하며 스탬프까지 찍는 일까지 했었다.

커피를 좋아하기 때문에 유명한 곳을 찾아가는 편은 아니지만 맛있는 집은 찾는 편이다. 소박하면서 커피가 맛있는 집을 찾아보지만, 아직 그런 곳은 발견하지 못해서 그런지 만나보기 쉽지 않았다. 어느 날부턴가 테라로사에 사람들이 넘쳐났다. 커피 한잔을 사기 위해 몇십 분씩 기다려야 할 때가 있었다. 거의 주말에 가기 때문에 더욱 사람이 많았다. 나는 원두만 사오는데도 기다림은 마찬가지였다. 우리나라 커피 소비량이 늘어나고 남녀노소 할 것 없이 커피를 찾는 시기가 오면서 어느 날 갑자기 많아진 것 같다.

많아진 만큼 내가 가는 빈도는 줄어들었다. 언젠가부터 테라로사를 안 가게 되었다. 가고 싶어도 사람들이 많을 거라는 생각에 체념을 하게 된 것이다. 집 근처에서 커피를 아예 준비해가기 시작했고 카페를 찾는 일도 줄어들었다. 오래도록 빨간 봉투의 테라로사 커피를 보면 기분이 좋았던, 처음 갔던 기억을 버리지 못하고 빈 봉투만 보관하고 있었다.

테라로사는 안 갔지만 시간이 나면 바다로 향했다. 지금은 일을 떠나 마음 놓고 여행을 간 지 2년이 넘은 것 같다. 주문진이건 어디건 떠나기 전에 나는 책을 몇 권 챙긴다. 책을 안 들고 가면 그 지방 서점에 가서 반드시 책을 구매해서 읽는다. 카페 구석진 자리에 앉아서 몇 시간이고 읽다 보면 어느새 마음은 풍요로워지고 보람된 하루를 보냈다는 기분마저 든다. 한번은 울산에 일이 있어 갔다가 부산에 테라로사가 있다는 것을 알게 되었다. 얼마나 반가웠는지 한 시간가량을 달려서 찾아가기도 했다.

부산 테라로사는 내가 하루 종일 놀기에 너무 좋은 곳이었다. 바로 '예스24 중고서점'이 같이 있었는데 그렇게 큰 규모로 자리하고 있는 줄은 몰랐다. 그곳에서 읽고 싶었던 책을 검색해서 구매하기도 하고 전혀 예상하지 못했던 책을 완전 반값보다 싼값에 구매해 오곤 했다. 구매한 책을 다 읽고 오기도 하고 다른 책을 가지고 와서 읽다가 오기도 했다. 부산에 갈 때마다 다른 곳은 갈 생각도 안 하고 무조건 테라로사로 갔다.

서점은 11시에 오픈하기 때문에 테라로사에서 커피 한잔 마시면서 책을 보고 있다가 서점으로 가서 다시 책을 골라보는 재미에 푹 빠져 있다

오곤 했다. 예전부터 부산에 가면 왠지 마음이 편했다. 친구가 있어서 이기도 하지만, 요즘은 친구에게 미안하지만 독서를 하고 대형서점을 가고, 중고서점을 가느라 하루가 바쁘다. 연락을 못 하고 올 때도 있다.

성공자들은 남들과 똑같이 100%로는 모자란다고 한다. 110% 노력하라고 한다. 다른 사람들과 달라야 한다고 하고 익숙하지 않은 것에 과감하게 도전하라고 한다. TV에 나오는 유명 저자의 토크쇼나 성공에 관련한 강의를 들으며 열심히 메모하고 연신 고개를 끄덕이던 사람들처럼 나 역시 그랬다. 모든 좋은 말들은 가슴에 바로 와닿았고, 듣는 동안에는 귀에 쏙쏙 들어오면서 마음이 업 되기도 했다. 강의가 끝나면 나를 자책하기 시작한다.

나는 왜 이렇게 사는지 모르겠고 나만 성공하는 법을 몰랐고 나만 뒤처져 있다고 생각하기 시작한다. 그리고 다시 강의를 찾아 듣는다. 그런 일상이 반복이 되었다. 그러나 열심히 강의를 들었을 때나 심지어 그렇게 테라로사를 찾으며 여행을 갔을 때도 열심히 독서를 했건만 달라지는 것은 별로 없는 듯했다. 무엇이 문제였을까. 정답은 바로 실천 독서에 있었다. 실천 독서 모임을 하면서 알게 된 깨알 같은 사실이다.

실천 독서를 해야 한다는 것을 알고 있으면서 행동하지 않았기 때문이었다. 이제는 책에서 보는 한 가지 문장을 실천해보려고 노력한다. 그래야 인풋만 되는 것이 아니라 아웃풋도 함께 일어나서 독서의 효과를 제대로 볼 수 있었던 것이다. 3년 동안 꽤 많은 양의 독서를 했다고 생각했다. 도서 목록을 봐도 그렇고 집에 쌓여 있는 책들과 그동안 도서관에서 본 책, 빌려다 본 책, 전자도서관 등 모두 합하면 300권은 훨씬 넘는 것 같다. 3년 동안 300권이면 1년에 100권 이상은 읽은 것이다.

그 이후에는 세어보지 않았으니 어쩌면 훨씬 더 많은 독서를 했다고 볼 수 있다. 많은 양의 독서를 했지만 나의 신변에 일어나는 발전이나 그 어떤 성장도 변하고 있다는 것을 볼 수가 없었다. 한때는 많이 실망을 했다. 옆에서 그렇게 많은 책을 읽고 하는 사람이 왜 그러냐는 둥 질책을 당하기도 했다. 그런 얘기를 들을 때마다 정말 내가 독서를 한 게 맞나 싶었고 계속 붙잡고 있어야 되나 하는 의문도 들기도 했었다. 그래도 독서는 습관이 되었는지 책을 손에서 놓으면 안 되었다. 책은 나의 유일한 친구라고 생각했으므로 절대로 놓을 수 없었고 독서를 하지 않고서는 매일을 견디기가 힘들었기 때문이다.

독서를 하면서 표면적으로 어떤 변화는 일어나지 않고 아직 성공을 했다거나 하는 성과는 일어나지 않았다. 그래도 열심히 독서를 했다. 나는 독서를 하고 서평이나 독후감 쓰는 것을 무척 싫어한다. 아직도 어려운 부분이다. 쓰고 싶었지만 글쓰기가 너무나 어려웠기 때문이다. 남들이 써놓은 후기라든가 책을 읽고 요약해서 올린 것을 보면 어떻게 그렇게 잘 쓰는지 부럽기만 하고 나는 도저히 못 할 일이라 생각하고 읽기만 했던 것이다.

어느 날 크게 깨닫게 된 것은 독서를 하고 성공했던 분들은 모두 메모를 하고 필사를 하고 글을 썼다는 사실이었다. 그리고 실천하고 행동했다. 인풋만이 아닌 반드시 아웃풋을 함께했다는 것을 한참 후에 알게 되었다. 강의를 듣기만 했고 독서만 했던 내가 변하지 않고 성장이 느린 이유였다. 이후에 독서를 하면서 독서노트에 마음에 드는 문구를 따라 필사하고 읽은 소감을 블로그에 짧게나마 올렸던 시간은 내가 할 수 있었던 최소한의 아웃풋이었던 것이다. 그 아무 소용없다고 생각했던 강의나 내가 3년 동안 독서했던 시간을 보면 결코 헛된 시간은 아니었다. 자기계발을 위해 꾸준히 독서를 하면서 무언가 아주 작은 것이라도 행동을 한 것이 나의 심금을 울렸고 나를 조금씩 성장하게 만들어준 것이다.

자존감은 바닥이었고, 모든 것에 자신이 없었을 때 죽고 싶었던 마음을 다잡아준 것은 독서였다. 하나씩 마음 안으로 성장할 수 있었던 것도 독서를 했기 때문이다. 어떤 방식으로 더 나은 삶을 사는가에 대한 의식은 사람마다 다르다. 어떻게 생각하고 어떻게 자기계발을 함으로써 좀 더 나은 미래를 맞이할 것인지도 각자의 선택이다. 무엇을 하든 마음먹기에 따라 달라졌겠지만 자기계발을 하는 데 꼭 필요한 것은 독서이고, 독서를 빼놓고 하는 자기계발은 없다고 생각한다.

독서를 하면서 체계적으로 성공한 분들의 책을 찾아 읽으며 그들이 먼저 했던 방식을 따라 하고 변화하려는 의식을 갖추고 있다면 분명히 성장하고 성장해 있을 것이다. 나는 곧 60이 된다. 60이라는 숫자가 아직 어색하지만 늦은 나이는 없다. 내가 시작하는 그때가 최선이고 최고인 것이다. 70대, 80대가 보면 나는 아직 청년이다. 자기계발을 위해 내일이 아닌 지금이라도 시작하는 것이 가장 빠른 것이다.

4

지금의 내가 만족스럽지 않다면 독서부터 시작하자

정해놓았든지 안 정해놓았든지 사람들이 살아가는 방식은 천차만별이다. 그 천차만별인 삶 중에서 일부분을 누군가를 위해서 아주 잠깐의 희생도 할 여유가 없다는 것을 누가 이해할까. 그건 희생이라고 할 수도 없다. 그저 잠깐의 시간을 내는 것뿐이다. 단 5분도 안 되는 시간을 할애 못하고 서운함을 주었다면 그 5분은 어쩌면 상대방에게 평생 잊지 못할 일이 될 수도 있다. 무엇을 위해 사느라 그렇게 허덕이며 살아가고 있는 것일까. 생각할수록 온 기운이 빠져나가는 느낌이다.

어느 날 딸이 아이 둘을 보느라 진땀을 빼는 상황을 보고도 도와주지 못하고 그냥 나온 적이 있었다. 잠깐 5분만 시간이 있어도 되는 일이었다. 고생하는 것을 원하지 않았기 때문에 둘째를 낳는 것을 나는 탐탁지 않아했다. 하나만 잘 키우면 됐지 둘째를 낳는다는 것보다 딸이 얼마나 희생을 해야 하는가에 더 초점을 맞춰 생각했기 때문이다. 누구나 아이를 키우면 희생은 물론이고 당연히 고생이 뒤따른다는 것을 알고 있다. 지금은 세상이 어려운 것뿐만 아니라 어지러운 세상이다. 이런 시기에 아이를 둘 키운다는 것은 사위도 딸도 모두 힘들겠다는 생각을 먼저 했다. 그래서 더 적극 말리고 싶었던 것이다.

다른 엄마와 다르다는 것을 딸은 안다. 그것을 아는 딸은 둘째를 가졌다는 소식을 나에게 빨리 알리지 않았었다. 서운해하지 않았다. 맘껏 축하해주지 못해 오히려 미안했다. 마음으로든 물질적으로든 딸에게 못 해준 것들, 아들에게 못 해준 것들을 생각하면 그것이 쌓이고 쌓여 마음이 더 급할 때가 있었다. 더 크기 전에, 결혼하기 전에 내가 먼저 잘되어 있어야 했고 잘사는 모습을 보여주고 싶었지만 언제나 나는 제자리만 맴돌고 있었다.

아이들에게 미안했지만 내 인생은 내 인생이고, 네 인생은 네 인생인 것이라고 생각했다. 서운해도 어쩔 수가 없었다. 하지만 돌아보니 내 인생은 무엇인가 싶은 것이다. 내가 안고 있는 나의 상황을 그 누구에게도 말을 못 하니 가슴이 답답하고 터질 뿐이었다. 일은 일대로 잘 안 풀렸고 버는 것보다 나가는 돈은 점점 커지고 하루에도 몇 번이고 마음을 애써

추슬러보지만 마음의 고통은 줄어들지 않았다. 아무도 만나고 싶지 않을 만큼 마음의 문을 닫았고 사람들과 의도적으로 멀어지게 환경을 만들어 보기도 했다. 혼자 사는 세상이 아닌 이상 그럴수록 사람과 부딪히는 일은 더 잦아지는 것 같았다.

'나'라는 존재감에 대해 생각해보았다. 지금의 삶이 만족스럽지 않다고 만약에 내가 사라진다면 우리 아이들은 어떻게 되는 것일까. 엄마로서 어떤 영향을 주고 있는 것인가. 지금까지 준 상처도 모자라서 아이들을 위해서 무엇을 했다고 더 큰 상처까지 남기려고 하는 것인가. 희생이라고 할 만큼 애를 쓰면서 키워본 적이 있는가 하면 그런 적은 한 번도 없는 것 같다. 무엇에 허덕이며 살았는지 무엇에 정신을 팔고 살았는지 남는 게 없다. 딸이 말했다. "다른 무엇인가 관심 쏟을 만한 게 있었겠지." 하고. 딱히 없다. 자식에게 부끄러운 일들밖에 없는 것 같다. 아이들이 휴일에 집에 올 때도 항상 바빴고 아이들과 따뜻한 밥 한 끼 제대로 먹은 적이 없었다. 그리고 아이들은 훌쩍 커버리고 함께할 수 있는 시간은 더욱 없어졌다.

나는 아이들의 인생을 책임져주지 못하고 아이들도 내 인생을 책임져주지 못한다. 서로 각자의 삶을 살아가기 바쁘다. 나는 아이들에게 짐이 되지 않기 위해서 노력할 뿐이었다. 웃픈 현실이지만 100세 시대, 재수 없으면 150까지 산다고 한다. 길고도 험난한 지금부터의 인생을 누구에게 맡긴단 말인가. 상대적 빈곤감과 허탈감이 몰려들고 가끔 우울감에 빠져 넋 놓고 있을 때도 많았다. 앞으로의 인생을 어떻게 살아야 할지 생각하면 막막하기만 했다. 막막할 뿐인 중년의 나는 다시 힘을 내어 일어나야 했다. 아무도 책임져주지 않는 내 인생이었다. 이제 내가 조금은 편안해지고 앞으로의 인생이 모범이 된다면, 지나온 아프고 상처뿐인 과거는 과거에 불과하다고 여겨질 것이다. 과거 없는 사람이 어디 있겠는가. 과거에 매여 헤어나지 못하고 자신을 질책하며 사는 것보다 어떻게 딛고 일어서는가가 더 중요할 것이다.

"인생의 밑바닥에서 진짜 내가 누구인지 알게 되었고, 예전에도 행복하다고 생각하며 살았지만. 겉과 속이 하나가 되어 사는 맛을 알게 된 뒤로는 '진짜 행복하다'고 느낍니다. … '진짜 나로 살아가는 맛'은 바로 이 맛입니다."

– 『지선아 사랑해』, 이지선, 문학동네

무언가 풀리지 않는 숙제처럼 가슴속에 묵직한 응어리가 남아 있다고 느낄 때, 마무리해야 할 일 처리에 뾰족한 대안이 없어 답답해하고 있을 때, 내 안에 들어 있는 감정만 깊이 들여다볼 것이 아니라 다른 사람들의 삶을 살짝 들여다보는 것만으로도 한결 위로가 된다는 것을 알았다. 그럴 때 조용히 찾아갈 수 있는 곳은 어느 여행지도 아니고 사람도 아닌 바로 책 속이다. 책에서 나에게 도움이 될 만한 사람을 만나고 그들의 인생 이야기를 듣다 보면 내 인생은 그야말로 복에 겨운 하소연밖에 되지 않는다. 내가 걸어온 길을 돌아보면 꿈만 같지만 그들의 인생에 비하면 나의 고생은 새털만큼도 큰 것이 아니었다. 마음의 상처는 물론 정신적으로 받았을 충격과 고통을 긍정의 힘으로 이겨내고 오히려 사람들에게 희망의 메시지를 전달해주는 사람이 더 많았다. 나는 세상 한복판에 혼자서 있는 사람처럼 투덜거리기나 하고 못 살겠다고 어른이 되어서까지 징징거리는 사람밖에 되지 않았다.

한때 불면증으로 고생을 할 때 폐경기 때도 겪지 않았던 몸의 이상신호를 느끼게 되었다. 거의 매일을 뜬 눈으로 잠을 못 자고 지새운 탓에 갈수록 몸은 쇠약해졌고 정신은 몽롱하기만 했다. 낮과 밤이 거꾸로 흐르는 것 같았고 온 신경이 곤두서 민감해질 대로 민감한 상태가 되었다. 단순하게 피곤한 정도가 아니라 무기력해졌으며 행동마저 느리게 움직여졌고 만사가 귀찮아졌다. 눈은 충혈되고 빠질 듯 아팠다. 전신에 피로감이 몰려왔고 실어증, 망각증, 불면증에서 벗어나지 못하고 한 달가량을 비실거리며 지냈다. 모든 것이 내 마음 같지 않았고 사람을 그렇게 미워할 수 있고 사람을 믿지 못하고, 사람 때문에 정신병원에 갈 정도로 병이 날 수 있다는 것을 체험한 것이다.

병원에 가지 않았다. 이럴 때 나에게 좋은 병원이란 없었다. 아마 두통

약과 신경안정제 정도 처방해줄 것이다. 배가 아파서 병원에 갔을 때 의사는 장염이라고 했다. 그 당시에 유행하는 것이 장염이었으므로 장염약을 처방해주었다. 나는 장염이 아니었다. 극심한 스트레스로 인한 복통이었다. 나와 싸워 이겨야 한다고 생각했고 일어날 수 있다고 마음속으로 기도했다. 생각이 많으니 잠도 오지 않은 것 같다. 나는 나 자신에게 만족할 수가 없었다. 모든 일에 자신이 없었다. 내노라 할 정도로 보여줄 것도 없었고 보여줄 곳도 없었다. 잘하는 것도 없는 것 같고 무얼 해야 하는지, 내가 잘하는 것은 무엇인지 결정하지 못하고 있었다.

남들이 나를 어떻게 볼지에 신경이 쓰였고 나를 돌아볼 마음의 여유가 없었다. 하고 싶은 것도, 해야 할 일들도 많은데 어느새 세월이 흘러 나이만 중년을 훌쩍 넘어섰다. 살아오면서 잡을 수 있었던 많은 기회를 잃어버렸다는 것 때문에 슬펐고, 잃어버린 내 자신과 할 수 있다는 기대감이 점점 더 줄어든다는 것에 대해 슬펐다. 꼬여 있는 문제를 하나씩 풀듯 헉헉거리며 살아온 지난날들이 아득히 먼 꿈처럼 느껴졌다.

"우리 모두는 진흙 불상과 같다. 우리는 두려움 때문에 온갖 딱딱한 점토로 우리 자신을 감추고 있다. 그러나 우리들 각자의 내부에는 황금 부처, 황금 그리스도, 즉 황금으로 만들어진 본질이 숨어 있으며, 그것이 바로 우리들 자신의 진정한 모습이다. 삶을 살아가면서 어느 순간부턴가, 우리는 우리의 황금 본질, 우리의 본래 모습을 진흙으로 감추기 시작한다. 끌과 망치로 그것을 걷어 낸 그 승려처럼 이제 우리가 할 일은 다시금 우리의 진정한 본질을 되찾는 일이다."

—『영혼을 위한 닭고기 스프』, 잭 켄필드, 마크 빅터 한센, 푸른숲

깊이 생각하고 고민했다. 나의 본질은 무엇일까? 내 속에 있는 황금은 무엇일까? 무엇 때문에 딱딱한 진흙으로 단단하게 감싸고 있는 것일까? 나를 둘러싸고 있는 딱딱한 진흙은 무엇일까? 진정 내 안에 황금은 있는 것일까? 변변한 것 하나 갖고 있지 않은 나라는 존재를 알리는 두려움, 못났던 내 과거, 허상뿐인 내 실체, 게으름, 끈기 부족, 비 열정, 양은냄비 근성. 모든 것이 만족스럽지 않았다. 만족스럽지 않았고 자신이 없었기 때문에 나라는 존재를 드러내고 싶지 않았다.

현재는 과거로부터 온 것이다. 그리고 미래를 만든다. 과거를 벗어나지 않고서는 미래를 만들 수 없다. 잘살았건 못살았건 과거 안에 갇혀 살다 보면 과거가 나를 지배하게 만든다. 과거를 벗어나기 위해서는 과거와 화해하고 용서하고 질질 끌려가는 삶이 아니라, 내가 주인이 되는 삶을 살아야 한다. 독서는 내면의 나를 강하게 만들어주었다. 누구와 싸울 필요도 없이 스스로 이겨내게 만들어주었다. 나 자신을 만족시키고 내가 즐겁고 무엇이 신경 쓰이고, 무엇이 겁나고 무엇이 두려울까. 단단하게 쌓여 있던 진흙을 조심스럽게 하나씩 깨나가기 시작했다. 나의 황금을 찾기 위해서. 나의 본질을 찾기 위해서.

5

인생 2막을 위한 독서의 힘

결혼 전에 일본어를 배우기 위해 학원을 잠깐 다닌 적이 있다. 종로에 있는 학원이었는데 끝나면 가끔 종각지하상가를 구경하기도 하고 황학동까지 걸어가서 이것저것 둘러보곤 했었다. 내가 학원을 다닐 때는 파고다 공원이라 불리었던 그 공원을 지나갈 때 노인이 많이 모여 있는 것을 보고 적잖이 놀란 적이 있었다. 저렇게 많은 노인들이 대낮부터 낮에 공원에 모여 하릴없이 보내고 있다니! 그 모습은 두고두고 내 머릿속에 남아 있었다. 나는 노인이 되어도 저렇게는 살지 말자 마음먹었고 노인들이 할 수 있는 일이 없을까 하고 많은 생각을 했다. 지금 생각해보면 정부가 노인 문제에 대해 미리 예측하고 준비하지 않았던 것이 우선 문제로 보이지만 정치에 관해 문외한이라 알 수가 없었다.

20년 전쯤 일본 여행을 할 때 맥도날드 같은 패스트푸드점에서 노인들이 주문을 받고 있는 것을 보고 우리나라는 왜 안 될까 궁금했다. 지금은 몇 년 전부터 우리나라도 많이 달라져서 어른들도 일을 하는 모습을 많이 볼 수 있다. 무엇을 하면 '어른들이 일을 하면서 지낼 수 있을까? 어른들이 할 수 있는 일이 뭐가 있을까?' 버스를 타고 파고다 공원을 지날 때마다 한동안 그 고민을 많이 했었다. 파고다 공원의 그때의 풍경은 사라졌어도 지금도 노인정에 가보면 어른들이 삼삼오오 모여서 하루를 보낸다. 옛날보다는 연령대는 훨씬 높아졌으리라. 노인이라 해도 아직도 건강하고 일을 할 수 있는 나이로 보인다.

우리 아버지만 봐도 그렇다. 건강한 신체를 지녔으면서도 나이가 많다는 이유로 일할 곳을 잃어버린 채 몇 년을 회관에서 보내신다. 청년실업은 더 늘어나고 있다고 하니 말하면 무얼 하겠는가. 다행히도 아버지는 농사도 짓지만, 젊었을 때 기술을 가지고 있어서 아직까지 손길이 필요한 곳이 있으면 연장을 챙겨 들고 남의 일을 해주실 때가 있다. 기술이 있다는 것은 나이 들도록 유용한 것이라는 것을 알았다. 내가 바느질이든 무엇이든 끝없이 배우려고 했던 것도 돈도 돈이지만 어쩌면 나만의 기술을 가지고 있기 위함이었는지 모른다.

코로나 이후 사라지는 직업이 80%라고 한다. 대신 그보다 훨씬 많은 새로운 디지털 직업이 생겼다고도 한다. 새로운 기술과 직업에 대한 공부를 하지 않으면 새로운 세상으로 들어갈 수 없다. 아직도 유교사상에 젖어 박사, 의사, 변호사 '사' 자를 좋아하는 사람이 있다면 그만큼 미래를 준비하지 못하고 있다고 봐야 한다. 이런 전문직이 더 이상 명예와 지위, 수입을 보장해주지 않는다. 4차 산업혁명이 나왔을 때 이미 사라지는 직업에 속한 전문직들이다. 인공지능에 모두 대체되는 직업인 것이다.

"지금 기계처럼 일하는 사람들은 앞으로 더 나은 기계인 '인공지능'에게 대체될 것이다. 인간 고유의 활동인 '독서', '사색', '성찰' 등을 통해 자신을 새롭게 만들어가고 있는 사람들은 '인공지능'에게 대체되지 않을 것이다. 아마도 인공지능에게 지시를 내리는 존재가 될 것이다."

– 『에이트』, 이지성, 차이정원

전문직이 되더라도 미래 트렌드를 읽을 줄 알아야 하고, 먼저 공부를 하고 자기계발을 위해 독서하지 않으면 안 된다. 아버지와 내가 자라온 시대에는 연장을 잘 사용할 줄 아는 기술만 있어도 얼마든지 먹고살았다. 앞으로는 그 연장을 디지털과 어떻게 연계해서 잘 사용하는지도 알아야 한다. SNS를 보면 내가 살았던 이전보다 세상 사람들은 훨씬 더 가깝게 연결되어 있는 것을 볼 수 있다. 과거로 더 이상 돌아갈 수 없다. 다가올 문제에 대한 해결책과 답을 찾지 않으면 안 되는 상황인 것이다.

독서에 한창 몰입해 있을 때 베르나르 베르베르의 『뇌』라는 소설을 읽었다. 인간이 컴퓨터를 상대로 체스 대결을 하고 인공지능 딥 블루를 꺾고, 인간이 승리하면서 이야기가 전개되는 미스터리 소설이다. 그 어느 때보다도 흥미진진하게 읽었지만 '칩' 하나로 인간의 뇌를 자극해서 만족을 얻을 수 있고, 조종되는 것을 보고 인간이 뇌를 쓰면서 똑똑해지는 게 아니라 뇌를 통해 인간이 조종당할 수도 있다는 생각에 무섭다는 생각마저 들게 했던 소설이다.

10년이면 강산도 변한다는 말조차 구석기 시대에서나 나올 법한 얘기가 되고, 내가 살고 있는 세상은 2015년 어느 날 파고다 공원의 돈 없는 노인과 돈 없는 청춘에 대한 뉴스가 나온 것보다 변해도 너무나 많이 변했다. 코로나19 이후 언택트 문화가 시작되면서 세상은 급속도로 변하고 있다고 한다. 5G를 사용하고 '디지털 트렌스포메이션' 단어를 듣고 있는 세상에 살고 있지만, 평범한 우리는 잘 알아차리지 못하고 있는 것 같다. 알파고와 AI, 인공지능이란 말이 나온 지도 수년이 되었다.

페이스북, 인스타그램, SNS에 일상을 올리는 것부터 카톡 대화, 음식 배달앱으로 음식을 시켜 먹는 것, 온라인 게임을 즐기는 것까지 모두 메타버스에서 살아가는 방식이라고 한다. 지금 이 순간에도 우리는 메타버스 안에 있고 메타버스를 만들어가고 있다고 한다. 독서를 하지 않았다면 메타버스가 무슨 뜻인지 알기나 했겠는가. 그저 2층 버스처럼 새로 운

행되는 버스 정도로만 알았으리라. 자동차를 주로 이용하니 그런 용어가 있는 줄도 몰랐으리라. 나도 아직 용어가 있다는 정도로만 알고 있다. 무의식 중에 일상적으로 사용하고 있는 모든 것들에 대한 용어도 모르고 쓰고 있는 것이다.

모든 것을 알지 못해도 지금까지 잘 살아가고 있다. 아니 살아왔다. 하지만 앞으로 다가오는 미래는 공부하지 않으면 안 된다고 한다. 지금까지 반을 살았다고 하면 앞으로 더 살아야 할 미래는 우리가 살았던 농경시대가 아니다. 호미 들고 괭이로 밭을 일구던 시대가 아닌 것이다. 그럼에도 우리는 아직도 호미와 괭이로만 밭을 일구고 있는 격이다. 아날로그가 유행하고 있다고 해도, 어쩔 수 없는 부분이 있더라도 다가오는 인생 2막을 준비하기 위해서는 디지털 공부를 하지 않으면 안 된다고 전문가들은 앞을 다투어 이야기한다. 준비 없이 평범한 사람들은 평범한 생각만 하면서 안일하게 살고 있는 것이다.

"스마트폰, 컴퓨터, 인터넷, 등 디지털 미디어에 담김 새로운 세상, 디지털화된 지구를 메타버스라 부릅니다. 메타버스는 초월, 가상을 의미하는 메타와 세계, 우주를 뜻하는 유니버스의 합성, 즉 현실을 초월한 가상의 세계를 의미합니다."

–『메타버스』, 김상균, 플랜비디자인

나는 일에 쫓기고 생활에 쫓기고 끊임없이 무엇인가에 쫓기며 인생을 살아왔다. 나약한 존재였다. 환경을 원망하며 자신의 올바른 가치관 없이 세상에 휘둘리고 판단이 흐려져 도리에 어긋나는 일도 했으며, 올바른 방향으로 가는 길을 잃고 헤맸다. 대형 사고가 몇 번이나 나고 불운이 다가왔을 때 너무나 괴로워하며 '내 인생은 왜 이렇게 안 풀리냐!'라고 불평불만을 하고 살았으며, 세상을 원망하며 삶에 대한 가치를 모르고 살았다.

누구나 인생이 두 번 오지 않는다. 그런 인생을 보람차고 멋지게 만들기 위해 나에게 독서를 배제할 수 없다. 그리고 배워야 되고 공부해야 된다. 공부할 시기는 이미 늦었다고 한다. 마흔이면 적합할까. 쉰이면 적합한 나이일까. 바로 지금이 공부할 적기라고 생각한다. 지금은 디지털 세상이다. 당장 일을 그만두고 디지털 세상으로 들어갈 수는 없다고 하지만, 휴대폰을 사용하고 있는 우리는 이미 디지털 세상에 들어와 있는 것이다. 그런데도 알려고 하지 않는다. 앞으로의 새로운 세상은 두렵다. 누구든지 새로운 시도는 겁이 나고 두려운 일이다. 더더구나 나이를 반평생을 살았다. 그런 시점에서 새로움이란 더욱 신경 쓰이고 뒤로 미루게 되는 것이 당연한지 모른다.

그냥 이대로가 좋다고 하고, 배우지 않아도 잘살고 있는데 억지로 하라고 하면 귀찮아한다. 그래도 시도해야 한다고 생각한다. 더 나은 내일을 위해 반드시 해야 하는 부분이다. 어떤 세상이 우리 앞에 다가올지 모르지만 '미래는 준비된 자에게 주어지는 것'이라고 하지 않는가. 모든 문제를 해결할 수 있는 가장 간단하고 쉽지만 불가능에 가까운 일은 나 자신의 생각을 바꾸는 일이다. "생각을 바꾸지 않는 건 바보들이나 하는 짓"이라고 소설 『뇌』에서 여주인공은 말한다. 뜨끔했다. 나도 할 수 있다고 바로 생각을 바꿨다.

"25년 뒤 당신의 모습을 오늘 만나게 된다고 해보자. 그가 당신에게 무어라 조언할까? 그가 당신에게 몰두하라고 하는 가장 중요한 일은 무엇일까?"라고 『읽어야 산다』라는 책에서 묻는다. 25년 뒤 지금 이대로 모습은 너무나 끔찍하다. 물론 독서를 하고 노력하는 모습은 좋아 보이지만, 독서만 한다고 다 성공하는 것은 아니다. 생각을 하고 행동을 하고 실천을 해야 한다고 조언한다.

조금씩 약해지고 있는 잇몸과 치아, 무릎, 오지게 넘어져 삔 발목은 고질병이 되고 혈액순환은 어릴 적 어쩌다 잡은 송사리를 양푼에 담아놓고 있는 것 같다. 몇 날 며칠 물도 갈아주지 않은 채 살아 있기만 바라며 물끄러미 바라보고 있는 양, 고여서 탁해질 때로 탁해졌는지 밤마다 저리는 현상들이 일어나고 있다. 이런 몸을 25년 뒤까지 그대로 방치하면 어떻게 될 것인가. 생각하면 할수록 끔찍한 모습이다. 당연히 그렇게 살지 말라고 조언할 것이다.

몰두할 중요한 일은 무엇인가. 내가 좋아하고 내가 잘하고 오래도록 즐길 수 있는 일에 집중하라고 할 것이다. 하다가 말고 하는 일을 되풀이 하지 말고, 없어도 우직하게 끌고 가라고 할 것이다. 그 돈이 지금까지 모아진 것도 아니더라. 25년 뒤 나에게 자기계발과 하루 관리를 위해 힘쓰라고 조언해주고 싶다. 시간별로 일정을 그려놓고 해보니 잠깐 눈 돌린 사이 아까운 시간은 순식간에 흘러가버리더라.

지금까지 살면서 얼마나 많은 시간을 게으름과 나태함으로 흘려보냈는가. "내가 오늘 헛되이 보낸 시간은 어제 죽은 이가 그토록 그리던 내일입니다."라는 말이 한 번 더 절실하게 와닿을 정도로 중요한 것이 하루관리이다. 또한 생각하는 습관을 가지라고 조언할 것이다. 독서를 하면서 읽기만 하고 조금이라도 생각을 하지 않았다면 지금의 나는 없었을 것이다. 생각을 했더니 독서는 나에게 긍정과 밝은 미래가 펼쳐질 거라고 일러주었다. 인생 2막을 멋지게 살아가라고 방향을 제시해주었다.

6

열심히만 살지 말고 독서하자

많은 책을 읽지 않았지만 어느 순간 열심히만 사는 것이 답이 아니라는 것을 알았다. 어렴풋이나마 알게 되었다고 할까. 그 답을 안고 무엇이 되었든 노동력이 아닌 나도 권리소득을 만들어야겠다고 끊임없이 노력하고자 했다. 우리는 답이 아닌 것을 알고 있어도 당장 내일 먹을 것을 위해 열심히 일을 한다. 하루라도 일을 하지 않으면 안 되는 상황에 처하기 때문에 그만둘 수가 없다. 주위를 둘러보면 열심히 살지 않는 사람은 나뿐인 것 같다. 다들 정말 열심히 일한다. 일하는 것도 일하는 것이지만 정말 열심히 산다. 열심히 일도 하면서 꽉 찬 하루를 잘 보내고 있는 것 같다.

열심히 사는 것과 바쁘게 산다는 것은 전혀 다른 의미라고 말할 수 있지만, 나는 열심히도 아니면서 하루가 바쁘다고 이야기한다. 도대체 무얼 하고 있기에 바쁘냐고 물으면 딱히 답해줄 게 없다. 하루가 허둥지둥이다. 같은 하루를 살아도 돌아보면 사소한 일에 매달려 하루를 보냈을 뿐 정말 중요한 것은 매번 뒷전이 되고 말았다. 마음은 항상 불편한 채로 어쩔 수 없이 내일로 미루어진다. 내 의향과는 상관없이 하루의 몇 시간이 송두리째 사라질 때는 허무하기까지 하다. 그러면서도 해야 할 일들을 빠른 시간 내에 시작하는 것조차 시도하지 못하고 결정은 끊임없이 미루기만 한다. 남들 눈에는 엄청 부지런하게 사는 것 같지만 신속하지 못하고 일 처리도 느린 나의 게으름을 인정하지 않을 수가 없다.

"거칠게 표현하자면 사회란 애당초 열악한 것이다. 그러나 아무리 열악해도 우리는 –적어도 우리의 다수는– 그 속에서 어떻게든 살아나갈 수밖에 없다. 가능하면 성실하고 정직하게, 중요한 진실은 오히려 그것이다. … 사회가 본래 제아무리 열악하다 해도, 개선의 여지가 아주 조금밖에 없다고 해도, 조금씩이라도 좋으니 우리는 그것을 보강해나가야만 한다."

–『무라카미 하루키 잡문집』, 무라카미 하루키, 비채

경제는 IMF 때도 어려웠고 지금도 어렵다고 한다. 열심히 일하는데 희망이 없다고도 한다. 나야말로 IMF 때도 힘들었고 그 이후에도 힘들었다. 내가 힘들면 모두가 힘들다고 생각되는 것이 아니라 나만 힘들다고 투정을 부리고 짜증을 내게 된다. 정부를 원망하고 이 놈의 세상을 원망하게 된다. 원망을 하면서도 열심히 사는 게 답인 줄 알고 하루도 빠짐없이 일을 하며 열심히 산다. 나에게 정말 중요한 것이 무엇인지 모른 채, 아니 어쩌면 중요한 자체를 잊어버리고 살아가는 것인지도 모른다.

인간의 삶에는 생로병사가 있다. 나도 언젠가 결국에는 죽는다. 엄마가 칠순이라는 나이에 세상을 떠났지만 나는 엄마보다 더 오래 살 것 같다. 100세는 아니더라도 조금만 더 살아계셨으면 하는 마음에 문득문득 울컥할 때가 많다. 조용하고 온순한 성격의 엄마는 칠순이 되도록 수많은 희생과 내면의 고통과 인내를 감내하고 살다 가셨다. 풍족하게는 아니지만 두 분이 여생을 즐길 정도는 되는 삶이 찾아왔고 고향에서 자식들에게 가정적인 모범이 될 정도로 안정적으로 이제 좀 살 만하다 싶을 때 엄마에게 병이 찾아왔다.

엄마의 병은 하루아침에 찾아온 것이 아니었을 것이다. 엄마의 참을성 있는 수년간의 인내가 엄마 스스로 죽음으로 몰고 갔는지 모른다. 꽃을 좋아하는 우리 엄마는 칠십 평생 해마다 계절이 주는 꽃향기를 제대로 다 만끽하기도 전에 돌아가셨다. 꽃이 피는 봄을 기다리지 못하고 겨울 어느 날 쓸쓸하게 떠나셨다. 굳이 100세 시대라고 말하지 않더라도 칠순이라는 나이가 그렇게 젊은 줄 몰랐고, 엄마를 보내고 10년이 넘은 지금까지 오래오래 그리워하게 될 줄은 몰랐다. 자식들과 꽃구경 한번 제대로 못 가보고 열심히 일만 하고 살다간 엄마를 생각하면 억울하고 분하다.

죽는다는 것에 충분하다고 생각되는 나이가 있을까마는, 최소한 충분히 살았다고 느끼는 나이만큼은 살다가 생을 마감한다면 그 억울하고 분한 마음은 없을 것 같다. 100세 시대보다 더한 '슈퍼 노인 시대'가 온다고 한다. 지금 태어나는 아이들은 140세까지 산다고 얘기한 지도 벌써 2, 3년이 지난 것 같다. 죽음으로 가는 시간은 정해져 있지 않고 알 수가 없지만, 아직도 우리는 살 날이 많이 남았다. 나는 적어도 그렇게 생각한다. 나도 칠순이 되건 팔순이 되건 살아 있는 그 동안에는 어쩔 수 없이 열심히 살아야 한다. 열심히만 사는 것은 답이 아니라 하고, 열심히 살면서 나름대로 즐긴다고 하지만 노동력을 배제할 수는 없는 것이다.

지금의 삶은 100% 내가 선택한 삶이 아닐지라도 언제까지 나의 노동력과 시간을 바꾸는 삶을 살 수는 없다. 열심히만 살 수는 없다. 열심히 살면서 즐긴다는 것은 지금의 나이에는 하루가 다르게 약해지는 체력을 견딘다고 할 수밖에 없다. 체력을 이겨낸다 해도 그 긴 세월을 언제까지 열심히 노동으로만 살 수는 없지 않은가. 10년 후면 나도 엄마 나이가 된다. 아직도 나잇값도 못할 때가 많고 철이 없는 행동을 할 때가 있고, 사소한 일에 갈팡질팡 흔들릴 때가 많다. 이런 내가 조금씩이라도 미래를 준비하지 않으면 10년 후인들 제대로 살아내고 있을까. 어쩌면 엄마보다 더 못한 삶을 살고 있을지 모른다.

"'내 대에서 가난을 끝내고 싶어 죽어라고 일했어요. 그러다 보니 이 일에서만은 아무도 따를 수 없는 달인이 되었지요. 하지만 문제는 제가 여전히 가난하다는 것입니다.' 무슨 일이든 열심히 하고 그래서 남보다 더 잘하게 되면 얻는 것도 더 많을 거라고 생각하는 사람들이 많다. 하지만 안타깝게도 그건 착각인 경우가 더 많다. 효율성과 효과성은 엄연히 다르기 때문이다."

–『실행이 답이다』, 이민규, 더난출판사

나는 그동안 진정한 즐거움을 잊은 채 살고 있었다. 남의 즐거움을 나의 즐거움으로 대신하는 삶을 살아온 것이다. 스스로 생각하는 시간보다 많은 정보를 타인에게 얻고, 신뢰할 수 있는지 없는지 분별없이 내 것으로 만들면서 남이 내린 결정에 따라 행동했다. 애써 튀지 않으려고 남의 눈치까지 보면서 흉내 내기 급급했고, 남들의 시선에 맞추어 살아내느라 내 인생의 절반을 소비한 것이다. 미래를 향한 방향성도 없었고 타인들과의 관계에서는 그저 맞춰주려고만 애를 썼다. 남이 해놓은 방법만 쫓아왔고 내 생각을 잊어버리고 쉬운 방법을 선택하며 고민도 덜하게 되는 편리함 속에서 살아왔다.

인생이 훨씬 더 풍요로워지고 하루하루가 즐겁게 보낼 수 있는 노후를 준비할 수 있는 방법은 없을까 고민하기 시작했다. 나는 열심히 사는 대신 새로운 하루를 만들기 위해 나의 루틴을 만들기로 했다. 그게 내가 열심히 사는 방법이라고 생각했다. 삶의 목적을 찾기 위해 독서를 시작했고 스스로에게 다짐하는 꿈과 인생 목표를 소리 내어 읽기 시작했다. 미래를 상상하기 시작했고 아침 운동과 마음을 다스리는 명언을 찾아 읽기 시작했다. 어차피 내가 선택해서 살아온 인생이지만 기왕 나를 위해 열심히 살 거면 남들이 가는 방향이 아닌 내가 정해놓은 방향대로 살아가 보자 마음먹었다.

그러나 세상은 내가 원하는 진리대로 흘러가지 않고 모든 불변의 법칙이 존재할 수도 있고, 존재해왔다는 것을 보여 주었다. 하루가 다르게 엄청난 속도로 세상은 변하고 있고 이렇게 변화하는 세상을 살다 보면 쉰여덟의 나이에는 많이 버겁다 못해 숨이 차 헉헉거릴 때가 수없이 찾아온다. 하지만 조금씩 발맞추어 유연하게 적응하는 것이 내가 열심히만 살지 않고 노동력을 내 시간과 맞바꿀 수 있는 방법이라고 생각했다.

로버트 기요사키의 『부자 아빠 가난한 아빠』에 보면 경제 흐름의 사사분면이 나온다. 자영업자와 노동자 영역이 아닌, 사업가와 투자자의 영역으로 들어가는 것이 가난을 벗어나는 최선의 방법이라고 했다. 나는 네트워크 마케팅 사업을 하면서 돈이 적게 들면서 할 수 있는 최고의 사업이라고 생각했고 그 사사분면을 이해하려고 무진장 애를 썼다.

『부자 아빠 가난한 아빠』에 나오는 파이프라인 이야기는 너무나 유명하다.

"당신은 양동이를 나르고 있는가, 아니면 송수관을 만들고 있는가? 당신은 지금 힘들게 일하고 있는가, 영리하게 일하고 있는가? 이 질문에 답을 생각해봐라. 그 질문의 답은 당신을 경제적으로 자유롭게 만들어 줄 것이다"

내가 읽은 시기만 해도 수년이 지났는데, 그 책이 나온 지 20년이 넘었다고 한다. 그때나 지금이나 세상은 빠르게 변하고 있고, 나의 경제 개념은 무지의 세상을 못 벗어나고 있었다. 변하지 않은 것은 나뿐이었다. 20년이 지나도록 변하지 않고 평범하게 사는 사람이 비단 나뿐만은 아닐 것이다. 더 많이 배울수록 더 많이 얻는다고 했다. 나는 질문에 대한 답을 찾지 못하고, 찾으려고 노력하지 않았다. 책의 일부분만 기억하고 더 많이 배우려고 하지 않았고 그대로 안주하고 말았다.

반성의 시간을 가졌다. 세상이 바뀌었고 나만 그대로라면 바뀐 세상에 맞추어나가야 된다고 생각했다. 독서를 하면서 사고가 조금씩 바뀌기 시작했고 사고가 바뀌면서 행동도 조금씩 바뀌어가고 있다. 나는 정년도 은퇴도 없다. 남들처럼 연금을 빵빵하게 들어놓은 것도 아니다. 아무것도 준비하지 않으면 아무것도 일어나지 않는 게 아니라 지금보다 못한 현실 속 저소득층으로 살 수밖에 없다. 정부에서 정한 나이가 되면 정부에서 주는 대로 그만큼만 먹고살아야 되는 슬픈 현실이 되는 것이다.

노동력과 시간을 맞바꿀 수 있고 열심히 일하지 않아도 돈이 들어오는 무언가를 해야 했다. 나는 온라인에 빌딩을 짓기로 했다. 이제 기초 공사 중이지만 남들이 정년으로 퇴직할 나이에 나의 온라인 빌딩이 얼마만큼 올라가 있을지 상상만 해도 뿌듯하다. 열심히만 살지 말고 독서를 해야 하는 이유이기도 하다. 독서를 하며 디지털 세상에 발 맞춰가려고 애를 쓰고 있기에 실제 건물을 가지도 있지 않아도 당당하고 행복할 수 있는 것이다.

7

나는 멋지게 살고 싶어 독서한다

나는 하고 싶은 게 정말 많다. 하고 싶은 게 많으니 되고 싶은 것도 많다. 그런데도 무엇을 하고 있는지 헷갈릴 때가 많았다. 인생의 목표가 없다는 것은 내가 살아온 길도 목표 없이 살아왔다는 증거다. 어릴 때는 디자이너가 되고 싶었고 결혼을 하고 나서는 일본어 선생님이 되고 싶었고 바느질 선생님이 되고 싶었다. 어쩌면 나는 선생님도 되고 싶었는지 모른다. 잠깐 교회에서 일본어 초급 선생님을 하기도 했다. 지금 생각하면 부끄럽기 그지없지만 말이다. 아이가 어렸을 때는 책을 보면서 옷을 만들었다. 백화점에 가서 예쁜 옷이 나오면 팸플릿을 들고 와서 집에서 그걸 보고 비슷하게 만들었다.

그 당시에는 신상이 책보다 백화점이 늦게 나왔다. 책을 보고 디자인해서 백화점에 나왔다고 해야 하나, 내 기억으로는 그랬다. 가끔은 옷을 사주기도 했지만 백화점 옷은 비싸고 또 원단 값을 알기 때문에 옷을 사는 건 왠지 아까웠다. 그 정도면 나도 얼마든지 만들 수 있을 것 같았고 사려다가도 '만들어 입혀야지.' 하는 생각이 더 컸다. 지금 생각해보면 어떻게 그렇게 만들어 입혔나 싶다. 더구나 패턴 그리는 것을 따로 배운 것도 아니었다.

어느 날 명동에서 외국 잡지책이 많이 있는 곳을 발견했다. 거기에 아이들 옷 만드는 책이 있었다. 그것도 일본어로 된 책이었다. 일본어를 모르지만 무조건 사왔다. 옛날부터 일본 잡지를 사서 봐왔기 때문에 그리 거부감이 들지 않았었다. 그림만 보는 정도였지만 일본 잡지를 참 부지런히도 사서 보곤 했다. 옷 만드는 책도 그림만 보려고 샀다. 그런데 패턴을 그릴 수 있게 뒤에 부록으로 따로 나와 있었으니 얼마나 기뻤는지 모른다. 일본어는 모르지만 숫자는 세계 공용이기 때문에 숫자를 보고 그대로 그리면 되는 것이었다. 맘에 드는 옷을 골라 패턴을 그리고 원단을 사다 옷을 만들다 보면 쉬운 옷보다는 거의 어려운 옷이 더 많았다.

쉬운 건 눈에 들어오지도 않았다. 이걸 만들어줘야지 하고 보면 복잡한 패턴이었다. 그 당시에 여동생들이 비슷하게 결혼을 해서 아이들도 다 고만고만해서 동생들도 내 패턴을 가져다가 모두 옷을 만들어 입혔다. 남자아이 여자아이 할 것 없이 응용해서 잘도 만들었다. 책을 보고 마음에 드는 게 있으면 나보고 패턴을 그려달라고 했다. 그 패턴 하나로 또 만들고 나눠주고 했다. 동생들뿐만 아니라 친구도 그랬다. 딸아이와 개월 수도 비슷하고 해서 어느 날은 우리 집에서 하루 종일 아이 옷 만들어주다가 하루가 가는 날도 있었다. 지금은 엄두도 안 나는 일이지만 손으로 돌리는 옛날 미싱에 모터를 달아 달라고 해서 밤새워가며 돌려 만들기도 했었다.

그때 내 지론은 이러했다. 나를 위해서 한 달에 조금씩 투자를 하고 살자는 게 내 다짐이었다. 그 마음은 지금도 변함이 없다. 그 대신 남들처럼 비싼 옷, 비싼 화장품 안 쓰고 그 돈을 내가 하고 싶은 것과 좋아하는 일에 투자하면서 살자고 했다. 그 생각을 하게 된 것은 내가 바느질을 배우러 다니면서 생각을 하게 되었고, 일본어를 공부하면서는 더더욱 그런 생각을 굳히게 되었다. 바느질이 되었건 뭐가 되었건 나를 위해 투자한다는 것이 평범한 가정에서 따로 떼어내기 어려운 가계부 지출 중 하나였기 때문이다.

그렇게 했어도 날이 갈수록 나에게 투자되는 돈이 점점 많아지니 집에 미안하기도 하고 그만큼 여유 있게 생활하기에는 부족했기에 퀼트를 접기로 했던 것이다. 가끔 집에서 바느질을 하기는 했지만 끝까지 이어가지는 못했다. 조금이라도 가게에 보탬이 되고자 호기롭게 시작했던 바느질은 끝까지 밀고 나가지 못하고 형편상이라는 핑계로 그만두고 말았던 것이다. 옛 어른들 말에 10만 원 벌려다 20만 원 쓴다는 말이 있다. 정말 그런 것 같았다. 가만히 있는 게 도움 되는 거라는 것을 알았지만 퀼트를 배워서 가게를 한다는 생각을 접기가 쉽지 않았다. 경제적으로 어려워지면서 계속할 수가 없었다. 어느 정도 경제적으로 조금 나아졌다 싶으면 나는 끊임없이 무언가를 해서 내 손으로 돈을 벌고 싶었고 보탬이 되고 싶었으며 배움의 끈을 놓지 않고 있었다.

그러다가 일본어를 배우면서 다도를 알게 되었다. 어떤 프로그램에서 다도 소개를 해야 하는데 아는 게 너무 없어서 기초라도 좀 배워야겠다고 찾던 중 문화원 원장님을 알게 되었다. 다도를 배우기에는 수업이 느리고 느리게 진행이 되었지만 살아가면서 깨우쳐야 할 지혜와 삶에 대해 많은 것을 배울 수 있었다. 하루 프로그램을 위해 찾아간 곳이 꿈에 꿈 더하기를 해주는 계기가 되었다. 그렇게 일주일에 한 번 빠짐없이 문화원을 다니면서 차와 생활에 도움이 되는 예절 등 여러 가지를 배웠다. 시골에서 자연염색을 배울 기회로 자연염색을 배우고 내가 배운 바느질, 다도 그리고 염색 모두 내가 꿈꾸는 가게를 할 수 있는 근사한 재료들이었다.

3년 전 내 나이 60세가 되면 동생들과 우리 이름으로 된 '아뜰리에'를 하나 하자고 했는데, 그때를 대비해 배워놓으면 좋을 것들이었다. 이 세 가지로 그 어떤 프로그램을 만들어도 괜찮겠다고 생각했다. 부끄럽지만 내가 배운 것들은 모두 겉핥기식밖에 안 되었다. 누군가를 가르친다는 것은 나의 꿈 목록에 남아 있지만 아직은 희망이 있어 감사하다.

"'미친다.'라는 상태는 곧 몰입이다. 이것은 진심으로 일을 즐길 때만 가질 수 있는 감정 상태다. … 일단 재미있다면 지금 당장 그게 돈이 되지 않더라도 우직하게 즐기면 된다. 그러면 언젠가 그 재미는 반드시 당신에게 보답할 날이 온다."

—『나는 내일을 기다리지 않는다』, 강수진, 인플루엔셜

나는 몰입하지 않았고 우직하게 즐길 줄을 몰랐다. 당장 돈이 안 되니 다른 곳으로 여기저기 기웃거렸다. 마음만 급하고 하나도 마무리되는 것이 없었다. 빨리 돈을 벌어야 한다는 그 생각밖에 없었다. 돈이라는 것은 원래 '돈 돈 돈' 하면 더 안 생기고, 생겼다가도 빠져나갈 곳이 먼저 생긴다. 나는 내가 하고 싶은 것들을 그렇게 뒤로 미루면서 돈을 벌려고 애를 썼다. 내가 하고 싶지 않은 것, 내가 좋아하지 않는 것, 내가 즐겁지 않은 것들을 하면서 세월을 보냈다.

남들은 이렇게 얘기한다. 한 가지를 제대로 하라고. 맞는 말이다. 하나도 제대로 못 하면서 여기 기웃 저기 기웃거리기만 했다. 이것도 해야 될 것 같고 저것도 빨리 해야 될 것 같았다. 나이를 먹기 전에 다 할 줄 알았고, 돈을 벌려고 시작한 것들이지만 취미밖에 되지 않았다. 그러나 후회하지 않는다. 어느 것도 하는 동안에는 신중했고 최선을 다했다고 생각한다. 내가 지향하고 꿈꾸는 나의 미래는 어떤 모습일까. 막연하게 하루

하루를 살아온 지금, 성공이란 단어는 나에게 너무 먼 얘기 같다. '안정적이고 행복하고 편안한 노후였으면.' 하고 바랐다. 나는 우리 엄마처럼 살고 싶었다. 특별하게 잘 살지도 않았지만 아버지와 가끔 여행을 다니시고, 모임에 나가시고, 5형제 중 누구 하나 속 썩이지 않고 아무 탈 없이 결혼을 하고, 부모님 걱정 덜어주며 살아가고 있었으니 우리 엄마는 그래도 행복한 사람이라고 생각했다. 그렇게 엄마처럼 별 탈 없이 살고 싶었지만, 돈에 얽매이면서 살고 싶지 않다고 했다. 안정적이고 편안한 노후란 돈이 없이는 이루어질 수 없다고 생각했다. 돈에 관해 말하는 것은 이제 치부가 아니다. 돈을 밝히는 것도 나쁘다고 할 수 없다. 속물이라 해도 내가 살기에는 어쩔 수 없는 일이다. 그러기 위해서는 나만의 기준이 있어야 한다고 생각했다. 어떻게 살고 싶은지 어떤 삶을 살아갈 것인지 명확하고 구체적인 목표가 필요했다.

두리뭉실하게 미래를 위하여 독서만 한다고 꿈이 이루어지는 것은 아니었다. 내가 어떤 가치관을 가지고 행동하고 실천하느냐에 따라 인생의 목표도 분명하게 정해지고, 지금보다 더 멋진 삶을 살 수 있을 것이다. 그동안 막연하게 불안하다고 생각했던 것들은 준비 없이 미래를 맞이하고 있기 때문이 아닐까. 그동안 남의 눈치를 보며 남을 위해 살았다면 나다움을 발견하고 나답게 살아가고자 한다. 누구의 눈치도 볼 것 없이 나다움이 무엇인지 발견했을 때 내 미래가 보인다.

"나는 내 과거에 대해 모든 책임을 진다. 오늘 날 심리적으로 육체적으로 정신적으로 재정적으로 이렇게 된 것은 내가 선택한 결과다."

– 해리 트루먼

나는 멋쟁이였다. 폼생폼사였고 실제로 그렇게 살았다. 없어도 있어 보였기 때문에 다행이라고 항상 우스갯소리를 하곤 했다. 돈 없는데 없어 보이기라도 하면 얼마나 슬프겠냐고. 나는 이제 진짜 멋쟁이로 살려고 한다. 겉만 멋쟁이가 아닌, 폼생폼사가 아닌, 안으로 겉으로 진짜 멋쟁이로 살려고 독서를 한다. 독서로 성숙해진 만큼 내 꿈과 미래도 성숙해져갈 것이다. 꿈이란 하나를 이루었을 때 또 하나의 꿈이 영글어간다고 생각한다. 쉽지 않은 세상이다. 멋지게 살아가고자 하는 꿈을 이루는 과정은 어쩌면 힘들고 고달픈 여정이 될지 모른다. 항상 설레게 하는 것만은 아닐 수도 있다. 현실이 그렇지 않을 수도 있다.

지금까지 험난하게 살아온 인생이다. 무엇이 더 두려울까. 무엇을 이룰 것인지 어디로 갈 것인지 고민하는 시간에 나 자신을 믿고 독서를 하고 실천해나간다면 두려울 것도, 더 이상 도태될 일도 없을 것이다. 멋지게 사는 것도, 의미 있게 즐겁게 사는 것도, 돌아보면 내 안에서 일어나는 진정한 나를 찾아가는 일이다. 어떤 일에도 흔들리지 않고 나의 가치를 발견하면서 독서로 멋지게 나답게 살아가는 나를 다시 한번 힘껏 응원한다.

에필로그

글을 쓰고 나니 많이 부끄럽다.

세상에 모든 것을 준비하고 시작하는 사람은 없다는 말에 위안을 얻었고, 어느 날 책을 쓰기로 마음먹었다. 얕은 지식과 살아온 경험에 내 생각을 보태고 감상을 더해 이렇게 한 권의 책이 탄생했다.

책에 담을 정도로 화려한 과거도 아니었고, 현재도 그저 평범한 사람이다. 남 앞에 드러내놓고 싶지 않은 과거뿐이었다. 과거에 얽매여 당당하지 못했고, 자존감은 바닥이었다. 그동안 나를 둘러싸고 있던 과거의 짐들을 이제는 훌훌 털어버리고 편하게 내려놓고 싶었다. 독서가 있었기 때문에 가능한 일이었다. 책 몇 권 읽었다고, 지나온 과거가 뭐 그리 대단한 거라고, 그렇게 길게 썼을까 싶지만, 내 삶을 풀어가면서 과거와 화해하고 다가오는 미래를 웃으면서 반길 수 있게 되었다.

나는 독서를 하면서 누군가의 삶을 들여다보고 희망을 얻고 삶의 의미를 찾았다. 그렇듯이 누군가도 내 삶을 들여다보면서 어느 한 대목에서 한 가닥이나마 희망과 삶의 의미를 찾는다면 나는 보람을 느낄 것이다. 지금까지 독서를 한 최고의 이유가 될 것이다. 독서가 내게 말해준 것들 중에서 최고의 이야기가 될 것이다.

내 사전에 독서는 있어도 책 쓰기는 없었다.
그렇기에 나는 지금 에필로그를 쓰고 있다는 자체가 믿어지지 않는다.

글을 쓰자고 한글 파일을 열면 하얀 백지만 보였다. 몇 날 며칠 생각을 하고 또 생각을 했다. 생각하는 로댕이었다. 조각상에 머물러 있었다. 그 어떤 진전도 없이 그대로 굳어 있었다. 그러기를 일주일이 지났다. 참 이상했다. 나는 글쓰기를 위해 태어난 사람처럼 쓰기 시작한 것이다. 내가 할 말이 그렇게 많은지 몰랐다. 독서가 내게 말해준 것들이 아니라, 내가 독서에게 해준 말들인 것처럼 그렇게 막힘없이 술술 써 내려갔다. 물론 어려움도 많았다.

사람이 마음먹고 하고자 들면 못 할 것이 없다더니, 나는 그렇게 글을 쓰기 시작했다. 몇 날 며칠 밤을 새워가며 쓴 글의 원고가 완성되었다. 밥도 제대로 안 먹고 잠도 제대로 안 자고 썼다. 나는 작가들의 꼬질꼬질한 모습을 보며 왜 저렇게 글을 쓰나 했다. 내 모습을 봤다면 그런 말이

쏙 들어갔을 것이다. 50대 후반의 인생을 살고 있다. 그리고 이 책은 20년간의 나의 삶을 되돌아보며 쓴 글이다. 어떻게 하루아침에 풀어놓을 수 있단 말인가.

혼자 울기도 많이 울었다. 혼자 웃기도 했다. 당연히 울며 쓴 글이 더 많다. 엄마 얘기를 할 때는 엄마가 보고 싶고, 엄마가 생각이 나서 눈물이 마르지 않아 쓸 수가 없었다. 나의 고통스런 삶을 떠올릴 때도 하염없이 눈물이 흘렀다. 아무도 토닥여주지 않는 내 인생이었다. 그런 내 인생을 내가 풀어가며 쓰고 있자니 가슴이 그렇게 먹먹할 수가 없었다.

나의 이야기가 담긴 한 권의 책이 나올 수 있게 되기까지 수많은 시간이 있었다. 차가운 아스팔트 위에 뒹구는 낙엽이 내 맘 같았을까. 내 몸이 얼어붙을 정도로 추운 시베리아 벌판이었고, 그늘 한 조각 없는 사막의 넓은 대지 위를 걷고 있는 긴 여정이었다. 고요한 강 위 나룻배에 홀로 떠 있는 외로운 시간이었다. 차갑고 적막한 밤의 한가운데 서 있는 기나긴 고독의 시간이었다. 그렇게 독서를 하며 견뎌온 시간이 있었기에 나의 이름으로 된 책을 쓸 수 있었다.

내 삶에 독서가 없었다면 나는 무엇을 하고 살았을까. 그 고통스런 시간들을 어떻게 견디며 보냈을까. 독서를 하지 않았다면 나란 존재도 없었다. 독서를 하면서 꿈을 꾸었고, 작은 퍼즐을 하나씩 맞추어가고 있었기에 나는 존재할 수 있었다. 독서를 했기에 내 인생 2막을 열어가는 전환점을 활짝 열어두고 있는 것이다. 많지 않은 독서량이지만 내 의식이 조금씩 변하고 있고 나도 누군가에게 작은 힘이 되고, 선한 영향을 줄 수 있다면 앞으로 더 많이 독서를 할 것이다. 수많은 멘토를 독서를 하면서 만났고, 삶의 지혜를 배울 수 있었다. 독서와 함께 가슴 뛰는 삶을 살게 되었고, 인생 후반전을 기쁘게 맞이할 수 있는 것이다.

살면서 항상 소망이 있었다. 아이들에게 떳떳한 엄마, 당당한 엄마가 되고 싶었다. 아이들에게 작게나마 인생의 멘토가 되어주고 싶었다. 엄마이기 전에 친구가 되고 싶었고 든든한 조력자가 되고 싶었다. 앞으로 남은 인생을 그렇게 살게 된다면 더 바랄 게 없겠다.

바라는 대로 기도하면 이루어진다는 것을 믿는다. 의식이 변해야 삶이 변한다고 했다. 독서를 하면서 내가 가질 수 있게 된 큰 선물은 바로 의식 변화이고 의식 성장이다.

의식 변화와 의식 성장에 큰 도움을 주고, 책이 나올 수 있게 목숨 걸고 코칭해주신 〈한책협〉 대표 김도사님과 인생 멘토가 되어주신 한국석세스라이프스쿨 권 대표님께 무한한 감사의 인사를 드린다.

나는 산 위에 올라가야 만날 수 있는 생강꽃을 좋아한다. 잠깐을 피어도 너무나 짙은 향기를 내며 견고하고 아주 작게 피어 있는 생강꽃이다. 생강꽃은 꽃차를 선물하고 줄기로 건강한 물을 선물할 수 있다. 나는 그런 사람이 되고 싶었다. 누군가에게 좋은 선물이 되는 그런 사람, 누군가에게 쓸모가 있는 그런 사람이 되고 싶었다. 아주 작은 선물이고 싶었다. 그래서 독서를 했다. 나를 살리고 남을 살리기 위해 독서를 한 것이다. 독서는 나에게 선물이었다. 나도 누군가에게 선물이고 싶다.

독서를 하면서 나를 응원했듯이, 나와 같은 또 한 사람을 응원한다.

하얗게 밤을 새운 날 새벽에…